办人民满意教育的理论与实践

陈子季 主编

长江出版传媒
湖北教育出版社

（鄂）新登字 02 号

图书在版编目（CIP）数据

办人民满意教育的理论与实践/陈子季主编.—武汉：湖北教育出版社，2018.12

ISBN 978-7-5564-2798-7

Ⅰ.①办…

Ⅱ.①陈…

Ⅲ.①教育研究—中国

Ⅳ.①G52

中国版本图书馆 CIP 数据核字（2018）第 258427 号

办人民满意教育的理论与实践　BAN RENMIN MANYI JIAOYU DE LILUN YU SHIJIAN

出品人	方　平	策　划	陈冬新　刘书慧
责任编辑	张　驰　张洁琼	责任校对	李　镧
装帧设计	牛　红	责任督印	张遇春

出版发行	长江出版传媒	430070	武汉市雄楚大道 268 号
	湖北教育出版社	430070	武汉市雄楚大道 268 号

经　销　新 华 书 店
网　址　http://www.hbedup.com
印　刷　武汉中远印务有限公司
地　址　武汉市黄陂区横店街货场路粮库院内
开　本　787mm×1092mm　1/16
印　张　18
字　数　300 千字
版　次　2018 年 12 月第 1 版
印　次　2018 年 12 月第 1 次印刷
书　号　ISBN 978-7-5564-2798-7
定　价　56.00 元

（图书如出现印装质量问题，请联系 027-83637493 进行调换）

前 言

以习近平新时代中国特色社会主义思想引领教育发展

陈子季

习近平总书记多次强调要把人民对美好生活的向往作为工作的方向，办好人民满意的教育是党的十九大对教育的要求。面向未来，教育工作必须以习近平新时代中国特色社会主义思想为引领，许多政策问题需要前瞻思考并能够落地。党的十九大报告中指出："建设教育强国是中华民族伟大复兴的基础工程，必须把教育事业放在优先位置，深化教育改革，加快教育现代化，办好人民满意的教育。"党的十八大以来，习近平总书记站在党和国家发展全局的高度，围绕办好人民满意的更高质量、更加公平的社会主义现代化教育，提出一系列新思想、新论断、新要求，深刻回答了教育改革发展的一系列重大理论和实践问题。这些重要论述，站位高、视野广、措施实、施策准，是习近平新时代中国特色社会主义思想的重要组成部分，是推动新时代教育事业改革发展的强大思想武器和行动指南。

一、深刻阐释"教育优先发展"这一战略性问题

高度重视教育的基础性、先导性、全局性作用，是我们党在社会主义建设中始终坚持的一贯思想。党的十八大以来，以习近平同志为核心的党中央进一步明确教育的战略地位，将我们党对教育地位与功能的认识提升到一个新的高度。习近平总书记指出，"当今世界的综合国力竞争，说到底是人才竞争，人才越来越成为推动经济社会发展的战略性资源，教育的基础性、先导性、全局性地位和作用更加突显"。党的十九大报告也再次强调，建设教育强国是中华民族

伟大复兴的基础工程，必须把教育事业放在优先位置。

习近平总书记这些重要论述，科学阐明了教育在实现中国梦伟大征程中的战略地位和重要作用，为发展中国特色社会主义教育事业提供了重要的理论基础。“必须把教育事业放在优先位置”，意味着要将教育放在治国理政的总体框架中布局谋篇，将教育优先发展贯穿改革全局、工作全线；意味着要将“更好的教育”放在民生首位，让人民群众共享现代化成果；意味着要牢固树立抓教育就是抓发展、抓未来的理念，推进教育优先发展的体制机制建设，推动落实经济社会发展规划优先安排教育发展、财政资金优先保障教育投入和公共资源优先满足教育发展需要。

二、深刻回答“培养什么样的人、如何培养人以及为谁培养人”这一根本性问题

“培养什么样的人、如何培养人以及为谁培养人”，是教育工作必须回答的根本问题，也是我国教育改革发展的主线。循着这条主线，习近平总书记把“立德树人”作为我国教育事业长期的根本任务，对加强和改进高校思想政治工作提出新的要求，为人才培养明确了目标、指明了方向。

坚持立德树人，培养德智体美劳全面发展的社会主义建设者和接班人。把立德树人作为教育的根本任务，是习近平总书记关于教育工作论述中的一个重要原则。一是重视“德”在育人中的首要地位和关键作用，提出“道德之于个人、之于社会，都具有基础性意义，做人做事第一位的是崇德修身”。二是重视青年正确价值观的养成，提出青年价值观养成就像穿衣服扣扣子一样，人生的扣子从一开始就要扣好。三是指出培育和践行社会主义核心价值观的科学途径，使社会主义核心价值观内化为人们的精神追求，外化为人们的自觉行动。要从娃娃抓起、从学校抓起，做到进教材、进课堂、进头脑。四是进一步阐释了家庭教育在社会治理中的重要性，提出“千千万万个家庭的家风好，子女教育得好，社会风气好才有基础”。这些重要论述，清晰地表明习近平总书记对社会主义教育根本使命的坚守。

坚定正确的办学方向，加强和改进高校思想政治工作。要把思想政治工作贯穿教育教学全过程，实现全程育人、全方位育人，努力开创我国高等教育事业发展新局面。一是强调中国特色社会主义大学必须坚定正确的办学方向，提出“扎根中国大地办大学，必须坚持社会主义办学方向，全面贯彻党的教育方

针，坚持以马克思主义为指导，坚持党对高校的领导”。二是牢牢把握高校意识形态工作领导权，使高校成为坚持党的领导的坚强阵地，强调“党对教育的领导是重大政治原则，更是根本性制度安排”。三是明确做好高校思想政治工作的方法与原则，强调做好高校思想政治工作，要因事而化、因时而进、因势而新，要遵循思想政治工作规律，遵循教书育人规律，遵循学生成长规律等。

习近平总书记站在马克思主义的立场，从民族的未来着眼，对“培养什么样的人、如何培养人以及为谁培养人”这个重大理论和实践问题进行了科学回答，将自我修德、学校育德、家庭培德相统一，系统地解答了如何“立德树人”的问题，开辟了当代中国马克思主义教育观的新境界。

三、深刻回答“办什么样的教育”和“怎样办教育”这一方向性问题

“办什么样的教育”和“怎样办教育”是中国特色社会主义教育的方向性问题。习近平总书记明确提出发展具有中国特色、世界水平的现代教育，关注教育公平和教育质量，把深化教育领域综合改革作为办好教育的根本动力。

发展具有中国特色、世界水平的现代教育。2013 年 9 月，习近平总书记明确把我国教育的发展目标概括为“发展具有中国特色、世界水平的现代教育”。2014 年 5 月，习近平总书记进一步指出，“办好中国的世界一流大学，必须有中国特色”“我们要认真吸收世界上先进的办学治学经验，更要遵循教育规律，扎根中国大地办大学”。发展具有中国特色、世界水平的现代教育，就是要全面贯彻党的教育方针，坚持社会主义办学方向，扎根中国大地，瞄准世界前沿，遵循教育规律，创造性地推进教育发展。

大力促进教育公平，让每个孩子都有人生出彩的机会。教育公平是社会公平的重要基础，要不断促进教育发展成果更多更公平惠及全体人民，以教育公平促进社会公平正义。这一重要论述，进一步明确了教育公平与社会公平的关系，确立了新时代教育发展的价值追求。一是强调“扶贫必扶智”，提出“让贫困地区的孩子们接受良好教育，是扶贫开发的重要任务”。党的十九大报告再次强调，推动城乡义务教育一体化发展，努力让每个孩子都能享有公平而有质量的教育。二是高度关注民族地区教育，强调“缩小发展差距，促进教育公平，决不让一个少数民族、一个地区掉队”。三是提出加快发展面向大众、让人生出彩的职业教育，要“把加快发展现代职业教育摆在更加突出的位置”“加大对农

村地区、民族地区、贫困地区职业教育支持力度，努力让每个人都有人生出彩的机会”。四是关注困难群体教育，提出让随迁子女公平享有接受高一级教育的机会，要关爱留守儿童，支持和推动特殊教育事业加快发展，为残疾人谋福祉等教育思想。

提高教育质量，培养更多优秀人才。提高人才培养质量，是教育改革发展的永恒主题。习近平总书记明确提出“育人为本，质量立教”，强调“教育质量是学校的生命，是教育事业的核心”，并将人才作为国家富强与民族复兴最持久最有力的支撑。这些重要论述，强调了教育在建设人力资源强国中的重要作用，对提高教育质量，培养更多更好的人才提出了明确要求。

深化教育领域综合改革。重视改革创新，把深化教育领域综合改革摆在突出位置，充分体现了习近平总书记站在党和人民事业全局高度，加快社会事业改革创新、着力保障和改善民生的政治决心和战略考虑。一是把全面深化改革作为教育事业发展的根本动力，提出“必须通过深化改革，促进教育公平、提高人才选拔水平，适应培养德智体美全面发展的社会主义建设者和接班人的要求”。二是明确教育改革的攻坚方向和重点举措，“要深化教育改革，推进素质教育，创新教育方法，提高人才培养质量，努力形成有利于创新人才成长的育人环境”。三是强调教育改革要坚持文化自信，提出“我们的教育改革要坚持文化自信，好的经验要坚持，不足的要补齐”。习近平总书记关于大力推动教育改革发展的重要论述，深刻阐明了新时代我国教育发展的动力问题，明确了改革的目标、任务及策略，解答了“怎样办教育”的问题，是全面深化教育改革的行动指南。

四、深刻回答“培养什么样的教师”和“怎样培养教师”这一关键性问题

习近平总书记关于教师队伍建设的一系列重要论述，聚焦“培养什么样的教师”“怎样培养教师”这一问题，深刻阐明了教师队伍建设的地位作用、工作方针和根本任务，为新时代教师队伍建设提供了基本遵循。

教师是立教之本、兴教之源。习近平总书记指出，教师是立教之本、兴教之源，承担着让每个孩子健康成长、办好人民满意教育的重任。这一论述进一步确立了教师在教育发展全局中的关键性地位。我们要从战略高度来认识教师工作的极端重要性，把加强教师队伍建设作为教育事业发展最重要的基础工作

来抓，努力培养造就一大批一流教师，不断提高教师队伍整体素质。

教师要有理想信念，要有道德情操，要有扎实学识，要有仁爱之心。“四有”标准直指教师职业的核心，揭示了科学的教师观的内涵，为广大教师确立了发展目标，已经成为人们心目中教师素质的基本追求。教师是立德树人的关键，教师的道德使命是教师专业成长的内在推动力。习近平总书记勉励广大教师努力做到牢固树立中国特色社会主义理想信念，牢固树立终身学习理念，牢固树立改革创新意识；要求“广大教师要做学生锤炼品格的引路人，做学生学习知识的引路人，做学生创新思维的引路人，做学生奉献祖国的引路人”，为教师的角色定位和职业发展指明了正确方向，丰富了中国特色社会主义教育的教师观。

要让广大教师在岗位上有幸福感、事业上有成就感、社会上有荣誉感。习近平总书记关心教师成长进步，要求“全社会要大力弘扬尊师重教的良好风尚，使教师成为最受社会尊重的职业”，要求各级党委政府“改善教师待遇，关心教师健康，维护教师权益”，并以雷厉风行的工作作风，采取具体措施提高教师地位，体现了对教师队伍建设的高度重视和亲切关怀。

总之，习近平总书记关于教育改革发展的重要论述，紧紧围绕教育改革发展实际，着力推动解决我国教育发展中不平衡不充分的突出矛盾，既着眼宏观全局，又涉及具体工作；既有很强的理论性，又有明确的实践针对性；既符合我国当前教育改革的实际，又面向社会主义教育发展的未来，对于我们做好教育改革发展工作具有重要的指导意义。面向新时代，我们要高擎习近平新时代中国特色社会主义思想的伟大旗帜，深入学习贯彻党的十九大精神，同心同德，开拓进取，办好人民满意的教育，加快推进教育现代化，努力建设教育强国，为决胜全面建成小康社会，实现中华民族伟大复兴的中国梦而不懈奋斗。

上　篇

人民满意的教育：是什么

一　新时代人民满意教育的主要内涵

1　教育的新时代、新特点、新征程

党的十九大报告指明中国特色社会主义进入新时代，对决胜全面建成小康社会提出明确要求，将实现第二个百年奋斗目标分为两个阶段安排。新时代的提出，是基于我国社会发展的现实基础、主要矛盾、国际环境的变化和奋斗目标的提升。教育的新时代以成就而铸就，有着新特点，新征程将以使命而启程。社会主义现代化强国实现既需要硬实力也需要软实力，因此经济繁荣、民生保障同样重要。教育与之密切关联，发展程度愈高，教育的重要性愈加凸显。我们需要对新时代教育的新特点准确判定和把握，在实践中认真对待和应对，服务好国家总体发展大局和满足人民对美好生活的需求。

一、　教育进入新时代

新时代是党中央对我国发展新的历史方位的重大政治判断，这一判断是总体性、战略性和阶段性的，非常符合教育实际。

1. 成就铸起新时代

1981 年，党的十一届六中全会提出我国社会主义初级阶段的主要矛盾是“人民日益增长的物质文化需要同落后的社会生产之间的矛盾”，从而决定了我们的根本任务是集中力量发展社会生产力。如今，中国已发生了历史性变革，全面小康社会即将建成，人们对物质和精神的需求多元而旺盛，需要以新发展理念为指导，既注重发展生产力，也着力加强社会建设。

1981 年，我国刚刚改革开放，经济体制尚处于完全的计划经济时期，统计资料显示当时人均国内生产总值 497 元，教育财政总支出 1 114.97 亿元，初中毕业生升学率 35.5%（1983），普通高等学校学生数 127.9 万人，当时没有统计高等教育毛入学率，但即使到 1990 年毛入学率也仅为 3.4%。而到了 2016 年，市场经济条件下的多元教育投入和结构已然形成，人均国内生产总值 53 980 元，全国教育投入 3.89 万亿元，初中毕业生升学率 93.7%，全国各类高等教育在学总规模 3 699 万人，高等教育毛入学率 42.7%。变化是翻天覆地的。

这些变化的取得，得益于我们的道路与政策。在党的改革开放正确路线指引下，教育界坚持党的教育方针，推动教育优先发展、不断完善依法治教制度框架，不断改进人才培养模式，在教育体制、多元办学、结构优化等重大改革领域取得突破，在“两基”攻坚、高校扩招、重点建设等关键发展点取得跨越，在保障质量、促进公平、服务社会等内涵提高方面取得进展。

特别是近几年来，教育界贯彻落实党的十八大精神，攻坚克难、锐意改革，落实立德树人根本任务，紧扣公平质量主题，扎根中国大地办教育，确保一张蓝图干到底，紧紧围绕“培养什么人、如何培养人以及为谁培养人”的根本问题，持续深化综合改革，促进学生全面发展，把培养学生社会责任感、创新精神和实践能力纳入国民教育全过程。

中国教育总体水平进入世界中上行列，教育质量明显提高，教育保障条件显著增强，教育国际影响力日益加大。

2. 新时代教育的历史方位

教育进入新时代，首先是“立柱架梁”的基础性工作已全面完成。从中华人民共和国成立到改革开放，再到党的十八大以来，中华人民共和国在一穷二白的基础上逐步建立起了完整的教育体系和制度框架，经历过识字扫盲、技工培养、“两基”攻坚、高校扩招以及从少数重点校建设到均衡公平发展再到全面提高质量等不同的教育政策重点时期，实现了从穷国办教育、办大教育到世界第二大经济体办大教育的历史性变革，教育改革转向“全面施工内部装修”。按照党的十九大工作部署，接下来是要努力让每个孩子享有公平而有质量的教育，推动城乡义务教育一体化发展，使绝大多数城乡新增劳动力接受高中阶段教育、更多接受高等教育，加快建设学习型社会。

其次是教育的主要矛盾发生了深刻变化。当前，教育面对的问题不是“有没有”而是“好不好”，面对的压力不是“够不够”而是“强不强”。百姓有无学上的问题已得到解决，期盼的是上更好的学校，人民日益增长的对美好教育的需要和教育发展不平衡不充分的矛盾成为教育的主要矛盾。但是，这一矛盾的解决却要相对复杂，既有不断增加优质教育资源供给的方面，也有社会发展不平衡不充分大国国情的影响制约，还有对优质教育认识和心态的差异。人们不患寡而患不均，不平衡不充分又是长期存在的现象，是改革攻坚克难的内容，难以一蹴而就，许多热点难点问题由此产生。在解决矛盾的过程中，路数如若不对，还有可能出现所谓的优质教育越多，老百姓的不满足感越强、国家发展得到的支撑越不平衡不充分的局面。这就要求我们必须针对新时代的特征，认真筹划美好教育的供给，以多元有效的发展契合社会对教育的需求。

再者是教育发展的先导性发挥着作用。先导也意味着先到，按照有关规划，我国将于2020年基本实现教育现代化，比国家的现代化目标早到十五年，那么，我们的教育强国是否也就有可能比国家的社会主义现代化强国建设目标要提早一些？这其实是符合世界教育和社会关系的发展规律的，教育、科技、文化、社会、国家渐次发达而成为世界中心，已多次为世界发展实践及相关研究所证实。由此，教育发展的时代感、紧迫感将会更强，时不我待，责无旁贷，教育必须为实现中华民族伟大复兴的中国梦提供有力支撑。

从制度到体系、从内容到形式，通过夯基垒台、立柱架梁等扎实有效的基础性工作，我国教育发生了历史性变革，取得了历史性成就，切实实现了优先发展，给人民群众带来了实实在在的获得感，有效支撑了国家的发展。

二、 新时代教育的矛盾和特点

习近平总书记在党的十九大报告中指出，中国特色社会主义进入新时代，我国社会的主要矛盾已经转化为人民日益增长的美好生活需要和不平衡不充分的发展之间的矛盾。教育涉及每一个人，关乎家庭的幸福和国家的未来，人民对教育的满意程度是美好生活的基础和重要组成部分。我们需要针对问题解决矛盾、心系目标完成使命。

1. 需要着力解决好教育发展的不平衡不充分问题

在改革开放初期，我国社会主义初级阶段主要矛盾刚刚提出的时候，我们的教育供给十分短缺，而今已是相对丰富，但仍然不能满足人们日益增长的需要。这是事业前进中的问题，矛盾的主要方面就是发展不平衡不充分。

不平衡指向发展后的短板，虽然事业整体发展了，但存在有高有低现象，这种现象大家容易看得到，但解决起来却不易；不充分则指向某类发展的欠缺，也就是发展得薄弱和不够的地方，这里有面对新形势、新环境、新阶段而逐步呈现出来的新问题，也有难以快速攻坚的长线老问题。

不平衡是整体中的局部，不充分是部分中的总体。不平衡一般与短板相连，不充分多数与热点相关。它们都是教育的难点和重点问题，解决这些问题是新时代对教育工作提出的使命要求。

行百里者半九十。越是接近梦想实现，越要头脑清醒、居安思危，既要看到成绩，更要看到困难和挑战。经梳理，新时代教育发展的不平衡不充分表现在六个方面。

不平衡主要有：

第一，区域教育发展不平衡。我国是一个大国，地理条件迥异，在东中西部之间存在明显的经济发展水平的梯度，农业经济、工业经济和知识经济等多种形态并存，区域间各级各类教育在办学理念、投入、条件、标准等方面都差异巨大。

第二，城乡教育发展不平衡。长期形成的城乡二元结构对教育的影响巨大，城市教育和农村教育面对的问题可能完全不同，差距极为显著。

第三，本地区校际发展不平衡。在过去物质短缺的年代，重点建设使得基础教育学校间在办学条件、师资水平、教育理念上出现了不小差距，时至今日也依然存在较为严重的县域内义务教育不均衡、城区内中小学条件水平不平衡现象，“择校”“大班额”问题是百姓心中绕不开的结。

第四，教育结构发展不平衡。学前教育和高中阶段教育仍然是教育体系中的短板和弱项，普通教育和职业教育、学科型人才培养和应用型人才培养与社会的经济结构还不匹配，毕业生就业依然是社会关注的焦点。

第五，德智体美劳全面发展不平衡。智育“一枝独秀”，学生的社会责任感、创新思维、身体健康成长、审美观、劳动意识和动手技能等培养训练环节不同程度地被知识学习的时间挤占了。

第六，家长对教育的心态不平衡。中华民族有重视教育的传统，这是好的，但很多人对优质教育的理解、预期存在误区，由此造成了广大家长对“择校”的追崇和攀比现象，特别是当看到自己的同事、邻居等熟人为子女“择校”时，就更加剧了这种不平衡心态。

不充分表现在：

第一，先进教育思想培植实践不充分。思想是行动的先导。面向未来，我们的很多教育理念还比较陈旧，人才培养模式相对于提高学生社会责任感、创新精神和实践能力的要求还有较大差距，死记硬背式的知识点学习、应试现象还比较严重，素质教育思想还没有在实践层面得到有效落实。

第二，教育支撑国家战略发展能力不充分。现代教育体系尚不完善，拔尖创新人才和能工巧匠仍是人才培养的短板，特别是在以人工智能为代表的第四次产业革命浪潮来临之际，面对创新型国家建设需求，教育在中小学课程设置、高等学校学科建设等方面还未做好充分准备。

第三，国际教育治理参与不充分。随着我国教育由弱到大再到强，我们需要积极参与国际教育规则制定，主动在全球教育发展议题上提出中国主张、中国倡议和中国方案，因此需要创新方式，充分利用国际组织平台、多边合作等阵地，推广我国教育发展的经验和标准，树立我国在国际教育治理中的负责任大国形象。目前我们所做的还远远不够。

第四，教育公平推进不充分。教育公平是社会公平的基础，是社会主义的本质要求，要发展社会主义，必须逐步实现人民共同富裕，相对于过去教育的快速发展，公平的缺口更大，机会公平对获得公平的心态影响过大，当然公平问题也是与不平衡问题紧密联系在一起的。

第五，教育内涵发展不充分。过去在穷国办大教育的情况下，我们首先重视了教育的规模发展和办学条件的改善，但长期的惯性思维使得大家对于育人内在的东西关注不够，教育外延扩展冲动依然强劲，质量、内涵等常常流于形式和表面，多样化选择不够，不同学校的特色不够鲜明。

第六，依法治教实现不充分。依法治教需要更加注重运用法治思维和法治方式推动教育改革发展、推进教育治理能力现代化，而我们在转变政府职能、加强宏观管理、创新监管方式、增强政府公信力和执行力方面，与建设人民满意的服务型政府还有差距。

2. 教育的新特点

进入新时代，教育的基础性、先导性、全局性作用更加突出，决定性、民生性作用日渐凸显。没有教育的现代化就没有国家的现代化，没有人民满意的教育就难以满足人民对美好生活的需要。

新时代是站在新的平台上，面对新形势、根据新特点、解决新矛盾的新的发展阶段。按陈宝生部长的比喻，当夯基垒台、立柱架梁的任务完成后，教育改革进入“全面施工内部装修”阶段。在立柱架梁阶段，基础性、先导性、全局性等方向性、引领性、牵动性大事更重要；而到了全面施工内部装修阶段，细节决定成败，全部的每一个环节每一个点都可能成为关键，社会的小事对个人而言就是大事。决定性表明教育是国家强盛和生活质量水平的关键，民生性表明教育涉及千家万户每一个人的幸福感。这就是时代的特征，教育的地位在提升，但更需要春风化雨绵绵入心。

进一步地分析，首先，教育现代化和教育强国是其他一切强国战略的前提和基础。在党的十九大报告中，既提到了两个阶段的奋斗目标，也提到了为实现奋斗目标而实施的战略措施和一系列的强国建设方面和领域，如科教兴国战略、人才强国战略、创新驱动发展战略、乡村振兴战略、区域协调发展战略、可持续发展战略、教育强国、人才强国、科技强国、制造强国、质量强国、航天强国、网络强国、交通强国、海洋强国、贸易强国、文化强国、体育强国、平安中国、美丽中国、数字中国、智慧社会、中国精神、中国价值、中国力量、人类命运共同体等。这些，均与教育密切相关，甚至取决于教育的成败。

其次，教育现代化和教育强国是社会和谐建设的基础。我们要建成的社会主义现代化强国，除了富强，还要民主、文明、和谐、美丽。就是说，我们不仅要在物质财富上高水平地满足人民生活需要，在世界上处于领先地位，而且还必须在社会建设上充分满足人民健康多元的精神文明追求，在国际交往中富有文化魅力、价值观引领力和环境吸引力。硬实力离不开教育，软实力更离不开教育，提高民族素质是社会和谐稳定发展的基石。

适应新特点。首先，我们需要更加深入教育本质。教育是关乎人自身的事业，没有什么外在的东西比人自身更重要。过去，受条件所限，我们较多地关注了教育发展的外部因素，如经费保障、办学条件、制度环境等，以及统一的标志性标准如考试成绩、获奖证书等。今后，我们需要更加关注人自身的成长，包括每个教育阶段的成长重点，如认知发展、心理健康、身体发育、个性特长等。

其次，需要精准解决突出问题。新时代面对的问题相对清晰、相对重大，也相对艰难、相对敏感，总体上是发展过程中积累起来的老问题和发展后呈现出来的新问题共存，需要统筹规划，针对性攻关。在教育整体发展层面，将针对发展的不平衡不充分问题，聚焦质量、公平的薄弱环节，攻坚克难；在学生个体发展层面，将关注个性差异和多元需求，注重现代教育理念和教学手段运用，深化教育模式改革，因材施教。

三、 新时代开启新征程

习近平总书记多次强调要把人民对美好生活的向往作为工作的方向。在“两个一百年”奋斗目标的历史交汇期，全面建设社会主义现代化国家的新征程已经开启。未来发展聚焦的重点是什么，是需要我们特别关注的问题。

1. 以问题为导向竭力满足人民日益增长的美好教育需要

当前，中国百姓对教育的需求呈现多样化多层次多方面的特点。我们必须高质量开展教育大厦的“全面施工”工作，高标准绘制内部“装修设计”的美丽蓝图，以更加公平更高质量的教育满足社会多元需求，使发展成果更多惠及全体人民。

问题是时代的声音，出现问题就必须给予解决。问题与成绩也常常相伴共存，因为许多热点难点问题常常带有阶段性甚至长期性特点，既是过去攻坚的重点，也是未来努力的方向。

我们需要针对教育发展的不平衡不充分特点，深入贯彻新发展理念，更好地推动人的全面发展，不断提升百姓对教育的满意度和幸福感，实现教育事业“精装修”。

为此，需要紧紧围绕教育的质量、公平中心议题，坚守底线、突出重点、完善制度、引导预期，打好解决短板问题、突破关键环节的攻坚战。

坚持方向引领，落实立德树人根本任务，发展素质教育，将德智体美劳全面纳入育人过程；完善教育体系，推动学前教育普惠发展、义务教育优质均衡发展、高中阶段教育分流选择发展、职业教育产教融合发展、高等教育高水平多样发展、继续教育终身学习发展，增强各级各类教育的针对性、吸引力和特色内涵优势；力补教育短板，重视农村义务教育、西部地区教育、校企合作育人、创新创业教育、教育扶贫攻坚、薄弱校改造、教育标准制定等工作，推进教育由大到强；注重关键能力，加强学生认知能力、合作能力、创新能力和职业能力培养，强化思维训练，引导学生搭建起合理的智能结构。

解决问题需要精准用力——找准问题，针对问题的关键和症结，对症下药，集中精力打歼灭战；需要科学用力——遵循人的成长规律，以青少年身体发育成长和心理健康发展为基础进行，以专业水准要求按教育规律办事；需要持久用力——教育是内化于心的事业，需要驰而不息、持之以恒，久久为功方能看到成效。

解决问题还需要有责任心、使命感和奉献精神。要以党的宗旨、国家发展目标和人民根本利益为思考问题的出发点和行动指南，不计较个人得失，勇于克服困难，把个人事业融入新时代中华民族伟大复兴、建设教育强国的伟大斗争、伟大工程、伟大事业、伟大梦想之中。

2. 以目标为导向谋划 2035 年的教育未来

习近平总书记在党的十九大报告中指出："今天，我们比历史上任何时期都更接近、更有信心和能力实现中华民族伟大复兴的目标。"这个时代"是我国日益走近世界舞台中央、不断为人类做出更大贡献的时代"。

如果说，面向全面建成小康社会决胜期，实现第一个百年奋斗目标，我们主要是以问题为导向打好决胜攻坚战，那么，面向建成社会主义现代化强国，实现第二个百年奋斗目标，则需要更多以目标为导向谋划未来发展。其间的过程就是由目标导向不断推动教育问题解决的征程。

问题导向主要指向公平质量和体制机制，目标导向则需要预测社会、国际、科技发展前景而指向育人模式及其制度保障，二者有着极强的相通性，但判断的依据不同。

党的十九大对国家发展提出了"到 2035 年基本实现社会主义现代化"的新的阶段目标。作为教育工作者，我们必须思考如何实现教育的优先发展命题，以服务国家现代化建设为己任，积极投身于中华民族伟大复兴的伟大斗争和伟大事业。我们需要：

——以民族复兴的梦想确立教育的理想。祖国的昌盛、民族的未来就是教育的理想及其目标制定的依据。教育必须为人民服务、为中国共产党治国理政服务、为巩固和发展中国特色社会主义制度服务、为改革开放和社会主义现代化建设服务，为实现"两个一百年"奋斗目标服务。今后一个阶段的教育发展，必须遵从全面建设社会主义现代化国家新征程"两个阶段"和"两步走"的总体要求进行规划安排。

——以教育目标为导向清除发展征程中的障碍。未来是一个由目标看问题、实现目标解决问题的过程。以目标为导向必须在全球经济、科技革命大格局下思考社会的变化和教育的变革，比如人工智能对教育的影响、网络技术对治理变革的触动、人类命运共同体对文明走向的推进等。趋势判断尤为重要，很多问题是发展中的问题，是阶段性的问题，不能头痛医头、脚痛医脚，不能只见树木、不见森林。创新是前所未有的事情，我们教育出来的新一代必须有创新和适应变化的能力。

——以教育规律为遵循致力于人的健康成长。在未来发展中，人是第一位的因素，因此必须遵循人的成长规律。欲速则不达，不能揠苗助长。心理学、认知科学是教育学的重要基础，智能结构、迁移理论学界已有共识，我们的教育教学安排需要参照他们的成果。人才培养应当关注思维、创新、技能等影响学生终身发展的关键能力，不能仅仅停留在知识点记忆上。

——以实现人的全面发展满足人民对美好教育的向往。实现人的全面发展是我们的理想，也是广大学生家长的共同愿望，因此培养德智体美劳全面发展的社会主义建设者和接班人就是我们的奋斗目标。素质教育是全社会的期盼，是具有中国特色的教育思想，只不过很多家长都怕自己的孩子输在起跑线上而逐步强化了应试教育。因此，我们一方面要加强教育供给侧结构性改革，坚持规格标准和内涵特色的结合，针对不同教育阶段的特点扩大优质和多样的教育供给；另一方面要合理引导家长预期，宣传有教无类、因材施教等科学教育观念，让大家明白合适的教育才是最美好的教育。

——以教育优先发展支撑国家现代化未来。世界发展的历史表明，教育兴则科技兴、则经济兴、则国力强。中国当代自身的发展表明，教育既是改革开放基本国策的实践者和受益者，也是国力增强的强力推动者。教育是一个民族最根本的事业，建设教育强国是中华民族伟大复兴的基础工程，教育现代化必将先于国家现代化而实现。以上互为因果，教育与社会相互促进、相得益彰、协同发展，共同服务于人民日益增长的美好生活需要。

（陈子季　马陆亭　撰稿）

2 努力办好人民满意的教育

2018年9月10—11日，新时代第一次全国教育大会在北京召开。习近平总书记在全国教育大会上强调，要“在党的坚强领导下，全面贯彻党的教育方针，坚持马克思主义指导地位，坚持中国特色社会主义教育发展道路，坚持社会主义办学方向，立足基本国情，遵循教育规律，坚持改革创新，以凝聚人心、完善人格、开发人力、培育人才、造福人民为工作目标，培养德智体美劳全面发展的社会主义建设者和接班人，加快推进教育现代化、建设教育强国、办好人民满意的教育”。这为新时代教育工作指明了战略目标和根本宗旨。

在全国教育大会上，习近平总书记在总结党的十八大以来教育工作成就的基础上进一步指出：“在实践中，我们就教育改革发展提出一系列新理念新思想新观点，主要有以下几个方面，坚持党对教育事业的全面领导，坚持把立德树人作为根本任务，坚持优先发展教育事业，坚持社会主义办学方向，坚持扎根中国大地办教育，坚持以人民为中心发展教育，坚持深化教育改革创新，坚持把服务中华民族伟大复兴作为教育的重要使命，坚持把教师队伍建设作为基础工作。这是我们对我国教育事业规律性认识的深化，来之不易，要始终坚持并不断丰富发展。”这是新时代教育工作的根本遵循和行动指南。“九个坚持”概括了党的十八大以来习近平总书记关于教育的重要论述，形成了系统完整的新时代中国特色社会主义教育理论体系。可以说，“九个坚持”构成了中国特色社会主义教育发展道路的主要内涵和基本要求，这是加快教育现代化、建设教育强国的必由之路，也是新时代办好人民满意的教育的必由之路。

一、办好人民满意的教育，就要坚持把党对教育事业的全面领导作为根本保证，这是中国特色社会主义教育事业的最大优势

办好中国的事情，关键在党。中国特色社会主义最本质的特征是中国共产党领导，中国特色社会主义制度的最大优势是中国共产党领导。“党政军民学，东西南北中，党是领导一切的。”中国共产党是中国特色社会主义教育事业的领导核心。

1. 要加强党对学校工作的领导

各级党委要把教育改革发展纳入议事日程，党政主要负责同志要熟悉教育、关心教育、研究教育。我们的学校是党领导下的学校，是中国特色社会主义学

校，必须全面贯彻党的教育方针，始终坚持社会主义办学方向，并从政治、思想、组织等方面切实落实党对教育工作的领导。在2014年第二十三次全国高等学校党的建设工作会议上，习近平总书记做出重要指示强调："高校肩负着学习研究宣传马克思主义、培养中国特色社会主义事业建设者和接班人的重大任务。加强党对高校的领导，加强和改进高校党的建设，是办好中国特色社会主义大学的根本保证。"在2016年全国高校思想政治工作会议上，习近平总书记再次强调，"办好我国高等教育，必须坚持党的领导，牢牢掌握党对高校工作的领导权，使高校成为坚持党的领导的坚强阵地"。

2. 要加强教育系统党的建设

各级党委和宣传思想部门、组织部门、教育部门要加强对学校党的建设工作的领导和指导。各级各类学校党组织要把抓好学校党建工作作为办学治校的基本功，加强教育系统党的政治建设、思想建设、组织建设、作风建设、纪律建设，尤其要把政治建设作为根本性建设，牢固树立"四个意识"，坚决维护以习近平同志为核心的党中央权威和集中统一领导；把思想建设作为基础性建设，坚定"四个自信"，以习近平新时代中国特色社会主义思想武装教育系统干部师生；加强组织建设，坚持和完善党委领导下的校长负责制，高校党委对学校工作实行全面领导，保证高校正确办学方向，承担管党治党、办学治校主体责任，把方向、管大局、做决策、保落实，下大力气抓好基层党组织建设。要加强包括中小学和职业学校在内的各级各类学校党建工作，实现全覆盖。

3. 要加强学校思想政治工作

思想政治工作是学校各项工作的生命线，各级党委、各级教育主管部门、学校党组织都必须紧紧抓在手上。习近平总书记指出："高校思想政治工作关系高校培养什么样的人、如何培养人以及为谁培养人这个根本问题。要坚持把立德树人作为中心环节，把思想政治工作贯穿教育教学全过程，实现全程育人、全方位育人，努力开创我国高等教育事业发展新局面。"要围绕学生、关照学生、服务学生、引领学生，遵循思想政治工作规律，遵循教书育人规律，遵循学生成长规律，因事而化、因时而进、因势而新，不断提高工作能力和水平。创新思想政治教育方式方法，注重理论与实践相结合、育德与育心相结合、课内与课外相结合、线上与线下相结合、解决思想问题与解决实际问题相结合。要用好课堂教学这个主渠道，思想政治理论课要坚持在改进中加强，提升思想政治教育亲和力和针对性，满足学生成长发展需求和期待，其他各门课程都要守好一段渠、种好责任田，使各类课程与思想政治理论课同向同行，形成协同效应。

二、办好人民满意的教育，就要坚持把立德树人作为根本任务，培养德智体美劳全面发展的社会主义建设者和接班人

“培养什么人、怎样培养人、为谁培养人”，是教育的根本问题。立德树人是习近平总书记教育工作论述中最多的。习近平总书记把促进每个孩子健康成长作为教育工作的出发点和落脚点，“孩子们成长得更好，是我们最大的心愿”。

1. 要培养社会主义建设者和接班人

习近平总书记多次强调指出，我国教育“肩负着培养德智体美劳全面发展的社会主义事业建设者和接班人的重大任务，必须坚持正确政治方向”“希望学校继承光荣传统，传承各民族优秀文化，承担好立德树人、教书育人的神圣职责，着力培养造就中国特色社会主义事业合格建设者和接班人”“教育就是要培养中国特色社会主义事业的建设者和接班人，而不是旁观者和反对派”。2018 年 5 月 2 日，习近平总书记在与北京大学师生座谈时再次强调：“大学是立德树人、培养人才的地方，是青年人学习知识、增长才干、放飞梦想的地方。借此机会，我想就学校培养什么样的人、怎样培养人，同各位同学和老师交流一下看法。我先给一个明确答案，就是我们的教育要培养德智体美劳全面发展的社会主义建设者和接班人。”2018 年全国教育大会上，习近平总书记又指出：“培养什么人，是教育的首要问题。我国是中国共产党领导的社会主义国家，这就决定了我们的教育必须把培养社会主义建设者和接班人作为根本任务，培养一代又一代拥护中国共产党领导和我国社会主义制度、立志为中国特色社会主义奋斗终身的有用人才。这是教育工作的根本任务，也是教育现代化的方向目标。”

2. 要促进学生德智体美劳全面发展

劳动创造了人本身，劳动是一切成功的必经之路。习近平总书记特别重视劳动教育，2018 年全国教育大会上特别增加了“劳”，使得关于学生全面发展培养目标的表述更为全面，丰富和发展了党的教育方针。生活靠劳动创造，人生也靠劳动创造，通过劳动播种希望、收获果实，也通过劳动磨炼意志、锻炼自己。劳动可以树德，可以增智，可以强体，可以育美，要在学生中弘扬劳动精神，教育引导学生崇尚劳动、尊重劳动，懂得劳动最光荣、劳动最崇高、劳动最伟大、劳动最美丽的道理，长大后能够辛勤劳动、诚实劳动、创造性劳动。

3. 以“六个下功夫”夯实立德树人根基

要努力构建德智体美劳全面培养的教育体系，形成更高水平的人才培养体系。要在坚定理想信念上下功夫，教育引导学生树立共产主义远大理想和中国特色社会主义共同理想，增强学生的中国特色社会主义道路自信、理论自信、制度自信、文化自信，立志肩负起民族复兴的时代重任。要在厚植爱国主义情怀上下功夫，让爱国主义精神在学生心中牢牢扎根，教育引导学生热爱和拥护中国共产党，立志听党话、跟党走，立志扎根人民、奉献国家。要在加强品德修养上下功夫，教育引导学生培育和践行社会主义核心价值观，踏踏实实修好品德，成为有大爱大德大情怀的人。要在增长知识见识上下功夫，教育引导学生珍惜学习时光，心无旁骛求知问学，增长见识，丰富学识，沿着求真理、悟道理、明事理的方向前进。要在培养奋斗精神上下功夫，教育引导学生树立高远志向，培养敢于担当、不懈奋斗的精神，具有勇于奋斗的精神状态、乐观向上的人生态度，做到刚健有为、自强不息。要在增强综合素质上下功夫，教育引导学生培养综合能力、培养创新思维。这就包括树立健康第一的教育理念，帮助学生在体育锻炼中享受乐趣、增强体质、健全人格、锤炼意志；包括全面加强和改进学校美育，坚持以美育人、以文化人，提高学生审美和人文素养；包括在学生中大力弘扬劳动精神，培养劳动意识、劳动观点、劳动习惯、劳动技能。

三、办好人民满意的教育，就要坚持把优先发展教育事业作为根本战略，切实把教育摆在优先发展的战略地位

教育是国之大计、党之大计，是民族振兴、社会进步的重要基石，是功在当代、利在千秋的德政工程。必须坚持教育优先发展。

1. 教育事关国家发展、事关民族未来

今天，没有哪一项事业像教育这样影响甚至决定着接班人问题，影响甚至决定着国家长治久安，影响甚至决定着民族复兴和国家崛起。当今世界的综合国力竞争，说到底是人才竞争。实现“两个一百年”奋斗目标、实现中华民族伟大复兴的中国梦，归根结底靠人才、靠教育。今天，党和国家事业发展对教育的需要、对科学知识和优秀人才的需要比以往任何时候都更为迫切。只有抓住机遇、超前布局，以更高远的历史站位、更宽广的国际视野、更深邃的战略眼光，对加快推进教育现代化、建设教育强国做出总体部署和战略设计，坚持把优先发展教育事业作为推动党和国家各项事业发展的重要先手棋，才能不断

使教育同党和国家事业发展要求相适应、同人民群众期待相契合、同我国综合国力和国际地位相匹配，才能努力培养出更多更好能够满足党、国家、人民、时代需要的人才，为实现中华民族伟大复兴奠定坚实教育基础、提供有力人才支撑。

2. 坚持教育优先发展，要努力做到组织领导优先，规划优先，资源配置优先

一是组织领导优先。政治路线确定以后，干部就是决定的因素。成立中央教育工作领导小组，就体现了组织领导优先的要求。二是规划优先。要切实保证经济社会发展规划优先安排教育发展。研制《中国教育现代化 2035》和《加快推进教育现代化实施方案（2018－2022 年）》，就是要以教育现代化支撑国家现代化，以教育现代化引领国家现代化。三是资源配置优先。财政资金优先保障教育投入，公共资源优先满足教育和人力资源开发需要，并尽快形成科学规范的制度。

3. 落实教育优先发展要求，要特别保障和增加教育投入

一是增加财政性教育经费总量。党的十八大以来，我国财政性教育经费占国内生产总值比例连续 6 年超过 4％，体现了中国政府对教育优先发展的坚定政治承诺。2016 年，全国教育经费总投入为 38 888.39 亿元。其中，国家财政性教育经费 31 396.25 亿元，占国内生产总值的比例为 4.22％。今后还要保持稳定增长。二是改善财政性教育经费的分配与投向。从宏观和全局上看，首先要优化财政性教育经费的支出结构，改进教育资源的配置规则与方式，进一步把教育资源配置的重点真正转向促进教育公平和提高教育质量这两个基本点，实现优先发展与科学发展的内在统一。从财政性教育经费的优先投向看，要特别重视保安全、促健康、补短板。三是扩大社会教育投入。“发展仍是解决我国所有问题的关键”，要加快完善体制和政策，从实际出发，鼓励引导社会力量兴办教育，不断扩大社会资源对教育的投入。

四、办好人民满意的教育，就要坚持把社会主义办学方向作为根本原则，以“四个服务”引领中国特色社会主义教育

我们的学校是党领导下的学校，是中国特色社会主义学校，必须全面贯彻党的教育方针，始终坚持社会主义办学方向。

1. 坚持“四个服务”

习近平总书记指出，教育发展方向要同中国特色社会主义发展的现实目标

和未来方向紧密联系在一起，坚持“为人民服务，为中国共产党治国理政服务，为巩固和发展中国特色社会主义制度服务，为改革开放和社会主义现代化建设服务”。坚持“四个服务”，是全面贯彻党的教育方针的要求；是统筹推进“五位一体”总体布局和协调推进“四个全面”战略布局的要求；是统筹促进教育服务人的发展和教育服务社会发展的要求。一句话，“四个服务”是对教育工作的总要求，揭示了我国教育的社会主义性质和方向。坚持“四个服务”，就要始终坚持中国特色社会主义办学方向，就要牢牢把握人才培养这个根本，就要深入开展中国共产党治国理政研究。

2. 注重政治素质，德才兼备，又红又专

要树立中国特色社会主义共同理想，把理想信念教育放在首位，加深对中国特色社会主义的思想认同、理论认同、情感认同，不断增强中国特色社会主义道路自信、理论自信、制度自信、文化自信，积极引导学生热爱祖国、热爱人民、热爱中国共产党。要加强中华民族伟大复兴中国梦教育，深入开展以爱国主义为核心的民族精神和以改革创新为核心的时代精神教育，加强中华优秀传统文化和革命文化、社会主义先进文化教育，增强中华民族自豪感和做中国人的骨气和底气。要培育、弘扬和践行社会主义核心价值观，“把培育和弘扬社会主义核心价值观作为凝魂聚气、强基固本的基础工程”，把社会主义核心价值观融入国民教育全过程，落细、落小、落实，入耳、入脑、入心，让社会主义核心价值观的种子在少年儿童心中生根发芽，“人生的扣子从一开始就要扣好”。

3. 巩固社会主义意识形态

马克思主义是我们立党立国的根本指导思想，也是我国大学最鲜亮的底色。坚持马克思主义指导地位不动摇，坚持不懈传播马克思主义科学理论，抓好马克思主义理论教育，为学生一生成长奠定科学的思想基础；坚持不懈培育和弘扬社会主义核心价值观，引导广大师生做社会主义核心价值观的坚定信仰者、积极传播者、模范践行者；要把中国特色社会主义道路自信、理论自信、制度自信、文化自信转化为办好中国特色世界一流大学的自信。

五、办好人民满意的教育，就要坚持把扎根中国大地办教育作为根本要求，发展具有中国特色、世界水平的现代教育

习近平总书记在全国教育大会上指出，要坚持扎根中国大地办教育。扎根中国、融通中外，发展具有中国特色、世界水平的现代教育，这指明了中国教育现代化的发展路径。

1. 扎根中国大地办教育，就要树立自信、保持特色

办教育既要借鉴，又要弘扬。“要认真吸收世界上先进的办学治学经验，更要遵循教育规律”“面向世界、勇于进取，树立自信、保持特色”“没有特色，跟在他人后面亦步亦趋，依样画葫芦，是不可能办成功的”。我国有独特的历史、独特的文化、独特的国情，决定了我国必须走自己的教育发展道路。“世界上不会有第二个哈佛、牛津、斯坦福、麻省理工、剑桥，但会有第一个北大、清华、浙大、复旦、南大等中国著名学府”“扎根中国大地办高等教育同建设世界一流大学是统一的，只有扎根中国才能更好走向世界”。教育改革要坚持文化自信。要弘扬我国优秀文化和教育传统，好的经验要坚持，不足的要补齐。要大力推进素质教育，鼓励学校办出特色，鼓励教师教出风格。

2. 扎根中国大地办教育，就要以我为主、融通中外

教育对外开放是我国改革开放事业的重要组成部分，肩负着培养优秀人才、促进人文交流、服务国家现代化的重要使命。要服务党和国家工作大局，统筹国内国际两个大局，综合运用国内国际两种资源，提升教育对外开放质量和水平。这是做好新时期教育对外开放工作的重要指导思想。“服务大局”“双向开放”“提升水平”，我国教育领域在始终坚持扎根中国大地的同时，要更加积极开展国际教育、科技、人才交流合作，在更广范围和更高层次上整合、用好国内国际两种资源。要扩大教育开放，同世界一流资源开展高水平合作办学。例如在我国“双一流”建设中，就要通过开展高水平人才联合培养和科学联合攻关，加强国际前沿和薄弱学科建设，助推一流大学和一流学科建设，通过强强合作提升我国教育实力和创新能力。又如在我国涉外办学工作中，要以提升中外合作办学质量为重点引进国外优质教育资源，同时稳妥推进境外办学。要统筹出国留学与来华留学，提高留学教育质量效益，打造“留学中国”品牌。通过加大留学工作行动计划实施力度，加快培养拔尖创新人才、非通用语种人才、国际组织人才、国别和区域研究人才、来华杰出人才等五类人才。坚持“支持留学，鼓励回国，来去自由，发挥作用”，把做好留学人员工作作为实施科教兴国战略和人才强国战略的重要任务。

“中国特色”，“特”就特在党对教育事业的全面领导，“特”就特在社会主义办学方向，“特”就特在中华优秀文化和教育传统。“世界水平”，核心在质量、竞争力与国际影响力。扎根中国、融通中外，立足时代、面向未来，努力建设中国特色、世界水平的现代教育，这是推进中国教育现代化的重要遵循，是中国特色社会主义教育发展的正确路径。

六、办好人民满意的教育，就要坚持把以人民为中心发展教育作为根本宗旨，努力为13亿人民提供更好更公平的教育

习近平总书记谈到，“我们的人民热爱生活，期盼有更好的教育……期盼孩子们能成长得更好、工作得更好、生活得更好。人民对美好生活的向往，就是我们的奋斗目标”“我的执政理念，概括起来说就是：为人民服务，担当起该担当的责任”。这些讲话彰显着总书记真挚的为民情怀，蕴含着坚定的以人民为中心的发展思想。

1. 坚持以人民为中心的教育发展思想

在习近平总书记所列的“两个期盼”“十个更”中，排在第一位的都是教育。我们要坚持以人民为中心的教育发展思想，抓住人民最关心最直接最现实的利益问题，不断实现好、维护好、发展好最广大人民根本利益，努力使全体人民学有所教，学有良教，“努力让每个孩子享有受教育的机会，努力让13亿人民享有更好更公平的教育”。

2. 要高度重视促进教育公平和教育扶贫

公平正义是中国特色社会主义的内在要求。习近平总书记指出，“教育公平是社会公平的重要基础，要不断促进教育发展成果更多更公平惠及全体人民，以教育公平促进社会公平正义”“小康不小康，关键看老乡”，到2020年全面建成小康社会，最艰巨的任务在贫困地区。补上这个短板，就要“把发展教育扶贫作为治本之计”“切断贫困代际传递”。革命老区、贫困地区抓发展，“从根儿上还是要把教育抓好，不能让孩子输在起跑线上”。习近平总书记强调要办好农村义务教育，“要注重山区贫困地区下一代的成长。下一代要过上好生活，首先要有文化，这样将来他们的发展就完全不同。义务教育一定要搞好，让孩子们受到好的教育”。他把“提高农村义务教育水平”视作“治本之策”，强调“突出重点，上下联动，综合施策”。

七、办好人民满意的教育，就要坚持把深化教育改革创新作为根本动力，推进教育治理体系和治理能力现代化

教育要发展，根本靠改革，以改革推动发展，以改革提高质量，以改革促进公平，以改革增强活力。要按照全面深化改革开放的要求，通过深化教育改革和扩大教育开放，加快解决经济社会发展对高质量多样化人才需要与教育培养能力不足的矛盾、人民群众期盼良好教育与资源相对短缺的矛盾、增强教育

活力与体制机制约束的矛盾，为教育事业持续健康发展提供强大动力。

1. 要把握教育改革的关键领域

党的十八大以来，习近平总书记主持召开中央全面深化改革领导小组会议、中央全面深化改革委员会会议，审议通过考试招生制度改革、统筹推进“双一流”建设、统筹推进县域内城乡义务教育一体化、鼓励高校毕业生到基层就业、民办教育改革发展、省级人民政府教育履职、新时代教师队伍建设改革、学前教育改革发展等许多教育文件，特别是第三十五次中央深改组会议通过的《关于深化教育体制机制改革的意见》，对教育体制机制改革做出总体部署。要把握教育改革的关键领域与“四梁八柱”，“及时研究解决教育改革发展的重大问题和群众关心的热点问题”，系统推进育人方式、办学模式、管理体制、保障机制改革，加快推进教育现代化，“使各级各类教育更加符合教育规律、更加符合人才成长规律、更能促进人的全面发展”。要把考试招生制度改革“作为方向明、见效快的改革积极稳妥地加以推进”，总的目标是形成分类考试、综合评价、多元录取的考试招生模式，健全促进公平、科学选才、监督有力的体制机制，构建衔接沟通各级各类教育、认可多种学习成果的终身学习“立交桥”。要扭转不科学的教育评价导向，坚决克服唯分数、唯升学、唯文凭、唯论文、唯帽子的顽瘴痼疾，从根本上解决教育评价指挥棒问题。要深化办学体制和教育管理改革，提升教育服务经济社会发展能力，充分激发教育事业发展生机活力。职业教育要牢牢把握服务发展、促进就业的办学方向，创新各层次各类型职业教育模式，坚持产教融合、校企合作，坚持工学结合、知行合一，引导社会各界特别是行业企业积极支持职业教育，努力建设中国特色职业教育体系。高等院校要走在教育改革前列，紧紧围绕立德树人的根本任务，加快构建充满活力、富有效率、更加开放、有利于学校科学发展的体制机制，当好教育改革排头兵。要调整优化高校区域布局、学科结构、专业设置，建立健全学科专业动态调整机制，加快一流大学和一流学科建设，推进产学研协同创新，积极投身实施创新驱动发展战略，着重培养创新型、复合型、应用型人才。要“坚持不懈推进教育信息化”，努力以信息化为手段扩大优质教育资源覆盖面，让亿万孩子同在蓝天下共享优质教育、通过知识改变命运。

2. 要深化教育领域综合改革

进入深水区的教育改革，牵一发而动全身，单兵突进很难取得成功，需要“用系统思维、全局意识和全球视野认识改革，用普遍联系观点设计改革，用统筹兼顾办法推进改革”，充分考虑教育内外部的系统性、关联性、整体性，以人才培养为核心，以体制机制改革为重点，整体设计改革，系统推进改革，深化教育领域综合改革。要找准突破口，从解决人民群众反映强烈、社会关注度高、制约教育事业科学发展的体制机制问题和热点难点问题入手，提高改革决策的科学性，增强改革措施的协调性，正确处理好改革发展稳定的关系，坚持改革力度、发展速度和社会可承受程度的统一，尽快取得更具标志性、有较高显示度的成效。

3. 要鼓励地方教育创新

一些涉及重大制度设计的改革，只有是自上而下的，才能真正取得突破。同时，人民群众中蕴藏着无穷的智慧和力量，基层是改革的重要推动力量，经验出在地方、基层和学校，要热情鼓励、大力支持地方教育政策与制度创新，做好国家教育体制改革试点工作，开展中期评估，从“模范”中发现“模式”，重在体制机制创新，为国家层面教育改革提供典型经验和示范引领，实现“自上而下”与“自下而上”的有机结合。

八、办好人民满意的教育，就要坚持把服务中华民族伟大复兴作为根本使命，实现我国教育由大到强的历史性转变

改革开放30多年来，我国已经成为名副其实的教育大国，改革开放带动中国实现由人口大国到人力资源大国的历史性转变，带动中国成为了世界第二经济体，教育支撑了国家发展。但我国还不是教育强国。要履行好服务中华民族伟大复兴的根本使命，就要致力于实现我国教育由大到强的历史性转变。

1. 要把提高质量当作教育改革发展的核心任务

质量是教育的生命线，实现我国教育由大到强的历史性转变，必须坚持以质图强。习近平总书记指出，“中国这么多人，教育上去了，将来人才就会像井喷一样涌现出来”。这就要“提高教育质量，培养更多、更高素质的人才”。素质教育是教育的核心，要“推进素质教育，创新教育方法，提高人才培养质量，努力形成有利于创新人才成长的育人环境”；要“鼓励学校办出特色，鼓励教师教出风格”。在谈到职业教育和高等教育时，习近平总书记结合经济社会发展与创新驱动发展战略实施，结合制造业强国与创新型国家建设，多次提出要“努力培养数以亿计的高素质劳动者和技术技能人才”“创新人才培养机制和教育方法，为国家现代化建设培养造就更多的合格人才、创新人才”。

2. 要以教育与经济社会发展紧密结合为导向提高教育质量

教育不是为自身而存在的，而是社会大系统中的一个子系统，时刻需要树立一种大教育观。尤其在职业教育、高等教育和继续教育阶段，坚持教育与经济社会发展的紧密结合，是提高教育质量的重要要求。例如高等教育的学科专业结构、专本硕博层次结构、学术型应用型复合型人才类型结构、高等学校区域布局结构，就要适应、服务和引领国家和地方经济社会发展需要。促进人的全面发展，满足社会发展需要，其实也是衡量教育质量的根本标准。要全面适应创新、协调、绿色、开放、共享发展的需求，在服务中体现教育的地位、作用和价值。

3. 要加强教育质量保障体系建设

要加快制定教育质量国家标准。要把教育资源配置和学校工作重点集中到强化教学环节、提高教育质量上来。要改进考试和教育评价，加强教育质量督导和评估，发挥好“指挥棒”作用。要大力加强教师队伍建设，提高教师师德水平与专业业务能力，这也是切实提高教育质量的关键所在。

九、办好人民满意的教育，就要坚持把加强教师队伍建设作为根本依托，着力把教师队伍建设作为教育事业最重要的基础工作来抓

百年大计，教育为本；教育大计，教师为本。教师是立教之本、兴教之源，承担着让每个孩子健康成长、办好人民满意教育的重任。落实好立德树人任务，关键在教师。要“从战略高度来认识教师工作的极端重要性”，今天的学生是未来实现中华民族伟大复兴中国梦的主力军，广大教师就是打造这支中华民族“梦之队”的筑梦人。

1. 广大教师要争做党和人民满意的好老师

习近平总书记对广大教师提出殷切期望，指明成长路径。他指出，教师要牢固树立中国特色社会主义理想信念，牢固树立终身学习理念，牢固树立改革创新意识；要着力培养有理想信念、有道德情操、有扎实学识、有仁爱之心的“四有”好老师；要“坚持教书和育人相统一，坚持言传和身教相统一，坚持潜心问道和关注社会相统一，坚持学术自由和学术规范相统一”；要“做学生锤炼品格的引路人，做学生学习知识的引路人，做学生创新思维的引路人，做学生奉献祖国的引路人”。“三个牢固树立”“四有”“四个相统一”“四个引路人”为好老师明确了根本标准，为广大教师指明了成长路径。习近平总书记要求广大

教师始终同党和人民站在一起，忠诚于党和人民的教育事业，自觉做中国特色社会主义的坚定信仰者和忠实实践者，自觉做中国特色社会主义共同理想和中华民族伟大复兴中国梦的积极传播者，自觉把党的教育方针贯彻到教育、教学、管理工作全过程，帮助学生筑梦、追梦、圆梦，让一代又一代年轻人都成为实现我们民族梦想的正能量。习近平总书记指出，长期以来，广大教师自觉贯彻党的教育方针，教书育人，呕心沥血，默默奉献，为国家发展和民族振兴做出了巨大贡献，赢得了全社会广泛赞誉和普遍尊重。他勉励广大教师认清肩负的使命和责任，努力为发展具有中国特色、世界水平的现代教育，培养社会主义事业建设者和接班人做出更大贡献。

2. 各级党委政府要把加强教师队伍建设作为教育事业发展最重要的基础工作来抓

努力培养造就一大批一流教师，不断提高教师队伍整体素质，是当前和今后一段时间我国教育事业发展的紧迫任务。习近平总书记指出，要“大力培养造就一支师德高尚、业务精湛、结构合理、充满活力的高素质专业化教师队伍”。他要求各级党委和政府满腔热情关心教师，改善教师待遇，关心教师健康，维护教师权益，让广大教师“安心从教、热心从教、舒心从教、静心从教”，让广大教师“在岗位上有幸福感、事业上有成就感、社会上有荣誉感”。他指出，全党全社会要弘扬尊师重教的社会风尚，努力提高教师政治地位、社会地位、职业地位，让广大教师享有应有的社会声望，让教师成为让人羡慕的职业，使教师成为最受社会尊重的职业。

（杨银付　撰稿）

3 以新思想引领教育现代化

党的十九大指出，加快教育现代化，办好人民满意的教育。这是党中央根据新时代的历史方位、社会主要矛盾和基本方略，对我国教育改革和发展做出的总体部署和科学安排。党的十八大以来，党和国家取得了全方位的、开创性的成就和深层次、根本性的变革，在实践中形成了以新思路、新理念、新战略为主要内容的习近平新时代中国特色社会主义思想（以下简称新思想）。新思想是中国特色社会主义伟大实践的重大理论创新成果，其主题就是坚持和发展中国特色社会主义。新时代呼唤新思想，新思想引领新时代。新思想是新时代指导教育现代化实践的重要理论和行动纲领，指明了教育现代化的根本任务、关键保障、制约因素、关键突破点、重要力量和发展格局等关键问题。新思想全面贯穿“不忘初心，牢记使命”的高远情怀，为教育现代化建设提供了强大的精神动力和思想智库，立足新方位和新征程，为新问题、新矛盾的解决提供了新思路、新路径。

一、 教育现代化的根本任务是培养社会主义建设者和接班人

“培养什么样的人、如何培养人以及为谁培养人”，是教育的根本问题。新思想明确教育就是要培养德智体美劳全面发展的社会主义建设者和接班人，全面落实立德树人根本任务，发展素质教育。社会主义建设者和接班人必须对中国特色社会主义有深厚的思想认同、理想认同和情感认同。立德树人，就是要坚持社会主义核心价值观导向，深入开展理想信念教育、爱国主义教育、中华优秀传统文化教育和革命传统教育，加强法治教育、国防教育和可持续发展教育，引导学生热爱祖国、热爱人民，不断增强中国特色社会主义道路自信、理论自信、制度自信和文化自信，以德为先，崇德修身，使社会主义核心价值观内化于心、外化于行，引导他们扣好人生的第一粒扣子。立德树人，就要把握好素质教育时代特征，深入推进教育教学改革，强化学校体育工作，全面推进艺术教育，提升学生审美素养，促进教育与生产劳动和社会实践紧密结合，提高综合实践活动的成效，以知促行、以行促知，学生的认知能力、创新能力、职业能力、合作能力能够适应社会需求，践行知行合一，积极动手实践和解决实际问题，为社会主义现代化建设添砖加瓦，为社会主义现代化强国提供有力

支撑。新时代的立德树人，还要在德育途径和方式上下功夫，健全全员育人、全过程育人、全方位育人的体制机制。充分挖掘各门课程中的德育内涵，加强“德育课程”“思政课程”，注重“学科德育”“课程思政”。注重理论与实践相结合、育德与育心相结合、课内与课外相结合、线上与线下相结合、解决思想问题与实际问题相结合。党的十九大报告提出“打铁必须自身硬”，对年轻一代建设者提出了更高的要求，我们的教育就要使他们成为有担当和有担当能力的一代，有社会责任感、创新精神和实践能力，能够担负起历史使命。

二、 教育现代化的关键保障是必须把教育事业放在优先位置

新思想强调要把建设教育强国作为中华民族伟大复兴的基础工程，必须把教育事业放在优先位置，加快教育现代化，办好人民满意的教育。我们必须从我国社会主义初级阶段基本国情出发，在中国特色社会主义进入新时代的新的历史方位上，扎实落实教育事业优先发展。也就是说，教育现代化必将先于国家现代化而实现。党的十八大以来，党中央始终坚持把教育作为财政支出的重点领域予以优先保障，教育投入由2万亿元增长到2016年的3万亿元，正在迈向4万亿元大关，财政性教育经费支出占国内生产总值比例连续保持在4%以上，有力支撑了我国教育现代化建设。从加快推进教育现代化的新坐标看，这一比例还应稳步提高。《国家教育事业发展“十三五”规划》已经明确了“一个不低于、两个只增不减”，即保证国家财政性教育经费支出占国内生产总值的比例一般不低于4%，确保财政一般公共预算教育支出逐年只增不减，确保按在校学生人数平均的一般公共预算教育支出逐年只增不减。伴随着教育投入的增加，教育经费支出结构也需要不断优化，经费配置要始终坚持“保基本、补短板、促公平、提质量”，坚持向农村地区、边远贫困地区和民族地区倾斜，坚持向义务教育、职业教育、学前教育倾斜，坚持向乡村教师、家庭经济困难学生倾斜。动员全社会形成合力，健全学生资助制度，实现家庭经济困难学生资助全覆盖，努力让每个孩子都能享有公平而有质量的教育。提高教育经费整体使用效益、效率，只有把好钢用在刀刃上，才算真正推进教育事业的优先发展，加快教育现代化进程。

三、 教育现代化的主要制约因素是不平衡不充分的发展问题

新思想明确我国社会的主要矛盾已经转化为人民日益增长的美好生活需要和不平衡不充分的发展之间的矛盾。这些矛盾也具体表现在教育领域，体现为

区域教育之间发展不平衡、教育层次结构之间发展不平衡、不同学习群体之间教育发展不平衡、校内教育与校外教育发展不平衡、德智体美劳协调发展不平衡。要整体实现教育现代化建设，就必须重点解决这些不平衡发展中的短板问题、弱项问题。党的十九大报告提出要推动城乡义务教育一体化发展，保基本、补短板、促公平，高度重视农村义务教育，扩大普惠性学前教育资源，办好特殊教育，普及高中阶段教育，健全学生资助制度。缩小城乡差距不仅充分彰显教育权利和机会公平，更是促进城镇基本公共服务与农村共享的关键环节。教育的现代化，说到底是人的现代化。只有解决了这些短板问题、弱项问题，才能让每个孩子都能享有优质的教育，让每一个适龄儿童都有人生出彩的机会，有实现抱负和梦想的机会，让每一个学习者成为社会主义事业建设者。教育公平是社会公平的重要基础。在我国全面决胜小康社会的关键阶段，教育不但承担自身系统全面提升的任务，还承载着如何在贫困地区“扶智”“扶志”，有效实现“精准扶贫”的基础攻坚任务。教育是解决好贫困地区社会经济快速发展、补齐短板和可持续发展的重要基础，起着基础性、先导性和全局性作用。在新时代，基本公共教育资源应继续实行倾斜政策，逐步缩小区域、城乡、校际之间的发展差距，抬高底部、夯实基础，让每一所学校办出特色、办出水平。我国的教育发展一定要树立和落实以人民为中心的发展思想，发展教育就是要为人民服务，持续推进教育公平，补齐民生短板。新思想着眼于保障和改善民生、维护公平正义，充分体现了我们党全心全意为人民服务的根本宗旨，体现出深刻的为民情怀，彰显了人民至上的价值取向。党的十九大报告提出的“实施乡村振兴战略”“实施区域协调发展战略”，都是解决教育区域间发展不平衡问题的重要战略策略。在此基础上，统筹各级各类教育协调发展，办好学前教育、特殊教育和高中阶段教育，努力让每个孩子都能享有公平而有质量的教育。

不充分主要体现为局部中的整体发展不够，各级各类教育质量还不能满足人民群众“上好学”的教育需求，学生课业负担重、“大班额”突出，教育在现代化建设中的战略引领作用还不够，教育对未来社会发展转型的关注度还不够。党的十八大以来，教育中的难点热点问题被逐步解决，义务教育质量整体提高，逐步实现家门口就有好学校，努力从根本上解决“择校热”问题。但从人们对优质教育的获得感和幸福感看，优质教育资源仍显得不充分、教育质量仍需不断提升。特别是囿于长期以来的应试教育模式，我国教育在学生的核心素养与关键能力，特别是在解决问题能力、创新创业能力、实践动手能力等的培养上仍然很薄弱，不能适应建设创新型国家、人才强国、科技强国和制造强国的需要。目前，随着人工智能的发展，多种智能技术、平台开始深入课堂和学习过程，已经对学校教育教学和课堂产生了深刻影响，有些已经成功成为连接城乡学校和校级之间名师资源共享的桥梁。在教学实践中，人工智能可以协助教育教学，帮助学生和家长更好地判断学业水平、阶段及兴趣，这些个性化的智能评测和个性化服务，能够促进教育教学过程的个性化和针对性。但人工智能究竟如何在课堂教学中发挥作用，是作为扎实基础教学的替代还是补充，都需要深入研究。哪些可以机器做？哪些需要教师做？哪些必须是学生自己做？如果将人工智能作为知识传递的辅助工具，那么教师就可以有更多精力来关注与学生的情感沟通，让学生身心健康发展，这是人工智能不能替代的。全面提升教育质量是中国特色社会主义教育现代化的基本要求，成为国际标准是中国特色社会主义教育现代化的基本特征，是教育改革发展的核心任务，是立足我国现代化建设和国际影响力提出的深刻命题。只有高质量的教育，才能不断满足人民过上美好生活的需要，才能培养出优秀的建设者和创新人才，才能引领我国社会主义现代化建设。

四、教育现代化的重要突破要靠教育体制机制改革

教育要发展，根本靠改革。新思想特别强调要坚持全面深化改革。随着教育现代化进程的推进，体制机制改革在完善公共教育服务体系中的作用越来越突出。只有不断深化体制机制改革，准确把握教育改革的关键领域与“四梁八柱”，系统推进育人方式、办学模式、管理体制、保障机制改革，实现教育治理现代化，才能实现教育现代化。不断推进的教育治理体系和治理能力现代化，可以破除一切不合时宜的思想观念和体制机制弊端，尊重教育规律，构建出更加有利于教育科学发展和人才辈出的体制机制。目前，我国教育体制机制改革的方式已经发生了重大变化。从单纯自上而下、各利益相关方积极参与、需求相对统一的阶段，进入上下互动、社会广泛参与、需求多元化的调整和攻坚阶段。这就需要进一步解放思想、调动社会各方面的积极性，以体制机制改革为突破口和根本动力，努力破解教育科学事业发展的热点难点问题，为发展具有中国特色、世界水平的现代教育提供制度支撑。比如，考试招生制度改革、“大班额”、课外负担等，都是教育改革进程中的“硬骨头”。考试招生制度改革是牵一发而动全身的系统工程，在改革推进过程中面临前所未有的艰巨性和复杂性。高考改革在试点地区虽然取得一定成效，家长和社会对改革成果有一定的

认同度，但仍有一些具体问题没有得到有效的解决。人民群众期待新高考改革能够更加公平、更加科学、更加有利于孩子的全面成长。“大班额”问题凸显，城镇教育资源配置难以适应新型城镇化的发展需求，“大班额”呈现出初中甚于小学、中西部更为突出、初中改善明显而小学任重道远的基本样态。2017 年，全国共有 56 人以上“大班额”班级 36.8 万个，占全部班级的 10.1%，66 人以上“超大班额”班级 8.6 万个，占全部班级的 2.4%。经过教育部门和其他部门的努力，2017 年全国减少 8.2 万个“大班额”，5.6 万个“超大班额”。[①]“大班额”现象使得包括学生住宿安全、活动安全、饮食健康和疾病预防等问题管控难度加大。学生负担过重成为全社会共同关注的一大问题。“学校减负、家庭增负，校内减负、校外增负”现象突出，出现“校内上学不贵、校外上学贵”的现象。这既有学校的原因，也有社会、家长和课外辅导机构等方面的原因，需要综合治理。

五、 教育现代化建设的关键力量要靠教师队伍

教师是教育现代化建设的基础，是教育事业的具体实践者和直接推动者，是提高教育质量、办好人民满意的教育的关键。新思想明确要加强师德师风建设，培养高素质教师队伍，倡导全社会尊师重教。随着教育事业的发展和人民群众对优质教育教学需求的不断增加，教师质量越来越成为判断学校教育教学质量的关键要素。教师作为中华民族“梦之队”的筑梦人，必须有坚定的社会主义理想信念，才能真正落实好社会主义办学方向。同时，现代课堂、智慧课堂、移动课堂的形成，对新时代教师提出了新的更高要求，教师不再是传统课程教授者，更是与学习者的情感互动者、创新互动者及其他综合互动者。优化教师队伍，提高教师质量，不仅需要不断优化的师范生生源质量、规范的师范教育、标准化的管理和优秀的毕业生，更需要有吸引力的教师工资待遇和教师职业晋升通道以及全社会尊师重教的风气，让教师有更多获得感，才能让优秀人才“下得去、留得住、教得好”。教师队伍中还有一支特殊队伍就是教师干部队伍，配齐配强这支队伍，可以确保各项教育改革举措有方向、有谋划、有部署、有落实、有成效。

---

①国务院教育督导委员会. 2017 年全面改善贫困地区义务教育薄弱学校基本办学条件工作专项督导报告［EB/OL］.［2018－05－10］. http://www.moe.edu.cn/jyb_xwfb/gzdt_gzdt/s5987/201805/t20180510_335564.html.

六、教育现代化建设的发展格局要扎根中国、立足时代、面向未来

新思想明确提出使命呼唤担当，使命引领未来。作为率先实现现代化的教育领域，必须关注时代、关注世界、关注未来社会。这就对中国特色社会主义教育现代化建设提出了更高要求。也就是说，在新时代，教育必须主动助力社会转型，而不是被动适应社会经济产业结构需求和转型。新时代教育要有新作为，全体教育工作者必须认真关注教育的未来、关注时代的未来、关注社会的未来，从更宽的视野和格局来推进教育内部的改革，找准教育在新时代的新定位，更好地完成立德树人的根本任务，增强青年一代的社会责任感、创新精神和实践能力，让他们担负起历史使命，这也是中国特色社会主义新时代的核心所在。要实现中华文化影响更加广泛深入，就必须提高教育现代化的国际影响力和感召力，为全球的教育现代化建设提供中国方案和中国声音。从这个意义上说，教育就成为未来社会的引领者，成为现代化建设的基础先行者。教育发展周期长，要适应社会主义现代化建设的多方面要求，必须提前准备。

习近平新时代中国特色社会主义思想体现的这些新理念、新思路、新战略，基于对教育发展规律、历史发展规律的深刻把握，更加明确了“两个一百年”目标的实现、中华民族伟大复兴中国梦的实现，从根本上讲靠人才、靠教育、靠教育现代化建设，教育的基础性、先导性、全局性地位和作用更加突显。

（安雪慧　撰稿）

4 发展新时代公平而有质量的教育

习近平总书记在党的十九大报告中指出，中国特色社会主义进入了新时代，提出“加快教育现代化，办好人民满意的教育”“努力让每个孩子都能享有公平而有质量的教育”①。李克强总理在2018年的政府工作报告中提出“发展公平而有质量的教育”“要加快推进教育现代化，办好人民满意的教育，让每个人都有平等机会通过教育改变自身命运、成就人生梦想”②。面向新时代新征程，发展公平而有质量的教育，是适应高质量发展阶段特征、满足人民美好生活需要的紧迫任务，追求公平而有质量的教育成为新时代我国教育公共政策的基本导向。

一、新时代我国教育发展主要矛盾的变化

习近平总书记在党的十九大报告中指出：“中国特色社会主义进入新时代，我国社会主要矛盾已经转化为人民日益增长的美好生活需要和不平衡不充分的发展之间的矛盾。”③ 这个基本判断揭示了制约我国社会发展的关键问题，明确了解决当代中国发展问题的根本着力点，也为我国新时代的教育发展指明了方向。

改革开放以来，我国逐步解决了十几亿人的温饱问题，总体上实现了小康，不久将全面建成小康社会。2017年，我国人均国内生产总值达到8 836美元，如果此后几年增速不变，5年后或成高收入国家（世界银行高收入国家标准为人均国民收入1.2万美元左右）。④ 随着人民生活水平的不断提高，人民群众对美好生活的需要日益广泛，不仅对物质文化生活提出了更高要求，而且在民主、法治、公平、正义、安全、环境等方面的要求日益增长，对更好的、可及性更均等的公共服务有更多的期待。教育不仅是人民群众美好生活的重要方面，而且是创造美好生活的根本途径，“更好的教育”排在人民群众新期盼的首位。教育是提高劳动者素质和开发人力资本的重要途径，人民群众渴望通过接受更好的

---

①本书编写组．党的十九大报告学习辅导百问［G］．北京：党建读物出版社，2017：36.

②李克强．政府工作报告——2018年3月5日在第十三届全国人民代表大会第一次会议上［EB/OL］．http：//www.gov.cn/zhuanti/2018lh/2018zfgzbg/zfgzbg.htm.

③本书编写组．党的十九大报告学习辅导百问［G］．北京：党建读物出版社，2017：9.

④定军．2017中国人均GDP超8 800美元 跨越中等收入陷阱需延续稳中向好发展［N］．21世纪经济报道，2018-03-01.

教育实现更加充分和更高质量的就业，实现向上的社会流动，改善和提高生活的质量。总体来看，目前人民群众不断增长的教育需求在量和质两个层面进行扩展：从量上看，我国在全面普及九年义务教育以后，教育需求层次正在向下和向上两端延伸，分别是对学前教育和高中阶段教育、高等教育、继续教育的需求日益增长；从质上看，教育需求正在从追求受教育机会向更加多样化、更加公平和更高质量的教育服务品质转化。

改革开放以来，我国教育取得了长足发展，在较短时间里实现了九年义务教育的全面普及和高等教育大众化，实现了从人口大国向人力资源大国的转变。特别是党的十八大以来，以习近平同志为核心的党中央坚持把教育摆在优先发展的战略地位，把教育放在改善民生和加强社会建设的首位，部署一系列重大教育改革、重大政策措施和重大工程项目，加快补足学前教育、高中阶段教育等薄弱环节，改善农村义务教育薄弱学校办学条件，逐步缩小区域、城乡、校际差距，加大对各类学校家庭困难学生资助力度，努力让每个孩子享有平等受教育的机会。根据联合国教科文组织提供的数据，2015 年，中国学前教育和早期儿童发展教育的毛入学率为 84%，远高于上等收入国家 48%的平均水平；中国中等教育毛入学率为 94%，与上等收入国家 94%的平均水平持平①；2016 年，中国高等教育毛入学率为 48.4%，高于上等收入国家 34.5%的平均水平②，教育发展总体水平进入世界中上行列。

由于历史、国情、发展阶段和体制等因素的制约，我国教育存在发展不平衡、不充分的各种问题，面临着深入推进公平和提升质量的重大挑战。中西部地区教育发展相对滞后，特别是边远、贫困、民族地区提高教育发展水平和教育质量面临巨大困难；在区域内部，义务教育城乡间生均拨款、师资水平、办学条件差距和校际间质量差距依然存在，导致“择校”压力较大；特殊群体的受教育权利保障水平还不够高，部分地区农村初中学生辍学问题仍未完全解决；优质教育资源供给能力明显不足，义务教育“择校热”带动“学区房热”，中小学生课外负担加重。2017 年，中国教育科学院在全国开展的第二轮基础教育满意度调查数据显示，在教育公平感知、教育质量感知和教育期望三个方面，学生和家长的教育公平感知指数相对较低，幼儿园、小学、初中学生（家长）最

①UNESCO. Global Education Monitoring Report 2017/18-Accountability in Education：Meeting Our Commitments [M]. Paris，2017.

②World Bank Data，https：//data. worldbank. org/indicator/SE. TER. ENRR? locations=CN&view=chart.

不满意的是学校间质量差距，高中学生最不满意的是学习负担沉重。此外，满意度的城乡差异和区域差异依然存在。[①] 对此，党的十九大报告重申推进教育公平、保障幼有所育、学有所教，着力解决好教育发展不平衡、不充分问题，让每个孩子都能享有更好更公平的教育，是办好让人民满意的教育、实现教育现代化和建设教育强国的重要任务。

二、发展公平而有质量的教育是新时代我国教育政策的基本导向

党和国家历来高度重视教育。党的十六大报告将“坚持教育为人民服务”纳入党的教育方针；党的十七大报告将教育纳入以民生为重点的社会建设范畴，明确提出“办好人民满意的教育”；党的十八大报告提出“努力办好人民满意的教育”；党的十九大报告再次强调“办好人民满意的教育”，要“全面贯彻党的教育方针，落实立德树人根本任务，发展素质教育，推进教育公平”“努力让每个孩子都享有公平而有质量的教育”。这一系列战略定位和政策宣示，充分反映了我们党以人为本、以民为本的执政理念和发展教育为人民服务、增进民生福祉的根本目的。

近些年来，公平和质量兼顾已成为我国政府公共教育政策的基本导向。从2015年开始，政府工作报告涉及教育政策的取向同时提及公平与质量，要求“促进教育公平发展和质量提升”。2016年的政府工作报告提出“发展更高质量更加公平的教育”。2017年的政府工作报告提出“办好公平优质教育”。2018年的政府工作报告提出“发展公平而有质量的教育”，具体工作部署包括：推动城乡义务教育一体化发展，教育投入继续向困难地区和薄弱环节倾斜；切实降低农村学生辍学率，抓紧消除城镇“大班额”；多渠道增加学前教育资源供给；支持中西部建设有特色、高水平大学；继续实施农村和贫困地区专项招生计划；发展民族教育、特殊教育、继续教育和网络教育；办好人民满意的教育，让每个人都有平等机会通过教育改变自身命运、成就人生梦想。显然这些都是对教育公平的承诺。关于提高质量的部署，包括推进普及高中阶段教育，以经济社会发展需要为导向，优化高等教育结构，加快“双一流”建设等等。可以这样说，新时代的教育公平要解决人人都能上好学的问题，追求优质教育的公平。

由于不同领域、不同阶层的社会群体都通过教育实现各自不同的目的，对

①中国教育科学研究院．全国基础教育满意度稳中有升［N］．中国教育报，2018－04－11．

“更好的教育”有着不同的理解，对其中教育公平、教育质量的内涵及其二者的关系有着不同的认识。目前社会上一部分人和家长对教育公平和教育质量的误解造成了当前我国追求更好教育的认知障碍，也是其不满意和缺少公平感的重要原因。如对于教育公平的误解主要体现在，总认为教育公平就是要“大家一样”，总是以一种传统平均的思路来审视教育发展，认为教育公平就是资源等硬件要配备得一模一样，对于现实中无法“一样”的师资和生源也要进行轮岗和派位；对教育质量误读的突出表现是，简单地以升学率和考试分数评价教育质量，“分数至上、升学第一”成为一些人心目中的“好学校”标签，为此导致广受诟病的“应试教育”和“择校热”愈演愈烈，对这些误解和误读亟须予以澄清。

教育公平是人类关于公平的理想在教育领域的投射和拓展，根据牢牢把握人民群众对美好生活的向往和社会主义初级阶段这个最大国情的原则，需要辩证、客观、历史地认识教育公平，科学把握和正确理解教育质量的标准和内涵。深入推进教育公平和提升教育质量，必须遵循以下原则：一是推进教育公平从广度向深度拓展。在我国教育事业规模和数量不断扩大的基础上不断提升教育质量，推动教育公平从机会公平向过程公平和结果公平拓展，从注重办学条件转向注重内涵发展，注重提高学生的学业成就。二是推进教育公平从“面上”公平扩展到“点上”公平。关注不同群体的利益诉求，推进教育公平的差异化和精准化，“适合的教育才是最好的教育”。三是推进教育公平的重心在于促进基本公共教育服务均等化。立足基本国情，统筹不同利益主体，坚持守住底线、补齐短板、完善制度、引导预期，合理确定基本公共教育服务的内容和范围，推动发展成果更多更公平惠及全体人民。

三、新时代条件下发展公平而有质量教育的战略目标和对策

根据中国特色社会主义发展进程，从党的十九大到党的二十大，是“两个一百年”奋斗目标的历史交会期，既要全面建成小康社会，实现第一个一百年奋斗目标，又要乘势而上开启全面建设社会主义现代化国家的新征程，向第二个一百年奋斗目标进军，为此要规划好“两个一百年”目标的教育规划衔接工作，推进和实施“十三五”规划，必须紧扣我国社会和教育主要矛盾变化，密切关注形势变化，保持战略、政策、措施的连续性和前瞻性，继续推动各领域重点任务和清单项目有效落实。同时，根据全面建设社会主义现代化国家新征程两个阶段的战略安排，即到2035年基本实现社会主义现代化和本世纪中叶建成社会主义现代化强国。基本实现社会主义现代化的教育发展目标定位要基于

现有发展条件和人民群众的新期待，参照国外教育发展先进水平，即在2020年教育现代化取得重要进展的基础上率先实现教育现代化，向教育强国迈进。具体来说，所有适龄儿童享有普惠、有质量的学前教育服务，获得免费范围和内容更为广泛、质量更高的义务教育，绝大多数城乡新增劳动力接受高中阶段教育、更多接受高等教育，同时加快建设学习型社会，健全学生资助制度，确保广大社会成员获得多样化、有质量、能负担得起的义务教育后教育和学习机会。满足人民群众不断增长的多层次、多样化、有质量教育需求的根本途径是深化教育供给侧改革，把改善公共教育服务供给结构和质量作为主攻方向。

1. 加快发展，扩机会促公平

“发展是解决我国一切问题的基础和关键，发展必须是科学发展。”[①] 加快发展是扩大受教育者范围的条件和保证，要突出重点，加快补短板、强弱项，将教育改革与发展的成果惠及所有人。一是办好学前教育。重点是提高学前教育普惠水平和保教质量，确保所有儿童都有一个好的、更为平等的起点，建成广覆盖、保基本、有质量的学前教育公共服务体系。到2020年，全国学前三年毛入园率达到85%，普惠性幼儿园覆盖率（公办幼儿园和普惠性民办幼儿园在园幼儿数占在园幼儿总数的比例）达到80%左右。[②] 二是巩固九年义务教育。按照目前我国正常的义务教育标准化建设速度和财政投入能力，已经足够化解“全面二孩”政策带来的在校学生规模扩大的压力，但城镇义务教育的承载能力不足以及农村义务教育资源富余等问题比“全面二孩”政策带来的压力更值得引起关注。着力解决初中学生辍学、流动和留守儿童失学辍学问题，到2035年，初中净入学率达到高收入国家平均水平（2015年为99%[③]），着力解决不同地区、不同社会群体和不同收入群体的“教育质量均等化”。三是普及高中阶段教育。加快普及高中阶段教育，为迈入高收入经济体奠定人力资源基础，充分满足社会和家长旺盛的普通高中教育需求，探索普职融通，探索课程互选、学分互认、资源共享，探索发展综合高中，调整职业教育课程设置，保持培养通用核心能力和技术能力平衡。四是实现高等教育内涵式发展。伴随着规模扩大，高等教育进入普及化阶段，到2035年，高等教育毛入学率可能超过60%（2015

---

①本书编写组．党的十九大报告学习辅导百问［G］．北京：党建读物出版社，2017：17．

②教育部等四部门．关于实施第三期学前教育行动计划的意见（教基〔2017〕3号）［EB/OL］．http：//www．moe．edu．cn/srcsite/A06/s3327/201705/t20170502_303514．html．

③UNESCO．Global Education Monitoring Report 2017/18—Accountability in Education：Meeting Our Commitments［M］．Paris，2017．

年高收入国家平均水平为 74%[①])。积极改进教育质量和招生公平性，扩大农村贫困地区学生接受优质高等教育机会。五是办好继续教育。以拓宽知识、提升能力和丰富生活为导向，加快发展继续教育和网络教育，建成全民学习、终身学习的学习型社会和学习大国。

2. 深化改革，改制度促公平

习近平总书记指出，要“进一步实现社会公平正义，通过制度安排更好保障人民群众各方面权益”[②]。全面深化改革，破除一切有违公平正义的体制机制，健全规则公平、程序公平，形成系统全面的教育公平保障制度。一是完善入学制度，统筹设计小学入学、小升初、高中、高校招生办法。完善义务教育免试就近入学的具体办法，试行学区制和九年一贯对口招生，建立以居住证为主要依据的随迁子女入学政策，鼓励父母取得居住证的适龄儿童随父母在工作地就近入学，在当地参加高中阶段学校考试招生，职业学校可实行注册入学，重点高校要安排一定比例的名额招收边远、贫困、民族地区优秀农村学生。通过办学体制多元化、学校类型和课程体系多样化发展，合理疏导和理性引导“择校”需求。二是健全各级各类教育经费投入机制。健全教育预算拨款制度，合理确定、建立并动态调整各级教育生均拨款或生均公用经费标准。免费义务教育建立健全城乡统一、重在农村的财政经费保障机制，非义务教育实行合理的成本分担，落实以财政投入为主、其他渠道筹措经费为辅的投入体制。“十三五”期间，保证国家财政性教育经费支出占国内生产总值比例一般不低于 4%，确保一般公共预算教育支出逐年只增不减，确保按在校学生人数平均的一般公共预算教育支出逐年只增不减。[③] 到 2035 年，国家财政性教育经费支出占国内生产总值的比例达到高收入国家的平均水平（2015 年为 5.1%[④]）。三是健全国家基本公共教育服务和学生资助制度。以普惠性、保基本、均等化、可持续为方向健全国家基本公共服务制度，在落实义务教育“两免一补”政策（免学杂费、免费提供教科书和家庭经济困难学生生活补助）城乡全覆盖的基础上，逐步拓展

①UNESCO. Global Education Monitoring Report 2017/18-Accountability in Education：Meeting Our Commitments [M]. Paris，2017.

②习近平在武汉召开部分省市负责人座谈会 [EB/OL]. [2013－07－24]. http：//www. xinhuanet. com/politics/2013－07/24/c _ 116670797. htm.

③中共中央办公厅、国务院办公厅印发《关于深化教育体制机制改革的意见》[EB/OL]. [2017－09－24]. http：//www. gov. cn/xinwen/2017－09/24/content _ 5227267. htm.

④UNESCO. Global Education Monitoring Report2017/18-Accountabilityin Education：Meeting Our Commitments [M]. Paris，2017.

学生营养膳食补助范围。逐步分类推进中等职业教育免除学杂费，免除普通高中建档立卡等家庭经济困难学生学杂费，建立健全从学前教育到高等教育各学段家庭经济困难学生资助体系。

3. 促进创新，多渠道提质量

优质教育应该是高质量的教育，是适合每个学生的适性教育，扩展优质教育的途径是促进教育的多样化、特色化、个性化。一是更新人才培养观念。树立适合的教育才是最好的教育、全面发展、人人皆可成才、终身学习等科学教育理念①，把促进人的全面发展、适应社会需要作为衡量教育质量的根本标准，面向全体学生，发展素质教育，鼓励个性发展，促进学生成长成才。二是创新人才培养体制。遵循教育规律和人才成长规律，推动学校多样化有特色发展，在不同层次、不同领域办出特色，为各种群体提供学习和发展空间，拓宽成长成才道路。构建政府、学校、社会之间的新型关系，扩大学校办学自主权，鼓励学校积极开展教育创新实践，推进人才培养模式多样化，提供方便、灵活、个性化的学习条件。增加公共教育服务外部提供者，鼓励社会力量办学，支持优质、特色的民办学校发展。探索在不改变公办学校属性、政府全额提供教育经费的情况下，将薄弱学校委托给具有理念和资质的社会团体、社会组织和教育家群体举办，促进办学模式多样化。三是创新教师培养和管理制度。全面加强教师队伍建设，把提高教师思想政治素质和职业道德水平摆在首要位置，把校长和教师队伍专业化水平提升作为工作重点，把管理体制改革与机制创新作为突破口，造就党和人民满意的高素质专业化创新型教师队伍。② 加强师德师风建设，完善教师教育、培训与教研制度，严格中小学教师资格准入，实行定期注册制度，切实提高教师待遇，建立有竞争力的工资制度，健全农村、边远、贫困地区学校教师津贴激励制度，吸引并留住优秀教师，鼓励优秀教师终身从教。四是推进教育信息化。重点支持农村地区、边远贫困地区、民族地区的学校信息化和公共服务体系建设，以开发、应用和共享优质数字教育资源为手段，扩大优质教育资源的学生受益面，促进信息技术与教育教学深度融合，不断提高教育教学质量。

（王　建　撰稿）

---

①中共中央办公厅、国务院办公厅印发《关于深化教育体制机制改革的意见》［EB/OL］．［2017－09－24］．http：//www．gov．cn/xinwen/2017－09/24/content_5227267．htm．

②中共中央，国务院．关于全面深化新时代教师队伍建设改革的意见［EB/OL］．［2018－01－20］．http：//www．gov．cn/xinwen/2018－01/31/content_5262659．htm．

5　人民满意是衡量新时代教育工作的第一标准

党的十九大报告把“优先发展教育事业”放在“提高保障和改善民生水平，加强和创新社会治理”篇章之首，对教育工作做出全面系统部署，提出了“加快教育现代化，办好人民满意的教育”的总体目标，明确了立德树人的根本任务、推进教育公平的发展取向和建设教育强国的特殊地位，体现了党中央对教育事业的高度重视和治国理政的高瞻远瞩。深入贯彻落实党的十九大精神，将人民满意作为衡量新时代教育工作的第一标准，具有重大现实意义和深远历史意义。

一、 过去五年人民教育获得感和满意度显著提升

过去五年，教育战线以习近平治国理政新理念、新思想、新战略为指导，全面贯彻党的教育方针，积极推进教育内涵式发展，不断深化教育体制改革，大力促进教育公平，全面提高教育普及水平，开创了教育事业科学发展新局面，教育总体发展水平跃居世界中上行列，人民教育满意度显著提升，教育改革发展进入新时代。

1. 人民受教育选择更加丰富

过去五年，我国教育事业全面协调快速发展，各级各类教育普及水平不断提高，结构更趋合理，衔接更加顺畅，人民受教育机会大大增加。学前教育发展步入快车道，各地实施学前教育三年行动计划，2016 年学前教育毛入园率 77.4%，超过了中高收入国家 73.7%的平均水平。义务教育实现历史性跨越，工作重点从普及转向巩固提高，小学净入学率达 99.9%，初中阶段毛入学率为 104%，九年义务教育巩固率 93.4%，均超过或相当于高收入国家平均水平。职业教育吸引力有所增强，中高等职业教育均占相应阶段教育半壁江山，中高职统筹与衔接进一步加强。高中阶段教育基本普及，2016 年毛入学率 87.5%，高于中高收入国家 83.8%的平均水平。高等教育发展跃上新台阶，大众化水平显著提高，2016 年毛入学率达到 42.7%。2016 年我国出国留学人员达 54.5 万人，已成为全球最大留学生生源国。继续教育受到更多重视，每年培训上亿人次，15～50 岁青壮年文盲下降到 1%以内。教育对外开放形成全方位、多层次、宽领域新格局，先后建立了中俄、中美、中欧、中英等八大中外高级别人文交流机

制，为我国各级各类学习者提供了更多教育选择。2016 年教育部审批设立的中外合作办学机构和项目达到 2 480 个，举办本科以上境外办学机构和项目达到 102 个，我国与 188 个国家和地区、46 个国际组织建立教育合作与交流关系，与 47 个国家和地区签署了学历学位互认协议。

2. 人民受教育质量稳步提高

过去五年，教育内涵式发展渐成风尚，提高质量被各级各类教育视为核心任务，人民享受着更加有质量的教育。以促进人的全面发展、适应社会需要为衡量教育质量的根本标准，探索建立符合国情的教育质量标准体系，建立普通高校教学基本状态数据库，发布教学质量年度报告。我国中小学互联网接入率提升至 2016 年的 94%，多媒体教室的配置比例提升至 2016 年的 80%。中国教育卫星宽带传输网直接服务农村中小学师生的数量达到 1 亿人，全国 6.4 万个教学点实现数字教育资源全覆盖。2016 年中国成功加入《华盛顿协议》，工程教育质量得到发达国家承认。继“211 工程”“985 工程”“2011 计划”之后，政府出台“双一流”建设计划，高校产出一批具有国际影响力的标志性成果，高校进入世界排名前列数量显著增加，进入 ESI（基本科学指标数据库）前 1%的学科数从 279 个增加到 770 个。以农村教师为重点，深入实施师范生免费教育政策、乡村教师支持计划（2015—2020 年）、中小学教师国家级培训计划等，小学教师中具有专科以上学历的占 93.7%，初中教师中具有本科及以上学历的占 82.5%，高中专任教师具有本科学历及以上的占 97.9%，职业院校“双师型”教师比例不断提高，高职院校达 39%，中职提高到 29.5%。强化职业教育办学特色，修订中等职业教育专业目录，突出教育与产业对接、专业和职业对接，倡导职业教育集团化办学，人才培养更加适应经济社会发展的要求。

3. 人民受教育机会更加公平

教育公平是社会公平的重要基础，保障人民受教育机会公平是国家教育政策根本出发点。五年来，公共教育资源向农村地区、边远贫困地区和民族地区倾斜，向农村义务教育、职业教育和学前教育倾斜，实施农村义务教育薄弱学校改造计划、农村义务教育阶段学校教师特设岗位计划、国家扶贫定向招生专项计划、贫困地区农村义务教育学校营养改善计划、中西部高等教育振兴计划等，农村、中西部和民族地区教育发展水平与全国平均水平的差距不断缩小。实施乡村教师支持计划，实现连片特困地区乡村教师生活补助全覆盖，乡村教师“下得去、留得住、教得好”的局面正在形成。出台随迁子女在当地参加升学考试政策框架和工作细则，2016 年小学、初中在公办学校就读的进城务工人员随迁子女比例分别为 78.8%和 81.5%，随迁子女从 2017 年起 100%纳入义务教育“两免一补”补助范围，五年来共有近 41 万名符合条件的随迁子女在当地参加高考。政府主导、家校联动、社会参与的留守儿童关爱服务体系初步建立，农村义务教育学生营养改善计划每年惠及 3 600 万学生。全国 2 379 个县（市、区）通过义务教育发展基本均衡督导评估，约占全国总数的 81%，11 个省份整体通过。建立从学前教育到研究生阶段国家资助政策体系，党的十八大以来共资助家庭经济困难学生近 4.25 亿人次，资助金额达到 6 981 亿元，财政投入达到 4 780 亿元，保证了学生不因家庭经济困难而失学。实施国家农村和贫困地区定向招生专项计划，累计招生 37 万人，更多农村和贫困地区的学子成功实现了重点大学梦。国家支援中西部地区招生协作计划招生 28.7 万人，录取率最低省份与全国平均水平差距缩小至 4 个百分点。

4. 人民参与教育管理的渠道更加畅通

人民作为学校的教育评价重要的行为主体，对学校治理有着越来越重要的作用，各地不断探索形成适应不同类型教育和人才成长的人民参与治理机制。发布《高等学校章程制定暂行办法》，完善高校内部治理结构，成立理事会（董事会），推动高校逐步落实校内民主管理和社会参与机制。发布《普通高等学校理事会规程（试行）》，积极发挥理事会在密切社会联系、扩大决策民主、争取社会支持、接受社会监督等方面的作用。发布《学校教职工代表大会规定》，保障各级各类学校师生员工的知情权、参与权、表达权和监督权。完善家庭、学校、社会合作机制，全国 31 个省份建立中小学幼儿园家长委员会，促进家校合作与沟通，优化育人环境，引导家长参与学校管理，支持和监督学校做好教育工作。增强重大决策社会参与度和公开性，出台重要教育政策前，通过网站广泛征求社会意见成为常规程序。

二、人民多样化个性化的教育需求是新时代教育工作的逻辑起点

过去五年教育战线取得历史性成就，把我国教育改革发展推进新时代。同时，我们应该清醒地看到，我国教育发展水平同社会主义初级阶段的定位基本吻合，现阶段我国教育还不能很好地为人民日益多样化个性化的优质教育需求提供充分有效的供给。笼统地说，我国教育改革发展处于高原期并不准确，很多方面依然处在大有可为的平原期。世界经济论坛所发布的《2017—2018 年全

球竞争力报告》显示，中国全球竞争力世界排名第27位。与经济发展指标相比，我国教育与培训相关指标世界排名更为靠后。我国市场规模排名第1位、宏观经济环境排名第17位、创新及成熟度因素排名第29位，但卫生及初等教育世界排名第40位、高等教育及培训排名第47位。此外，与教育密切相关的部分指标排名也相对靠后，如劳动力市场效率排名第38位、金融市场发展排名第48位、技术就绪程度排名第73位。2018年彭博创新指数中国排名第19位，得益于中国劳动力中大量涌现出新的科学与工程专业毕业生，华为等科技公司创新专利数量也在不断增加。① 国际学生评估项目（PISA）试测成绩也基本反映了中国教育在当今世界教育格局中的相对位置。2015年北京、上海、广东、江苏四省市代表中国参加PISA测试，在72个国家和地区中取得了数学第6名、阅读第27名、科学第10名、总分第10名的成绩。如果中西部等其他省份都参加试测，中国的排名还会更靠后，距离世界教育中心位置还有相当距离。

当前，党和政府对教育工作高度重视，财政性教育投入空前增长，特别是党的十九大精神的深入贯彻落实，对教育改革发展形成巨大的推动力，教育发展迎来前所未有的重要战略机遇期。与此同时，我们教育改革发展面临的新挑战、新任务和新要求也是前所未有的，加快教育现代化、建设教育强国、办好人民满意的教育任务十分艰巨。学前教育发展步入快车道，但短期内“普惠园”“优质园”供给不足的问题还不能根本解决，优质幼教师资短缺及在职培训问题依然是短板中的短板，社会热点问题时有发生。全面实现九年免费义务教育目标，但义务教育阶段“择校”问题比较突出、由厌学带来的保学控辍压力不小、教育质量同人民群众的期待有较大差距。高中阶段教育基本普及，但普通高中多样化特色化有待形成。职业教育总体质量不高，对优秀生源缺乏足够吸引力，不能很好地适应经济发展方式转变的新要求。高等教育大众化水平显著提高，但高等教育人才培养质量和自主创新能力同发达国家相比差距明显。继续教育体系初步建立，但继续教育参与率偏低，继续教育体制机制障碍较多。综合分析，素质教育推进困难，教育发展不平衡不充分，教育体制机制创新性生长性不足，教师队伍整体素质偏低，教育管理与评价制度不够完善，是各级各类教育共同面临的突出问题，是制约人民教育满意度提升的关键因素。

---

①赵觉理. 创新能力排名：美国首次跌出前十，中国连升两位［EB/OL］. ［2018－01－24］. http：//tech. huanqiu. com/original/2018－01/11548607. html.

三、 办好人民满意的教育需要新布局新作为

新一轮科技和工业革命正在孕育，新的增长动能不断积聚，人民对公平而有质量的教育的向往更加迫切。新时代加快教育现代化，办好人民满意的教育、建设教育强国必须开创新局面、迈上新征程、展现新作为。综观教育工作全局，深化教育领域综合改革、强化教师队伍建设、提高教育科研水平是当前教育工作的战略重点和优先项目。

1. 深化综合改革，为建设教育强国提供强大动力

党的十九大报告提出，要坚持全面深化改革。改革是建设教育强国的强大动力，是教育治理能力和治理体系现代化的必然选择。我们要以改革推动发展，以改革提高质量，以改革促进公平，以改革增强活力。教育改革措施要可操作，改革成果要可持续，改革经验要可推广。

一是以更大的政治勇气和智慧，稳步推改革。随着改革进入攻坚期，势必触及深层次的复杂利益格局，没有不计个人得失的政治勇气，没有不畏攻坚克难的过人魄力，没有洞穿盘根错节的超人智慧，断断不能成功。教育改革需要更高政治责任感和更强时代紧迫感，教育改革事关立德树人，出现烂尾工程比经济改革损失更大。现实生活中，改革力度仍然不够大，步伐仍然不够快，与人民群众的期待仍有不小差距。虚张声势的泡沫改革不少见，虎头蛇尾的应景改革也不少见，生搬硬套的跟风改革更不少见。我们必须认识到，老百姓不受益的改革不是好改革，不计成本和代价的改革不是好改革，不为公共利益的改革不是好改革。严格地说，这些改革根本就不算改革。

二是以统筹兼顾的科学方法，系统推改革。综合改革更加重视系统设计和整体安排，集中力量在教育事业发展重点领域和关键环节取得突破，突破躲不开、绕不过的教育体制机制障碍。专项改革更多着眼于教育事业发展各种具体问题、局部问题，积沙成塔集腋成裘，不断取得小胜最终迎来改革全胜。综合改革的成功离不开专项改革的局部突破，专项改革的推进则需配合综合改革的主攻方向，单靠专项改革容易使改革碎片化事倍功半，独倚综合改革则很难找准着力点和突破口。两者互为犄角彼此呼应协同推进，终能完善与社会主义市场经济体制和全面建成小康社会目标相适应的充满活力、富有效率、更加开放、有利于科学发展的思想观念和教育体制机制。

三是以外部改革的密切配合，整体推改革。教育事业是中国特色社会主义的重要组成部分，教育发展必然受到一定社会发展阶段政治、经济和文化等制

度的制约，深化教育领域综合改革不可能完全独立存在。深化教育领域的综合改革，不仅需要教育战线教育工作者统筹谋划、科学设计、全力以赴、狠抓落实，也需要其他社会领域或部门的倾力支持和密切配合，做出必要政策调整及制度创新予以配合。否则，深化教育领域综合改革不可能取得最终胜利。基于此，国务院成立由 20 多个中央部门组成的国家教育体制改革领导小组，负责审议教育改革发展的重大方针和政策措施，统筹协调教育改革发展中的重大问题。

2. 强化教师队伍建设，为建设教育强国提供基本保障

党的十九大提出，加强师德师风建设，培养高素质教师队伍，倡导全社会尊师重教。学校的中心工作是培养人才，人才培养质量的主导力量来自教师，教师的质量在很大程度上决定了教育质量，因此教师队伍建设是提高教育质量的基础性工作。2018 年 1 月，中共中央、国务院印发《关于全面深化新时代教师队伍建设改革的意见》，体现党和国家高度重视教师队伍建设。

一是完善教师教育培训体系，提高教师专业化水平。构建多层次、多样性、开放性教师教育体系，推进教师培养供给侧结构性改革，造就学科知识扎实、专业能力突出、教育情怀深厚的高素质复合型教师，开设厚基础、宽口径、多样化的教师教育课程，提高教师思想政治素质和专业化水平，从教师队伍建设源头把好质量关。构建体制完善、机制灵活、制度健全的教师培训体系，在教师成长过程中持续加油。建立政府、学校、教师成本分担，以政府为主的培训经费筹措制度。支持社会培训机构参与教师培训工作，推动信息技术与教师培训的有机融合，鼓励教师自主选择培训机构和培训内容，建立培训学分银行，增强教师培训灵活性和实效性。

二是健全教师管理服务制度，鼓励教师创造性工作。探索建立“国标、省考、县聘、校用”的中小学教师人事制度，完善义务教育绩效工资分配制度，实施乡村教师支持计划，落实集中连片特困地区乡村教师生活补助政策。深化中小学教师职称制度改革，落实在中小学设置正高级职称，提高教师工作积极性。激发教师工作创造性，尽可能给教师工作松绑减压，给教师发挥主体性留足空间。提高教师待遇，增强教师职业吸引力。扩大教师资格考试改革和定期注册试点，完善准入、招聘、交流、退出机制，建立教师职业发展档案，坚决清除教师队伍中学不高、业不勤、行不正、品不佳的害群之马。开发信息化教师管理服务平台，实现教师就业和学校需求无缝对接。

三是建立师德建设长效机制，筑牢民族精神长城。中华民族有尊师重教的光荣传统，教师历来享有较高的社会地位和良好声誉。一段时间以来，少数教师因能力不足、品行不佳、经受不住市场经济的考验，败坏了教师队伍的整体声誉。加强理想信念教育，增强价值判断、选择、塑造能力，发掘师德典型、讲好师德故事。建立师德建设长效机制、重塑教师社会形象，需要更高教师工资待遇作为物质基础，需要教师加强自身修养，坚持以德育人、以德修身、以德治教，更需要完善社会评价和监督机制、推行师德考核负面清单制度、筑牢民族精神长城。

3. 提高教育科研水平，为建设教育强国提供智力支撑

教育科研是教育改革发展的思想先导、认识先导、行动先导，是教育事业科学发展的重要前提，是教育决策科学化、民主化的重要内容，是建设教育强国的现实需要。

一是以应然状态为指向，强化基础理论研究。教育基础理论研究更多指向理想世界，指向应然状态。一位很有名的教育家坦诚地说，我们有很多教育改革发展重大举措都是在相关基础理论研究没有完全到位的情况下组织实施的，往往在推进过程中出现不少意料之外的难题，由于事先没有研究透彻，应对起来手忙脚乱。教育发展不能单凭热情和理想蛮干，开展教育基础理论研究不仅是纯学术发展的需要，更是确保教育改革发展正确方向的需要。我国从事教育基础理论研究队伍庞大，如何用好、养好这支队伍值得认真思考。

二是以实然状态为指向，强化教育政策研究。教育政策研究更多指向现实世界，指向实然状态。教育政策研究与教育改革发展实践联系更为密切，对于坚持正确改革方向、提高改革决策科学性、增强改革措施协调性、找准深化改革突破口、抓住深化改革着力点，有着特殊的作用和意义。当前，教育政策研究的最薄弱环节是教育政策评价，一项具体政策实行效果究竟如何往往是一笔糊涂账，赞成者一味谈成绩，批评者单挑问题，即便是好政策也会遇到阻力马上就偃旗息鼓。加强教育政策研究必须着力建设一支政治可靠、业务精熟、客观中立的高水平科研队伍，培育一批具有国际水准的高端教育智库。既要鼓励他们总结教育改革发展成就，更要支持他们发现问题、分析问题、提出对策。

三是以他者状态为参照，强化国际比较研究。国际比较研究指向外部世界，指向他者状态。国际比较研究不仅要重点研究发达国家的教育发展先进经验，也应该重视更具相似性的同等发展水平国家的教育改革发展动向，还应该研究具有代表性的教育改革发展落后国家，以便全方位汲取他者智慧。既要吸收成功国家的宝贵经验，也要规避落后国家的失败教训。国际比较研究为我们打开解决问题的另一扇窗，有利于明确自身国际方位，提供思考教育问题的多个角度。

教育不仅是个人成长成功的基石，也是国家繁荣进步的重要保证，更是全球共同利益。让我们以习近平新时代中国特色社会主义思想为指导，求真务实，齐心协力，攻坚克难，共同为建设教育强国而奋斗！

（张家勇　撰稿）

二　未来教育发展的新命题

1　打造“学校、家庭、社会”教育共同体

教育是时代发展的产物，教育为时代服务。习近平总书记在党的十九大上向世界郑重宣示：“经过长期努力，中国特色社会主义进入了新时代，这是我国发展新的历史方位。”这一全新的重大政治判断，是立足于党和国家事业发展的全局，从历史和现实、理论和实践多维度出发对中国发展阶段的科学判断，也是指引我国未来教育发展命题的逻辑起点和出发点。

经过中华人民共和国建国 60 多年、改革开放 30 多年的跨越式发展，中国的教育形势发生了翻天覆地的变化，教育发展进程已经站在了一个新的历史起点上。据统计，至 2016 年全国学前三年毛入园率 77.4%，提前完成了《国家中长期教育改革和发展规划纲要（2010—2020 年）》确定的 70%基本普及目标，超过了中高收入国家 73.7%的平均水平；小学净入学率 99.9%、初中阶段毛入学率 104%，九年义务教育巩固率 93.4%，普及程度超过或相当于高收入国家平均水平；高中阶段毛入学率 87.5%，高于中高收入国家 83.8%的平均水平；高等教育在学总规模 3 699 万人，占世界高等教育总规模的比例达到 20%，成为世界高等教育第一大国；高等教育毛入学率 42.7%，超过中高收入国家平均水平。这

意味着我国教育发展总体水平已经进入世界中上行列。①

中国已告别以满足温饱为目标的生存型发展阶段，跨入以人的自身发展为重要目标的发展型阶段。伴随着中国特色社会主义进入新时代，教育作为社会的一个子系统，面向未来，需要我们站在更高、更新、更全面的视角，更加注重教育改革的系统性、整体性、协同性，以教育协同论和教育共同体的理念来重新审视中国教育的发展，重新挖掘教育的价值，重新激发教育的活力，加快推进教育现代化，建设教育强国。

一、 教育共同体的重要意义

教育发展是一个复杂的系统工程。教育工作不只是学校和政府教育部门的事，家庭和社会各方面都有各自的功能和作用，孩子的成长是家庭、社会和学校三方面共同教育的结果。目前，与“实现国家现代化，教育要率先现代化”的要求和期待相比，我国政府、学校、家庭和社会之间的关系还没有理顺，政府和学校承担了越来越多的教育功能和责任，家庭和社会教育的功能相对比较弱化，家校之间还没有形成良好的协作机制，学校和社会之间也没有建立起有效的衔接机制。我们要加快推进教育现代化，就要让教育的功能伴随时代的发展而不断地扩展，既要充分发挥学校、家庭、社会各方面的独立功能，又要协调好三者之间的关系，使之相互协同、相互融合、相互促进，形成教育共同体。

教育具有塑造未来的功能。随着人类迈入信息时代，云计算、大数据、人工智能等技术的迅猛发展，教育及学习范式的变革已经对学校教育形成了巨大挑战。2017 年高考期间，机器人艾达挑战高考数学，10 分钟答完，获得 134 分。这不得不引发我们对传统学校“灌输式”教育的深刻反思。传统上以“知识传授型、被动识记型”学习为主的学校教育，在信息技术引入教育领域后，面临着新的转型和重构。

联合国教科文组织在 2015 年发布的《反思教育：向“全球共同利益”的理念转变?》报告中指出：“过去，把教育理解为有计划、有意识、有目的和有组织的学习。正规教育和非正规教育都是制度化的。但是人的许多学习是非正式的。这种非正式学习是所有社会化经验的必然体验。”未来教育是共享开放的，未来教育的发展趋势是从传统教育机构，转向混合、多样化的学习格局，让学

①党的十九大代表、教育部部长陈宝生：教育改革进入“全面施工内部装修”阶段［N］. 中国教育报，2017—10—20.

校教育和正规教育机构与其他非正规教育机构开展更加密切的互动。在信息和人工智能时代，教育将呈现去中心化趋势，也就是学校作为传授知识的中心将被颠覆，学校教育的边界正在变得模糊，学校教育的围墙正在被打破，协同协作融合共享教育将成为主流。

为了把我国建设成富强民主文明和谐美丽的社会主义现代化强国，就必须形成与现代化强国相配套的上层建筑；就必须用改革的方式完成对适应于农业时代和工业时代的传统学校制度的改造，从空间上打破传统教育中学校教育居于垄断地位的终极型教育形态，实现社会各部分教育之间的密切联系和相互开放，把学校教育、家庭教育和社会教育看成是教育整体系统中的不同组成部分，同时赋予并充分发挥各自不同的职能和义务，真正实现整个社会都变成一个与信息时代要求相适应的教育化社会。而打造“教育共同体”的目的就是充分整合家庭、学校和社会的各种教育资源，建立共同责任和共同利益机制，建构“全员育人、全程育人、全方位育人”的现代化大教育体系。可以说，教育共同体的形成，是建设教育强国、实现教育现代化的关键所在。

二、 教育共同体的表现形式

教育共同体是共同体理论运用于教育领域后生成的概念。共同体直接引申自德国著名社会学家、哲学家斐迪南·滕尼斯，他认为的共同体就是指通过某种积极的关系而形成的群体，统一地对内外发挥作用的一种结合关系。[①] 在此，“某种积极的关系”就是一种共同信念，“体”则代表着群体成员不仅仅是一个。以此为基础，教育共同体就是指基于共同的教育信仰，为了共同的教育目标，承担共同的教育责任，在共同的教育范式中自愿组成的教育工作联合体。教育的历史使命是文化传授和人类文明的传承，教育者群体首先应该是一个共同体，共同担负谋求人类利益的责任。

教育共同体的表现形式是多样化、多层次的。从宏观层次而言，教育共同体贯彻终身教育思想，融合家庭、学校、社会三大阵营；从中观层次来说，教育共同体是学校与学校之间的联合，例如包括城乡学校教育共同体、职业学校教育共同体等；微观的教育共同体则是教师共同体、家长共同体、班级共同体等等。

在宏观层次上，教育共同体表现为终身教育视野下有大教育观特征的家庭、

---

①[德] 斐迪南·滕尼斯. 共同体与社会 [M]. 林荣远，译. 北京：商务印书馆，1999：25.

学校和社会的联合，社会本身以共同体的形态存在，社会又成为教育的主体。这是一种理想的大共同体状态，这种理想可溯源到中国古代儒家经典记述的“大同理想”,《礼记·礼运》中有这样一段：“大道之行也，天下为公。选贤与能，讲信修睦。故人不独亲其亲，不独子其子，使老有所终，壮有所用，幼有所长，鳏寡孤独废疾者皆有所养。男有分，女有归。货恶其弃于地也，不必藏于己。力恶其不出于身也，不必为己。是故谋闭而不兴，盗窃乱贼而不作，故外户而不闭，是谓大同。”这是理想的、我们追求的社会状态。这种理想在教育方面所表现的就是“大教育观”，就是人人可学、时时可学、处处可学的终身学习型社会。

在中观层次上，教育共同体表现为学校教育者的联合，具体还可以分为本校教师间的联合、横向同级别学校间的联合和纵向不同层次学校间的联合，这是教育共同体存在并发挥作用的最可见的重要部分。例如在一所学校中，在共同教育理念的引领下，不同专业教师间的共同协作，就会对学生身心的全面发展产生倍增效应。不只是教师，图书馆管理员、宿舍管理员、餐厅的服务人员以及保卫人员等等都是中观层次学校教育共同体的组成部分，教学育人，服务同样育人，所有的教育者个体都是一扇透析教育共同体的窗口。

在微观层次上，教育共同体可存在于以教师为主导、学生为主体的教学关系中。比如最常见的班级作为一个集体，和班主任以及各学科的任课教师就组成了一个互动互学的学习共同体。

三、 教育共同体的建构途径

根据社会共同体理论，学校是具有典型共同体特征的社会组织，教育共同体的理念可以有效地运用于学校内部和外部的各项工作中。教育共同体视域下的现代学校与传统学校有着显著不同，即其改革和发展的主要任务就是聚集各方教育资源和教育力量，为高质量地完成育人任务创造条件。其组成的教育共同体可以包括两个基本向度的拓展。一是向教育系统内部拓展，诸如教育与管理活动中向师生开放，向家长开放；另一个是向学校教育系统之外的拓展，诸如对社区、社会的开放等。

1. 构建家校协作共同体

成立“家校协作共同体”，其目的就是充分发挥家庭的教育功能。苏联教育家苏霍姆林斯基说：“只有学校教育而没有家庭教育，或者只有家庭教育而没有学校教育，都不能完成培养人这一极其艰巨而复杂的任务。儿童只有在这样的条件下才能实现和谐的全面的发展，就是两个‘教育者’——学校和家庭，不仅要一致行动，要向儿童提出同样的要求，而且要志同道合，抱着一致的信念，始终从同样的原则出发。无论在教育的目的、过程还是手段上，都不要发生分歧。”

这也正如习近平总书记2016年9月9日到北京市八一学校考察时强调指出的：“基础教育是全社会的事业，需要学校、家庭、社会密切配合。学校要担负主体责任，对学生负责，对学生家庭负责。家长要尊重学校教育安排，尊敬老师创造发挥，配合学校搞好孩子的学习教育，同时要培育良好家风，给孩子以示范引导。各相关单位特别是宣传、文化、科技、体育机构要积极为学生了解社会、参与实践、锻炼提高提供条件。”

家庭、学校、社会是孩子健康成长的三大环境，家庭教育是孩子成长的基础，学校教育是孩子走向社会、取得成功的保障。三者在孩子健康成长的过程中都担负着直接的责任。特别是当前经济社会发展和信息化时代的新特征对学校教育和家庭教育提出了新挑战，中小学生的思想道德、心理状况和学习方式的新变化对学校教育和家庭教育提出了新要求，教育进入提高质量、促进内涵发展的新阶段对学校教育和家庭教育提出了新任务，迫切需要形成教育合力，构建家校协作共同体，共同促进学生的健康发展。家校协作共同体是人类社会和现代教育发展到一定历史阶段的必然要求和必然产物，是我国今后相当长一段时间内教育改革的重要主题。“在可以预见的未来，学校作为现存单一化、封闭式的教育机构共同体，将被逐渐替代，家庭、学校、社区共同引领学生携手前行、成长的家校合作共育机制，将共同形成教育的磁场。”①

现代教育治理讲究责任，因为没有边界清晰的权责划分就不可能有完善的教育治理。家庭教育、社会教育、学校教育不仅在时空上有所不同，而且在教育内容、教育方法、教育效果上也有各自的特点。在家庭教育中，教育者与受教育者之间有一种亲密的血缘关系，因此，在教育中常常带有浓厚的感情色彩。学校教育具有统一性、系统性等特点，它有利于学生较为系统地掌握科学知识，形成良好的道德品质。社会教育在内容上具有多样性、实用性、及时性和补偿性的特点，所采用的教育方式也更加灵活多样，这有利于学生了解自然和社会，也有利于他们发展不同兴趣爱好。打造教育共同体，有利于实现各种教育间的

①蓝玫．家校合作激活教育磁场[N]．中国教育报，2017－07－30．

互补作用，从而加强整体教育治理的有效性。

2. 构建学社融合共同体

未来社会是开放的学习化社会，需要我们重新构建学校和社会的关系。不可否认，在农业和工业时代，学校教育培养了大量人才，为社会发展做出了积极的贡献。然而，科学技术在信息时代突飞猛进的发展，知识增长和更新的不断加快，学校教育已无法为学生提供满足终身需求的知识，只是就业之前的必要准备，只有不断学习才能适应未来工作和生活。

在信息时代下，学校必须由“闭关自守”转向“开放办学”。目前传统的学校教育依然常常满足于内部教育教学任务的完成和教育质量的提高，而忽略或轻视学校与外部的联系沟通。封闭在学校内部的教育，因无法为学生提供社会实践的机会，导致学生空有知识而脱离社会。而以知识创新为主导的信息社会，要求学校努力创造公共性，承担起更丰富的社会责任和使命，与相关的社会、政治、经济、自然、科学、文化、技术等外部环境发生联系，统筹协调、相互作用，不仅是为一定年龄段的受教育者提供教育服务，也为人们的终身学习提供多种服务，甚至还应成为社会科学文化的传播和活动中心。

有人预测指出，未来的学校，不一定让人一看就是校园。校园是一个开放的空间，和社区充分地融为一体，如果你不加留意，基本上不会注意到这里是一所学校。学校里的大多数公共设施，如体育场地、图书馆等，都是和社区共享的。未来的教育，有越来越多的课程是由社区、专家等组成的志愿者团队来实施的。每一个在某领域有所专长的人，都有可能根据学生的需求成为他们的导师，引导他们在该领域开展探索和研究。未来的课堂教学，有很多是在大自然、社区、工厂和企业的作业场所中进行的，永恒的大自然、丰富的社会生活，为孩子们提供着丰富的课程资源。可以预见，未来社会的新兴发展趋势是以社区为中心的学校的普及。

教育共同体中的学校不再是一种内部封闭的教育机构，而是与家长、社会（社区）互动并双向、多向参与的开放的社会学习中心，学校的组织和管理有家长和社会（社区）的参与，学校也参与家长教育和社会（社区）的文化建设。

在这方面，一些发达国家推进的“学社融合”改革举措可以为我国提供很好的参考和借鉴。“学社融合”是一种新的教育发展理念，即“学校教育和社会教育在各司其职的基础上，在学习场所或学习活动诸方面将两者部分地融合起来，形成一个教育青少年儿童的共同体”。“学社融合”强调不能把学校跟社会割裂开，学校教育要走进社会、走进社区，让社会丰富多彩的教育资源成为学生健康成长的丰厚土壤，让学校成为科学文化教育和文明传播的中心，从而真正体现“教育是一种社会过程，学校是社会生活的一种形式”。

美国在2000年的国家教育战略中就已经提出：“为保证学校取得成功，我们要把眼光放到我们的社区和家庭上。学校绝不会比学校所在的社区所承担的教育义务好得多。我们每个社区都要成为可以进行学习的地方。”日本在2006年修订的《教育基本法》中特别增加了一条规定：“学校、家庭和地域居民以及其他关联者等，在自觉完成各自对教育的责任和义务的同时，互相之间必须要努力携手合作。”在德国，对青少年的培养也不只是停留在学校教育层面，而是社会教育和学校教育以互补的形式，共同构成对学生健康人格的完整教育内容，形成了“国家、机构、社会、学校共同实现教育目标”的综合育人体系。

通过学校教育、社会教育的衔接融合，打破当前青少年成长发展中对各种知识学习的人为分离，消除人与自然之间的人为屏障，消解单纯的科学知识学习所造成的人与社会的分裂。通过“学社融合”，建立起知识、文化与人格完善的桥梁，实现人的全面发展。这也是适应21世纪教育现代化发展和实现中国梦的必然要求。

总之，教育是一个系统工程，家庭教育、学校教育、社会教育都是整个系统工程的有机组成部分。新时代我们必须用系统论、共同体的观点去研究，研究各种教育因素如何和谐发展。根据教育发展的自身规律和教育现代化的基本要求，构建以学校为主体、家庭为基础、社会为依托的教育共同体，推动学校、家庭、社会形成一致的教育信仰，为了共同的教育目标，建立共融的教育理念，统筹共享教育资源。充分发挥由多元渠道而产生一致影响的叠加效应，充分调动家庭教育、学校教育和社会教育的积极性、创造性，打造教育共同体，建立共同责任和共同利益机制，建构“全员育人、全程育人、全方位育人”的整体性大教育格局，形成家庭、学校、社会三大教育相互对接融合的系统化人才培养机制，形成“无时无刻”“无所不在”和“无缝衔接”的综合育人体系。这不仅是世界教育发展的大趋势，也是我国实现教育现代化的重要价值和意义之所在，更是为建设教育强国、为“两个一百年”奋斗目标和中华民族伟大复兴中国梦的顺利实现打好基础工程。

（王晓燕　撰稿）

2 重视科技发展对教育的影响

科技是科学技术的简称，科学和技术是不同的。马克思认为技术是在劳动过程中产生发展起来的，把技术定义为人类为满足自身的需要，在实践活动中根据实践经验或科学原理创造或发明的各种手段和方式方法的总和，包括技术活动和技术成果，体现了人与自然的实践关系。马克思认为科学是“人对自然界的理论关系”，即科学是人对自然能动的认识和反映。在贝尔纳看来，科学具有建制性，是方法和知识的累积，塑造了各种信仰以及对宇宙和人类的各种态度。科学是特殊的社会意识形式，科学的发展是一个漫长的过程，直到近代科学才逐渐受到重视。人们认识客观世界的质的飞跃产生科学革命，诞生新的科学理论体系，技术革命表现为生产工具和工艺过程方面的重大变革。科学革命是技术革命的基础，技术革命是科学革命的结果，而先进的技术及其应用成果反过来又为科学研究提供了有力的工具。

一、 科技进步对教育变革影响巨大

审视教育发展历史，有什么样的科技发展水平，就会有什么样的教育发展水平。科技一旦有了某种进步，教育也或迟或早地会发生相应的变革。一般来说，科学革命之后会引起技术革命，技术革命则直接促进生产力的发展，生产力的巨大发展促进社会革命与教育革命的兴起与发展。较早关心这一问题的学者有著名英国历史学家埃里克·阿什比，他从教育技术的革命这一角度，将人类教育史划分为四个阶段：第一次革命是将教育青年人的责任从家族转移到专业教师手中；第二次革命是采用书写，把书写作为与口语同样重要的教育工具；第三次革命是发明印刷术和普遍使用教科书；第四次革命是指电化教育手段的广泛采用，这是近些年来电子学、通讯技术以及信息资料处理技术飞跃发展所带来的结果。[①] 人类教育信息传播技术从口语到文字、到印刷技术，再到电子模拟信息技术，发展到现在的网络信息技术，每一次科技跨越都改变着人类教育的面貌，引起教育的深刻变革。新事物产生于旧事物的变革中，旧事物并非被简单地抛弃，而是保留了积极的东西。职业教师的出现并没有抛弃家庭教育，采用教科书并没有取代口耳相传，推行班级授课制没有消灭个别教学，教育技

①毛祖桓. 论信息技术对传统教育模式的影响［J］. 北京科技大学学报：社会科学版，1999（2）：75.

术不是简单嫁接于传统教育体系上的新设备，只有当教育技术真正统一到整个教育体系中去的时候，只有当教育技术促使这个教育体系革新的时候，教育技术才能发挥出积极价值。科学革命直接促进教学内容的更新，技术革命可能促进教育手段与教学内容两方面的更新，社会革命直接要求教育方针、教育体制的根本变革。

1. 科技的发展深刻影响人们的教育观

科技进步改变着教育者的教育价值观、教育理想、教育目的等，实现从旧的教育观向新的教育观的转变。如19世纪欧洲教育实证主义的兴起，就是由于自然科学的巨大进步，促进了科学精神。实证主义取代浪漫主义而兴，遂影响在世界观与人生观上，而实证主义的教育亦新抬头。① 而对于教育人才观，20世纪中叶以来，科学技术的飞速发展，科学技术转化为生产力的周期也正在不断缩短，而在这其中，不论是科学技术的理论发展，还是向生产力转化的具体技术，都表现出了高度综合化的特征。为了保证教育所培养出来的各级各类人才能够顺利适应这种迅速变化的现代社会，社会对教育提出了培养综合性人才的现实要求，强调培养通识型人才的教育观获得广泛认可，“素质教育”成为我国教育改革的主流语境，并主导了一段时期以来教育改革的方向。现代科技的发展大大改变了人们的劳动条件和赖以生存的生活环境，不接受良好的教育已很难适应和融入现代生活，而且随着技术更新加快，要求人们不断学习更新知识，也就导致了“全民教育”和“终身教育”观念的形成。另一方面，为了修正唯科学主义，2015年，联合国教科文组织（UNESCO），发布的一份研究报告提出：“教育应该以人文主义为基础，以尊重生命和人类尊严、权利平等、社会正义、文化多样性、国际团结和为可持续的未来承担共同责任。在教育和学习方面，要超越狭隘的功利主义和经济主义，将人类生存的多个方面融合起来，采取开放的灵活的全方位的学习方法，为所有人提供发挥自身潜能的机会，以实现可持续的未来，过上有尊严的生活。”②

2. 科技发展促进了教育的大众多元发展

邓小平说，科学技术是第一生产力。生产力是社会发展的动力，而科学技术的发展又是推动生产力发展的巨大动力。科学技术与生产的结合，是产业革命起点。产业革命的到来，使中世纪以来包括大学在内的各级学校教育已难以

①雷通群．西洋教育通史［M］．长春：吉林出版集团股份有限公司，2016：271．

②联合国教科文组织．反思教育：向“全球共同利益”的理念转变？［R］．教科文组织出版，2015：14．

担负起为新兴产业培养各级各类人才的任务，学校教育迎来了大发展的新阶段，学校类型更加丰富，学校和学生数大量增长，促进了教育的大众多元发展。德国的实业教育，自19世纪逐渐发展起来，中等教育被分为文科中学、文实中学、高等实科学校三种。[①] 1810年，德国洪堡和费希特在柏林创建第一所研究型大学，将研究引入到大学中来，并成为大学最重要的功能，这也是科技发展的必然结果。

3. 科技发展成果丰富了教育内容，改革了课程

人们在探索自然和社会发展规律中，促进了科学技术的发展，创造积累了大量知识财富。教育有责任把人类社会的科技知识财富有目的、有计划、有组织地在教学中实施，来保证教学内容的时代性、科学性和继承性。学分制起源于18世纪末，而选修课制的建立正是起因于当时科学技术的迅速发展。在当时科技知识不断增长的情况下，高校为了适应这种变化，就不得不建立选修课制。进入20世纪后，科学技术发展更快，学校课程的调整改革、教材的充实更新愈来愈频繁。20世纪50年代后期，电子核子为主的科学技术得到迅猛发展，美国开始检讨他们的教育，1958年美国国会通过了《国防教育法》，出现了新数学、新物理、新化学、新生物等一系列新教材。[②] 当前，多学科专业交叉群集、多领域技术融合集成的特征日益凸显。在课程结构上，现代教育已不再只是在一个狭窄的专业领域建构课程，文理渗透、学科渗透已相当普遍，一批交叉学科和边缘学科等新兴学科课程正在大学中被成功实践。

4. 科技发展促发了教育手段的革命

现代科技的进步为教育技术的现代化奠定了物质基础。在传统教学中，学生获取知识的渠道比较单一，多为书本知识和教师已有的知识经验。学生依靠教师组织、安排和要求进行学习，听取教师传授的知识，处于接受灌输的被动地位，学生只有依靠教师的讲解才能掌握知识，依靠教师的考核才能知道自己的进步。现代教育技术进入课堂教学后，录音带、录像带、计算机软件、光盘、多媒体技术（如虚拟现实、超媒体技术）、网络等现代科技促成了教育形式的多样化及教学过程的个体化，既扩展了教育的时空，又充分调动了受教育者的学习积极性和创造性，改变了学生对教师的依附。其意义并不仅仅在于革新了教育和评价基本手段，更重要的是为整个教育的内涵扩充和外延发展提供了广阔

①雷通群．西洋教育通史［M］．长春：吉林出版集团股份有限公司，2016：299.
②顾明远．课程改革的世纪回顾与瞻望［J］．教育研究，2001（7）：15－19.

的前景和现实可能性。在信息社会中，教师和教科书不再是学生获取知识的唯一来源，促使学生的学习方式更加多元化，使学生能按自己的需求和兴趣来选择知识，促进了学生主体性的发挥，部分摆脱了教学模式对教育的种种束缚。

5. 科技发展促进了教育管理现代化

教育管理是指对包括人、财、物、时间、空间、信息等在内的教育资源进行合理配置，实现组织目标协调的活动过程。进入21世纪，教育管理的水平、特点和模式都发生了巨大变化，以现代化的教育管理技术设施为基础，教育管理正大步迈向现代化。当前我国教育管理推进管办评分离，构建政府宏观管理、学校自主办学、社会广泛参与的教育发展新格局。实现教育决策科学化、民主化，克服传统教育管理的主观性、片面性、盲目性和滞后性，使高校教育管理更富成效，决策更加科学，都需要利用现代信息技术，通过广泛获取管理对象各类大数据，进行科学分析。教育管理的现代化不仅是提高教育效率和整体教育质量的保障，也是推进教育现代化的重要内容和实现教育现代化整体目标的保证。

二、近年来信息技术的巨大进步触发教育领域的全面变革

当前，社会整体信息化步伐不断加快，信息化程度不断加深，信息技术对教育的革命性影响开始显现。党的十八大以来，党中央、国务院对信息技术的重视程度前所未有，“互联网+”行动计划、《促进大数据发展行动纲要》《新一代人工智能发展规划》等有关政策密集出台。“互联网+”、大数据、人工智能等现代信息技术的发展已上升到国家战略层面。“互联网+”、大数据、人工智能之间相互加强，互相促进，滚动发展，带来了信息技术的巨大进步，正触发教育领域的全面变革。

1. “互联网+教育”产生教育大数据，带动“教育人工智能”

“互联网+”时代的一个突出特征是“连通一切”“实时协同”，利用全球化资源，构建出分布式创新平台。“互联网+教育”实现互联网与教育的深度融合，推动教育的升级或转型，建立新的教育形态。当前“云、网、端”一体化正共同创建一个前所未有的智能学习空间，海量的教学与学习资源汇聚到云端，学习者利用“云资源”和“云服务”进行知识的获取、吸收、分享、加工和创造。更重要的是，通过互联网、物联网以及各类学习终端设备与教育的结合，海量宝贵的教育大数据产生。

教育大数据在信息技术与教育融合创新发展中发挥着基础性作用：能发现

教育新规律，大数据突破了小样本和个案研究的局限，可以进行全样本研究；支持适应性教学，为学习者提供多样化的互动式体验、适切的教学内容，使因材施教成为可能；服务于精准管理与决策，有了大数据才有底气精准扶贫；及时准确把握教育舆情，及时回应社会关切；实现可持续的形成性学习评价和绩效评估，为高考改革、教育评估等改革提供了有力支撑。

我国教育数据丰富，是战略性资源。数据作为战略资源如能源一样被各国重视，有人将数据比作“新石油”。我国教育数据异常丰富，是国家重要战略资源。2016 年，全国共有学校 51.2 万所，各级各类学生近 3.2 亿人，专任教师共计 1 578 万人。高等教育在学总规模 3 699 万人，占世界高等教育总规模的比例达到 20%。[①] 中国中小学互联网接入率上升到 90%，多媒体教室的比例增加到 83%。老师和学生网络学习空间数量激增到 6 300 多万个。中国将把教育信息化作为推进教育现代化的强大动力和教育制度变革的内生要素，推动实施教育信息化 2.0 行动计划。[②] 庞大的基数产生了庞大的教育基础数据以及伴生数据，是国家的核心数据之一，应在推进教育现代化进程中发挥优势给予充分利用。

教育大数据的发展有力促进了教育领域人工智能的开发。人工智能开发的三大基础包括大数据、算法和芯片，教育大数据对于教育人工智能的开发至关重要。中国在人工智能领域多项技术处于先进行列，与美国一起引领发展。麦肯锡董事长鲍达民认为中国在人工智能方面蕴藏着巨大的潜力，一个最根本的原因是拥有海量的数据。

2. 人工智能正悄然引发新一场 “教育革命”

去年 AlphaGo 战胜李世石，成为人工智能发展的标志性事件，教育领域关于人工智能的讨论热情非常高。人工智能到底为教育带来哪些影响呢?

自人工智能出现起，就存在一种人工智能威胁论，这种观点认为人工智能最终会取代人类，甚至消灭人类。著名物理学家史蒂芬·霍金就赞同人工智能威胁论，表达了对人工智能技术的担忧。自工业革命以来，先进技术一直在取代人类的一些蓝领工作岗位，人工智能的发展不仅仅波及体力工作，可能改变专业工作的形态。例如，法律科技已被证明擅长整理和分析法律文件，其速度远远快于初级律师，而成本低得多。同样，例常的会计工作正让位于人工智能，造成更多初级员工失业。牛津大学最近的一项研究估计，美国近一半工作岗位

---

①教育部发展规划司. 中国教育统计年鉴（2016）[G]. 北京：人民教育出版社，2017.
②2017 年未来教育大会：用科技手段加快教育现代化 [N]. 中国新闻网，2017—11—29.

在未来 20 年面临被自动化和电脑取代的风险。这种变化的速度将远远超过教育体系，下一代人将需要具备新的能力，才能适应人工智能世界。人工智能在处理这些形式的显性知识方面将远远优于人类，教育不能把重点继续放在显性知识的传授上。应对人工智能挑战不仅需要培养更多人工智能和电脑专家，更要构建培养人工智能无法效仿的能力。这些无法效仿的人类能力包括：创造力、创新、处理冲突、模棱两可和不确定性等问题。人工智能时代，教育的成功在于培养人工智能无法效仿的能力，教育还没有为此做好准备。

人工智能已经切入教育主环节。人工智能在教育上的应用越来越多，人工智能在教育领域的应用技术主要包括图像识别、语音识别、人机交互等。人工智能可以实现教育的跨时空的互动。人工智能与互联网技术的结合，能构建符合主场景的环境，师生可以进行跨时空的互动，人机交互技术可以协助教师为学生在线答疑解惑，在一定程度上还解决了一些实体教育不平等问题。美国佐治亚理工大学的机器人助教代替人类助教与学生在线沟通交流竟无学生发现，说明了人工智能在这方面的应用潜力。人工智能可以提高教师的工作效率。通过图像识别技术，人工智能将老师从繁重的批改作业和阅卷工作中解放出来。语音识别和语义分析技术可以辅助教师进行英语口试测评，也可以纠正、改进学生的英语发音。人工智能同样可以记录整合教育教学行为。随着教育教学信息数字化（图片、语音、其他的信息），把数字化的信息转化为数据，再对数据进行处理以更好地聚合、分发，给师生提供越来越个性化的服务。人工智能还可以提供更科学的教育评价。人工智能下的教育平台，能打通分散的数据中心，把数据的作用充分发挥出来，有能力把每个人的教育全程记录，进行横行纵向和不同角度分析，教育评价的科学性将实现质的突破。对于学校招生录取、学生专业选择、职业规划，人工智能也发挥着不容小觑的作用。在人工智能时代，教育技术不再是教育里锦上添花的辅助性事业，它的作用越来越核心化。2016 年美国国家教育的技术计划与上一轮相比，不再争论是否把教育技术作为核心关键点，转而讨论如何利用教育技术改善学习。

虽然目前人工智能技术在教育中的应用尚处于起步阶段，但随着人工智能技术的进步，未来其在教育领域的应用程度或将加深，应用空间或许会更大。自 2003 年北京大学提请建立智能科学系，并于 2004 年招收首批本科生后，至今十多年的时间里，随着人工智能的崛起，越来越多的高校开设此专业，从事有关智能科学发展的研究并培养相关人才。人工智能是一个多学科交叉的领域，实现人工智能引领教育变革的一个关键点是数据的采集与分析，教育数据是教育人工智能发展的基础。

在实际工作中，教育界对教育大数据的认识还没有上升到国家战略的高度，教育大数据的建设存在一些短板。教育数据分散，教育信息孤岛现象较为严重。目前，教育部建有教育资源公共服务、教育管理公共服务两个数据平台，除此之外，经费监管的数据、学生在学和就业数据、科研数据、继续教育数据、学生资助数据、留学和回国数据等分属于不同的单位管理。从纵向的行政区划上看，各级地方政府的教育数据也多为“独立王国”。教育信息存在诸多孤岛，没有实现共享；教育数据的收集和分析手段需要改进。目前，“报送式收集”仍主导教育数据收集方式，“伴随式收集”没有真正实现。教育数据除了在教育系统内，还广泛来源于智能设备、社交媒体等诸多方面。随着“物联网”成为现实，“伴随式”的数据收集方式，真正宣告了教育大数据时代的到来。教育大数据平台建设需要国家主导，尽快建立统一的教育大数据管理中心，补齐教育大数据建设的短板，为教育领域人工智能的开发打下坚实基础，实现教育现代化。

（张　伟　撰稿）

3　构建教育对外开放新格局

对外开放是我国的基本国策，也是现代教育的基本特征。以开放促改革促发展，是我国现代化建设不断取得新成就的重要法宝，也是提升我国教育国际化水平、助力教育现代化建设的有效途径。教育对外开放肩负着培养优秀人才、促进人文交流、服务现代化建设的重要使命。做好教育对外开放工作，既事关人才培养大计、国计民生大局，又影响中外民心相通、文明交流互鉴。党的十八大以来，我国教育对外开放事业进入以提质增效为基本特征的新时代。做好教育对外开放工作，形成教育对外开放新格局，提升我国教育国际化水平，满足人民多样化优质教育需求，做强中国教育，服务民族复兴，促进人类进步，是当前我国教育开放发展事业肩负的新使命。具体来说，要围绕服务国家对外开放战略全局，坚持引进来和走出去并重，统筹利用国内国际两种资源，深化教育国际合作和人文交流，以教育国际化促进教育现代化，增强我国教育国际竞争力、影响力，切实做好优化教育对外开放布局、深入推进“一带一路”教育行动、提升教育开放层次和水平、积极参与全球教育治理、立体推进中外人文交流等方面工作。

一、在开放使命上，强调服务民族复兴和促进人类进步

教育对外开放既是国家教育事业的重要组成部分，也是国家对外开放事业的重要组成部分。因此，教育对外开放既要服务教育发展大局，又要服务国家对外工作大局[①]，在服务民族复兴和促进人类进步这一主线中谋贡献。

一方面，要坚持以开放促改革促发展，做强中国教育。党的十九大报告明确提出建设教育强国的宏伟目标，指出建设教育强国是中华民族伟大复兴的基础工程，要深化教育改革，加快教育现代化，办好人民满意的教育。这是党中央在新时代对教育提出的总要求，新时代的教育对外开放要服从服务于这个总要求。同时，我们要坚持中国特色、世界水平，遵循教育规律，形成更加深刻的教育思想理念、更加丰富的方法举措，真正建成教育强国，给世界上那些既希望加快发展又希望保持独立性的国家和民族走向教育现代化提供可借鉴的途径，为全球教育发展提供中国经验，做出更大贡献。

---

①瞿振元. 做好教育对外开放［N］. 中国教育报，2018－04－10.

另一方面，教育对外开放又要主动服从服务国家对外工作大局。党的十九大报告强调，中国特色大国外交是全方位、多层次和立体化的，致力于发展全球伙伴关系，扩大同各国的利益交汇点，既推进大国协调和合作，又深化同周边国家的关系，加强同发展中国家的团结合作。教育对外开放应当与这种全球伙伴关系相适应，创新教育对外开放的途径和形式，构建全方位的开放格局，积极建立和加强全球教育伙伴关系网络。

当前，教育战线要切实把思想和行动统一到习近平新时代中国特色社会主义思想上来，深入学习领会习近平关于教育对外开放工作重要论述的丰富内涵，在教育对外开放工作中坚持统筹国内国际两个大局，坚持做强中国教育，服务党和国家工作大局、对外开放战略，坚持战略自信和保持战略定力，坚持推进开放理论和实践创新，坚持战略谋划和全球布局，坚持捍卫国家核心和重大利益，坚持合作共赢和义利相兼，坚持底线思维和风险意识，奋力形成中国特色教育对外开放新格局。

二、 在开放空间上， 着力优化教育对外开放布局

形成全面开放新格局，是党的十九大做出的重要工作部署。优化对外开放布局，既包括开放范围扩大、领域拓宽、层次加深，也包括开放方式创新、布局优化、质量提升。[①] 这一重要部署，不但对形成全面对外开放格局具有深远战略意义，而且对构建教育对外开放新格局具有重要现实指导意义。

从开放空间上来说，优化教育对外开放布局就是要从国际、国内两个层面完善我国新时代教育对外开放战略布局，重点是对外分类推进教育国际交流，深化双边多边教育合作，积极建设全球教育网络伙伴关系；打造区域教育对外开放特色，形成陆海内外联动、东西双向互济的全面教育对外开放新格局。

在国际布局层面，优化教育对外开放布局的总体策略是分类实施，注重引进来和走出去协同推进。[②] 针对发达国家，要以优质教育资源引进来为重点；针对发展中国家，要以我国教育走出去为重点。一方面，我们要加强与大国、周边国家、发展中国家教育的务实合作，形成重点推进、合作共赢的教育对外开放局面；要以把优质资源引进来为重点，深化与发达国家教育合作交流。另一方面，我们要以教育走出去为重点，扩大与发展中国家教育合作交流，加强与

---

①中共中央宣传部. 习近平新时代中国特色社会主义思想三十讲［M］. 北京：学习出版社，2018：152.

②中华人民共和国教育部.《国家教育事业发展“十三五”规划》学习辅导读本［M］. 北京：教育科学出版社，2017：194.

东南亚、非洲国家教育合作；增进新欧亚大陆桥、中国—中亚—西亚、中巴、孟中印缅、中蒙俄等重要廊道及澜湄合作机制下的区域教育合作交流；加强与有关国家语言人才培养合作，加快培养各类非通用语种人才。

在国内布局层面，优化教育对外开放布局重在强调因地制宜，目标是形成教育对外开放区域特色，东部重心在于整体带动，中西部重心在于面上突破，沿边地区重心在于特色先行。一方面，要支持东部地区整体提升教育对外开放水平，率先办出中国特色、世界水平的现代教育，要发挥京津冀、长三角、粤港澳大湾区等区域协调发展战略、国家自贸区和自贸港建设等新一轮对外开放政策在促进全面教育对外开放、打造先行先试示范样板方面的战略支撑作用；另一方面，要加大政策倾斜力度，加大西部开放力度，支持中西部地区、东北地区不断扩大教育对外开放的广度和深度，引导沿边地区利用地缘优势，推进与周边国家教育合作交流，从而改变我国教育对外开放东快西慢、沿海强内陆弱的区域格局，逐步形成全面教育对外开放新格局。

三、在开放举措上，重点推进共建“一带一路”教育行动

党的十九大报告强调，要以“一带一路”建设为重点，坚持引进来和走出去并重，遵循共商共建共享原则，加强创新能力开放合作，形成陆海内外联动、东西双向互济的全面对外开放新格局。① “一带一路”建设是新时代我国对外开放的重大举措，推进共建“一带一路”教育行动则是优化我国教育对外开放布局的重大举措和创新平台。可以说，构建教育对外开放新格局，体现在教育对外开放举措上，就是要推进共建“一带一路”教育行动，坚持自主开放和对等开放，加强教育走出去战略谋划，统筹双边多边和区域教育开放合作等。

从推进共建“一带一路”教育行动的定位来看，教育要围绕“一带一路”重点共建的政策沟通、设施联通、贸易畅通、资金融通、民心相通，提供促进民心相通、提供人才这两大支撑，力争做到经贸走到哪里，教育的民心工程就延伸到哪里，教育的人才培养就覆盖到哪里。我们要按照党的十九大报告提出的“积极促进‘一带一路’国际合作”的要求，以省部共建平台为抓手，充分发挥其地缘优势，形成推进“一带一路”教育行动网络；充分发挥中国政府奖学金的引领作用，深入实施“丝路留学”、师资培训、人才联合培养等计划，加快培养我国和“一带一路”国家发展所需的各类战略人才。

①中共中央宣传部. 习近平新时代中国特色社会主义思想三十讲［M］. 北京：学习出版社，2018：152.

在对外接口部分，我们要以基础性、支撑性、引领性举措为建议框架，开展三方面重点合作，对接沿线各国意愿，力争收获早期成果。一是开展教育互联互通合作这一教育行动的基础性举措，加强教育政策沟通、助力教育合作渠道畅通、推进沿线国家民心相通、促进沿线国家语言互通、推动学历学位认证标准连通；二是开展人才培养培训合作这一支撑性举措，实施“丝绸之路”留学推进计划、合作办学推进计划、师资培训推进计划、人才联合培养推进计划；三是共建丝路合作机制这一教育行动的引领性举措，加强“丝绸之路”人文交流高层磋商、充分发挥国际合作平台作用、实施“丝绸之路”教育奖励计划、实施“丝绸之路”教育援助计划、开展“丝路金驼金帆”表彰工作等。

在对内统筹部分，我们要通过加强顶层设计和统筹引导，实现扎实有序推进。一是中央政府引导推动，国家教育部门要加强国内各部门协调工作，对接沿线各国教育发展战略规划；二是地方政府重点推进，各地发挥区位优势和地方特色，有序与沿线国家地方政府建立“友好省州”“姊妹城市”关系，打造教育合作交流区域高地，助力做强本地教育；三是各级学校有序前行，各级各类学校有序与沿线各国学校扩大合作交流，整合优质资源走出去，选择优质资源引进来，共同提升教育国际化水平和服务共建“一带一路”能力；四是社会力量顺势而行，鼓励开展更大范围、更深层次、更高水平的“一带一路”教育民间合作交流，吸纳更多民间智慧、民间力量、民间方案和民间行动。

四、在开放内涵上，全面提升教育对外开放层次和水平

中华人民共和国成立60多年特别是改革开放30多年来，我国教育取得长足进展，世界规模最大的教育体系更加稳固，教育发展总体水平进入世界中上列，提高教育质量成为新时代教育改革的核心任务。特别是党的十八大以来，在以习近平同志为核心的党中央坚强领导下，中国迈向追求更高质量、更高水平的全面对外开放新时代。教育对外开放的基础和条件发生深刻变化，国家开放发展新理念为教育对外开放注入新动力，教育对外开放工作积极服务党和国家工作大局，形成全方位、多层次、宽领域的新格局，步入从注重规模到提升质量的新时代，教育开放发展的层次和水平持续提升，推动中国教育走向世界教育的中心。①

与此同时，我国教育开放发展不均衡的问题还比较突出，质量和效益还需

①熊建辉．从跟跑到领跑：40年中国教育对外开放之路［J］．神州学人，2018（6）．

要进一步提高，服务国家外交大局、经济社会发展、教育综合改革的能力还有待进一步提升。面对这些问题，我们要着力促进“三个转化”，提质增效，满足人民群众日益增长的享受更为公平更高质量教育的需求，即从规模向质量转化，更加注重规模和质量的协调性，提高留学教育质量，提升涉外办学水平，推动教育对外开放工作内涵式发展；从速度向实效转化，更加注重双向留学、中外合作办学、中外人文交流各方面实际作用，增强教育对外开放工作的效益；从广度向深度转化，更加注重增强教育国际交流合作存在的深层次问题和明显短板。

在开放内涵上，全面提升教育对外开放层次和水平，主要围绕提高留学教育质量、深化中外学校间交流与合作、提高中外合作办学质量等方面展开。①

一是提高双向留学质量。优化出国留学服务工作，健全留学人员信息化管理服务机制，完善留学人员管理服务体系。加强统筹规划，完善派遣政策，充分发挥国家公派留学对高端人才培养的调控补给作用，加快培养国家战略急需人才。实施“留学中国”计划升级版，打造“留学中国”质量品牌。建立来华留学质量标准和保障体系，提高师资和课程的国际化水平，加强来华留学管理与监督，提升来华留学服务水平，稳步扩大来华留学规模。更好发挥中国政府奖学金的引领作用，创新奖学金管理模式，加强精英人群培养，做好来华留学校友工作。

二是提升涉外办学质量。重点是完善体制机制，全面提升中外合作办学质量，全面发挥中外合作办学的辐射作用，抓好示范性、高质量引进，稳妥推进境外办学，提升涉外办学水平。加强中外合作办学管理，完善准入制度，简化审批程序，完善评估认证，强化退出机制，加强信息公开，健全质量保障体系。建立合作办学成功经验共享机制，突出合作办学对学校教学改革的推动作用。重点围绕国家急需的自然科学与工程科学类专业建设，引进国外优质教育资源，建设一批示范性合作办学机构和项目，鼓励和支持职业学校与国外一流职业学校开展合作办学，培养高水平技术技能人才，鼓励研究型大学与世界一流大学在优势学科领域合作举办非独立设置的二级学院，共建研究机构，建设一流学科，推动国内高校和职业学校提升办学水平。

三是深化院校交流合作。支持有条件的中小学校与国外学校建立友好学校

---

①中华人民共和国教育部.《国家教育事业发展“十三五”规划》学习辅导读本［M］，北京：教育科学出版社，2017：46—47.

关系，开展多渠道对外文化教育交流，拓展国际视野。支持职业学校和应用型高校引进国（境）外高水平专家和优质课程资源，鼓励中外职业学校教师互派、学生互换。支持研究型大学与世界一流大学和学术机构开展高水平人才联合培养及科学联合攻关，依托优势学科举办高水平国际学术论坛，打造高端国际学术交流合作平台。完善高校教师和科研人员出国交流、国际会议、外事接待等管理制度，开展大中小学校长和骨干教师海外研修培训，鼓励支持教师更广泛更深入地参加国际学术交流与合作。

四是推动形成教育“中国标准”。要在已与47个国家和地区签署学历学位互认协议的基础上，进一步加快推进学历学位互认工作，让更多的国家和地区认可中国教育特别是高等教育质量标准；要加强与国际教育质量组织的合作，积极参与国际教育质量标准研究制定，让标准的进步为双方的合作提供新保障。

五、在深度突破上，重在积极参与全球教育治理

当前，积极参与全球教育治理，要围绕深化多边教育交流合作、深度参与国际教育规则制定、开展教育国际援助、加强国际组织人才培养等方面展开。[①]

一是深化多边教育交流合作。重点是深化与相关国际组织、重点教育组织、重点区域组织合作，深入参与多边教育行动，推动多边务实合作，建立完善教育合作机制。我们要推动与联合国教科文组织建立高层定期磋商机制，巩固提升合作水平；完善上海合作组织、亚太经合组织等多边教育部长会议机制；完善金砖国家教育合作机制，拓展多边教育合作空间，以学分互认为重点，推动学生交流，深入参与相关多边教育行动；要完善国际组织人才培养机制，有计划地培养推荐优秀人才到国际组织任职，通过国际组织平台积极参与全球教育治理，提出全球教育发展新主张、新倡议和新方案，增强我国的国际话语权。

二是深度参与国际教育规则制定。当前，我们要从被动的观察者、学习者变为积极的参与者、引领者，逐步实现我国在国际组织中的角色转变。加强对各类国际重大教育规则的研究，充分利用国际组织平台，主动在全球教育发展议题上提出新主张、新倡议和新方案。创新方式，推广我国教育评估认证标准和教育改革发展的经验，强化我国在国际教育治理中的负责任形象。

三是积极开展教育国际援助。教育国际援助是国家援外工作的重要组成部

---

①中华人民共和国教育部.《国家教育事业发展“十三五”规划》学习辅导读本［M］. 北京：教育科学出版社，2017：48.

分，是参与全球教育治理的延伸和强化。当前，做好教育对外援助，要树立并强化“以人为中心”的教育援助理念，重点投资于人、援助于人、惠及于人。要立足人才培养，统筹利用国家和民间资源，加快对外教育培训中心和教育援外基地建设，为发展中国家培养培训管理人员、教师、学者和各级各类技术技能人才；要突出扶助弱者，履行应尽的国际义务，加大对发展中国家尤其是最不发达国家的支持力度，发挥教育援助在促进南南合作、缩小南北发展差距中的重要作用；要突出实效，积极开展优质教学仪器设备、整体教学方案、配套师资培训一体化援助，确保见效快、效果好；要吸引和扩大人员参与，结合国家对外援助项目，鼓励教师与青年学生到发展中国家参与项目建设和提供志愿者服务。

六、在领域拓展上，着力深化中外人文交流

国之交在于民相亲，民相亲在于心相通。心相通的深层基础是文化，关键在教育。习近平总书记在国际国内反复阐明，要以文明交流超越文明隔阂、文明互鉴超越文明冲突、文明共存超越文明优越，推动各国相互理解、相互尊重、相互信任。实现文明之间的和谐共存和互学互鉴，关键在教育，依靠教育可以使不同国家、不同文明的人群族群达到文化理解和民心相通。人文交流的核心是人与人的交流、心与心的沟通，是推进相互理解和尊重的途径，对国家与国家关系健康发展，促进世界和平具有基础性、先导性、广泛性和持久性的作用。

党的十八大以来，以习近平同志为核心的党中央高度重视人文交流工作，高瞻远瞩、率先垂范，从推动世界和平与构建人类命运共同体的高度，亲自引领中外人文交流事业深入发展，在双边和多边国际舞台上全方位展现东方文明大国形象，以中国主张、中国方案推动全球智力的变革，展示了中国特色社会主义道路自信、理论自信、制度自信、文化自信，为我国对外开放事业的推进做出了重要贡献，有力推动了全球范围内的人文交流与文明互鉴。特别是近年来，我国与俄罗斯、美国、英国、法国、印尼、南非和德国等国家和地区建立起高级别人文交流机制，覆盖的国家和地区占全球经济总量的二分之一、地域面积的四分之一、人口的六分之一，有力提升我国与世界主要国家和地区人文交流的层次和水平，取得了实质性进展和丰硕成果。人文交流与政治互信、经贸合作一道，成为新时代我国对外关系发展的三大战略支柱。

党的十九大报告强调，加强中外人文交流，以我为主、兼收并蓄。加强和改进中外人文交流工作，要坚定四个自信，从服务国家改革发展和对外战略的

大局出发，完善中外人文交流布局，创新高级别人文交流机制，改革人文交流内容、形式和工作机制，将人文交流理念贯彻到对外交往的各个领域，彰显中国特色、中国风格、中国气派，促进中外民心相通和文明互鉴。当前和今后一段时间内，我们要通过搭建合作平台、完善相关制度、打造品牌项目、开展理解教育，加强人文交流机制建设；通过深化与世界各国语言合作交流，促进语言互通，通过讲好中国故事、传播好中国声音，积极传播中国理念。

一是完善中外人文交流机制。发挥人文交流在国家对外工作大局中的支柱作用，深化中俄、中美、中英、中法、中印尼等人文交流，加强部门间协同，整合凝聚社会力量，打造一批中外人文交流品牌项目，推动形成机制多层次和区域全覆盖的人文交流良好格局。整合搭建政府间教育磋商、教育领域专业人士务实合作、教师学生友好往来平台。拓展政府间语言学习交换项目，联合更多国家开发语言互通共享课程，推进与世界各国语言互通，提升讲好中国故事、传播中国理念的能力。

二是办好孔子学院。孔子学院肩负着面向全球开展汉语教学、传播中华文化、促进民心相通的重要使命，在增强中华文化国际影响力、增进中国与世界各国人民之间的了解和友谊、促进多元多彩的世界文明发展中发挥着重要作用，做出了重要贡献。当前，我们要坚持中外合作办学模式，坚持相互尊重、友好协商、平等互利的原则，进一步完善孔子学院布局，重点支持“一带一路”沿线国家和空白国家开办孔子学院和孔子课堂，鼓励各国孔子学院因地制宜，特色发展，进一步融入当地文化；要大力加强中方合作院校支撑能力建设，建立健全汉语国际教育学科体系，着力打造一支高素质院长和教师专职队伍，大力培养各国本土汉语师资，办好孔子学院院长学院、示范孔子学院、网络孔子学院，鼓励中资机构、社会组织等参与孔子学院建设，不断提升孔子学院（课堂）的办学质量和水平；要深入实施“孔子新汉学计划”，深化与世界各国语言文化交流，支持各国将汉语纳入本国国民教育体系，更加广泛地学习和使用汉语。

三是加强国际理解教育。世界的希望在青年，教育对外开放和中外人文交流的工作重点在青年。我们要加强国际理解教育，增进青年学生对不同国家、不同文化的认识和理解；要积极促进中外语言互通，进一步深入推进友好学校教育深度合作与人文交流，在青少年心中打牢相互尊重、相互学习、热爱和平、维护正义、共同进步的思想根基。这也是构建人类命运共同体的思想基础、文化基础和情感基础。

总之，对外开放是中国的基本国策，中国对外开放的大门只会越开越大，教育在其中天地广阔、潜力无限，必将大有作为。习近平总书记多次强调，中国坚持对外开放的基本国策，坚持打开国门搞建设；中国开放的大门不会关闭，只会越开越大。坚持以开放促改革促发展，做强中国教育，服务民族复兴，促进人类进步，是新时代教育对外开放事业的基本定位，也充分体现着我国教育对外开放战略的根本宗旨。只要我们扎实践行，一件事情接着一件事情办，一年接着一年干，就一定能形成教育全面对外开放新格局，谱写出教育对外开放的华彩新篇章。

（熊建辉　撰稿）

4 以中外人文交流推动构建人类命运共同体

文明是一个国家和一个民族的集体记忆，只有姹紫嫣红之别，而无高低优劣之分。然而，傲慢和偏见以及唯我独尊使人类文明相互隔膜、相互排斥、相互取代，甚而动辄兵戎相见。文明的冲突源自部分人头脑中根深蒂固的旧文明观，极端势力和思想伺机兴风作浪，价值观差异竟然可以成为通过战争阻碍别国发展的理由。“世界怎么了，我们怎么办”这个重大问题亟待回答。党的十八大以来，在“世界正发生前所未有之大变局”的关键历史时刻，习近平总书记洞察世界大势，把握时代脉搏，高举和平、发展、合作、共赢的旗帜，以中外人文交流落实多彩、平等、包容的新文明观，以新文明观构建持久和平、普遍安全、共同繁荣、开放包容、清洁美丽的人类命运共同体，必将助推中国人民的伟大梦想与人类社会的共同梦想实现同频共振。

一、 中外人文交流的核心要义

冷战虽已终结，但有些国家仍未摒弃冷战思维和强权政治，甚而激化文明的冲突，并对自身价值观构成挑战。形而上的人类文明和形而下的全球经济均处于重构之中，这个大发展大变革大调整时期需要新的价值引领，尤其需要给以中国为代表的新兴国家和平崛起的机会。习近平总书记审时度势，把人文交流同战略互信、经贸合作一道，确立为新时代对外交往工作的三大支柱，以中国理念、中国方案推动全球治理变革，以多彩、平等、包容的新文明观构建人类命运共同体。这指向了全人类的共同理想，必将引领人类文明的前进方向。

1. 人类文明在冲突中走向迷惘

世界多极化、经济全球化、社会信息化、文化多样化叠加，使得各国的依存度前所未有，但贫困、战争、疾病、恐怖主义、气候变化等传统与非传统安全威胁此起彼伏。2017 年 1 月 18 日，习近平总书记在联合国日内瓦总部的演讲中，针对“当今世界充满不确定性，人们对未来既寄予期待又感到困惑”的现实状况，围绕“世界怎么了、我们怎么办”这个涉及全人类前途命运的重大问题，深刻揭示最近 100 多年来世界各国人民相继提出的三个方面最迫切的愿望、呼声和诉求：一是 20 世纪上半叶以前，人类遭受了两次世界大战的劫难，那一代人最迫切的愿望，就是免于战争、缔造和平；二是 20 世纪五六十年代，殖民地人民普遍觉醒，他们最强劲的呼声，就是摆脱枷锁、争取独立；三是冷战结束后，各方最殷切的诉求，就是扩大合作、共同发展。习近平总书记还把这 100 多年全人类的共同愿望进一步归结为和平与发展，并指出，这项任务至今远远没有完成。和平赤字、发展赤字、治理赤字，是摆在全人类面前的严峻挑战。

原始资本主义“从头到脚，每个毛孔都滴着血和肮脏的东西”，但西方社会也吸取了源自古希腊文明，经由文艺复兴运动、启蒙运动、法国大革命洗礼，凝练而成的西方文明思想，资本的一般外在表现形态不再那么赤裸裸和血腥，因此也就具有了一定的隐蔽性、迷惑性和欺骗性。西方发达国家凭借其在血腥的资本原始积累时期尤其是殖民主义时代所聚敛的财富，以及对文明话语权的掌控，将西方文明戴上“普世性”光环，形成普世价值观和人权高于主权等近代主流西方思想，大肆宣扬其先进性、优越性、合理性，将其绝对化、教条化、政治化，并恣意向发展中国家推销自己的文明模式。正如马克思所言，资产阶级迫使一切民族“在自己那里推行所谓的文明”，并“按照自己的面貌为自己创造出一个世界”。

这是一种强权、霸权和单极思维的思想，背离了人类文明发展的规律，严重误导了世界各国人民对文明的认知和践行，影响了发展中国家的现代化进程，人为地制造了社会动荡、经济崩溃、治理紊乱。这种以把本国安全建立在别国的动荡之上创造出一个世界、一种声音的行径最终危及自身，也同样撕裂着西方发达国家的集团内部成员之间的伤痕以及社会内部阶层之间的伤痕，反全球化、反精英、反移民的言论甚嚣尘上。

冷战结束后，西方国家刚刚宣告的“历史终结”不久，1997 年的亚洲金融风波、2001 年的“911”事件、2008 年的全球金融危机及后来的欧债危机、2014 年的全球难民潮、2016 年的英国脱欧等，特别是阿富汗、伊拉克、利比亚、叙利亚的战乱等一系列“黑天鹅”“灰犀牛”事件，置形而上的人类文明和形而下的全球经济于重构之中。这一切，典型性地暴露了资本主义危机四伏和西方文明观积重难返的痼疾。西方主流价值观在冲突中陷入迷惘、走向彷徨。

问题是时代的声音。世界怎么了、我们怎么办？这是时代之问。

2. 世界发展需要新的价值引领

“西方之乱”与其说是人类文明的危机，不如说是价值判断的危机。那些抱守旧文明观的西方发达国家政客与精英“身体已进入 21 世纪，而脑袋还停留在冷战思维、零和博弈的旧时代”。

“这是最好的时代，也是最坏的时代。”这是英国文学家狄更斯笔下的工业革命社会的真实写照，也是当今国际社会现状的写照。二战以来，尽管世界赢得70余年相对和平，但全人类的共同愿望依然是和平与发展，因为这项任务至今远远没有完成。今天，人类陷入一个矛盾丛生的世界之中。一方面，物质丰盈，知识爆炸，科技腾飞，人类文明发展到历史最高水平。各国之间的联系从来没有像今天这样紧密，世界人民对美好生活的向往从来没有像今天这样强烈，人类战胜困难的手段从来没有像今天这样丰富。另一方面，和平赤字、发展赤字、治理赤字大行其道，世界面临的不确定性骤增。

此时，以中国为代表的新兴国家正在为全球经济增长、文明共鉴注入新的活力。然而，伴随中国与外部世界利益交融范围的日益扩大，既有联合国的赞许，也有世界最不发达国家的感恩，还混杂着那些深陷“国强必霸”逻辑的西方国家及周边国家的质疑、曲解、猜忌、诋毁。经济利益的冲突甚而被绑在意识形态的战车上，针对中国社会主义制度，从文明观上围堵和孤立中国。“中国威胁论”“中国崩溃论”“中国恐慌论”如幽灵般时隐时现，反映了部分西方人士的臆想。

习近平总书记指出：“有问题不可怕，可怕的是不敢直面问题，找不到解决问题的思路。”不审天下之势，难应天下之物。这是一个变革的世界，一个新机遇新挑战层出不穷的世界，一个国际体系和国际秩序深度调整的世界，一个国际力量对比深刻变化并朝着有利于和平与发展方向变化的世界。“加强全球治理、推进全球治理体系变革是大势所趋。”树立世界眼光、把握时代脉搏，把当今世界的风云变幻看准、看清、看透，是一个极为重要并且常做常新的课题。另一个极为重要并且常做常新的课题，是判断并认清中国发展。观察中国发展，要看中国取得了什么成就，更要看中国为世界做出了什么贡献。这才是全面的看法。

中国崛起是21世纪最为重大的世界历史事件。2015年9月26日在联合国发展峰会上，习近平总书记向全球宣告：“中国发展不仅增进了13亿多中国人的福祉，也有力促进了全球发展事业。”作为世界第二大经济体，国际金融危机爆发以来，中国对世界经济增长的贡献率年均30%以上，成为世界经济的压舱石。作为世界上最大的发展中国家，中国让7亿多人口摆脱贫困，是世界上减贫人口最多的国家，也是世界上率先完成联合国千年发展目标的国家，贡献率超过70%，更是世界最不发达国家最大投资方。这些数据雄辩地证明，中国的发展“为世界带来极大的机遇”。正如德国前总理施密特所言，持续辉煌的中国发展不仅解决了中国问题，也为西方走出困境提供启示。

世界需要什么样的文明观？中国走近世界舞台中央需要什么样的价值引领？中国梦同世界各国人民的美好梦想心心相印、息息相通。习近平总书记向世界发出了“中国应该对人类社会有更大的贡献，更大的担当”的时代最强音。

3. 中外人文交流推动着人类命运共同体的构建

大时代需要大思想，而大思想一定能引领大时代。习近平总书记斩钉截铁地说道：“中国特色社会主义道路、理论、制度、文化不断发展，拓展了发展中国家走向现代化的途径，给世界上那些既希望加快发展又希望保持自身独立性的国家和民族提供了全新选择，为解决人类问题贡献了中国智慧和中国方案。”而且，“中国共产党人和中国人民完全有信心为人类对更好社会制度的探索提供中国方案”。

人类站在抉择的十字路口，左顾右盼。“历史没有终结，也不可能被终结。”天下并不太平，但安享和平是人民之福，建立公正合理的国际秩序是人类孜孜不倦追求的目标。天下何以治？得民心而已！天下何以乱？失民心而已！党的十九大报告开宗明义地宣示：“中国共产党人的初心和使命，就是为中国人民谋幸福，为中华民族谋复兴。”正是基于这片初心和这份使命，习近平总书记对内庄严承诺，“人民对美好生活的向往，就是我们的奋斗目标”；对外真诚愿望，“让所有的人民免于饥寒的煎熬，让所有的家庭免于战火的威胁，让所有的孩子都能在和平的阳光下茁壮成长”。把这两者归结起来，就是习近平总书记的治国理政之策，都要着眼于让当今世界和当代中国变得更加美丽、让包括中国人民在内的世界各国人民生活得更加美好。

“文明因交流而多彩，文明因互鉴而丰富。”这就是习近平总书记 2014 年 3 月 27 日在联合国教科文组织总部的演讲中提出的新文明观，为有效破解和平、发展、治理这三大赤字给出了答案，为世界各国人民提供了精神支撑和心灵慰藉。其中蕴含的道理，就是习近平总书记引用的联合国教科文组织总部大楼前石碑上镌刻的“战争起源于人之思想，故务需于人之思想中筑起保卫和平之屏障”，以及拿破仑曾经说过的“世上有两种力量：利剑和思想；从长而论，利剑总是败在思想手下”。这两句话深刻揭示了人类社会发展的基本经验。

推动人类文明交流互鉴的抓手就是加强世界各国人文交流。“如果说政治、经济、安全合作是推动国家关系发展的刚力，那么人文交流则是民众加强感情、沟通心灵的柔力。只有使两种力量交汇融通，才能更好推动各国以诚相待、相即相容。”以中外人文交流落实新文明观，以新文明观构建人类命运共同体。

习近平总书记出访所到之处，最陶醉的是各国各民族人民创造的文明成果。他由此深刻认识到：“人类历史就是一幅不同文明相互交流、互鉴、融合的宏伟画卷。”五色交辉，相得益彰；八音合奏，终和且平。交流互鉴是人类文明的基本特征，是增进各国人民友谊的桥梁，是人类社会进步的动力，是维护世界和平的纽带。

习近平总书记在国际上积极倡导加强世界各国人文交流、促进不同文明包容互鉴，说到底就是要通过文明交流、平等教育、普及科学，消除不同国家、民族和宗教之间的隔阂、偏见、仇视，让和平的薪火代代相传，让发展的动力源源不断，让文明的光芒熠熠生辉，最终构建人类命运共同体。宇宙只有一个地球，人类共有一个家园。作为世界和平的建设者、全球发展的贡献者、国际秩序的维护者，中国愿同世界各国携手共建共享持久和平、普遍安全、共同繁荣、开放包容、清洁美丽的世界。

对于“世界怎么了、我们怎么办?”这一时代之问，习近平总书记给予的中国式世界问题解决之“道”是，通过中外人文交流，确立以构建人类命运共同体为目标的新文明观。这个新文明观，立足中国，面向世界，顺应时代潮流，符合各国利益，既符合中国的历史地位又适应中国的现实角色，既反映世界发展大势又展现中国发展特点。而新文明观又须通过人文交流来实现。

习近平总书记提出的通过“五位一体”的总体布局和“四个全面”的战略布局而实现中华民族伟大复兴的中国梦，是凝聚海内外中华儿女为创造祖国美好未来而共同团结奋斗的最大公约数和最大同心圆；习近平总书记提出的通过新文明观和中外人文交流构建人类命运共同体的倡议，则是凝聚各国人民为解决和平、发展、治理这三大赤字而坦诚沟通、相向而行的最大公约数和最大同心圆。换句话说，统筹国内国际两个大局，对内要通过中国特色社会主义现代化建设，凝聚各族人民的力量，不断巩固你中有我、我中有你、谁也离不开谁的中华民族命运共同体，对外则要通过中外人文交流，以新文明观为指导推动世界各国人民携手构建人类命运共同体。

二、 中外人文交流的科学体系

中外关系的大树要永远枝繁叶茂，必须扎深人文交流的根基。“达成民心相容相通，实现世界和平发展”是中国人民和世界人民的共同愿望，“和平、发展、合作、共赢”是中国的道路选择。理论上，中外人文交流与“多彩、平等、包容”文明观、人类命运共同体构建相通相联、融为一体。以人文交流推动文明的多彩、平等、包容，构建持久和平、普遍安全、共同繁荣、开放包容、清洁美丽的人类命运共同体，既是中外人文交流的思想内涵，更是对时代之问的正确解答。中外人文交流源自实践，拥有博大精深的理论内涵、立意深远的价值取向、自成一体的逻辑架构和源远流长的精神血脉，构成了一个完整的科学体系。

1. 以人文交流促进不同文明包容互鉴，构建人类命运共同体

“文明是多彩的，人类文明因多样才有交流互鉴的价值”“文明是平等的，人类文明因平等才有交流互鉴的前提”“文明是包容的，人类文明因包容才有交流互鉴的动力”。习近平总书记创造性地提出并推动落实的多彩、平等、包容文明观，其精神实质就是要以文明交流超越文明隔阂、文明互鉴超越文明冲突、文明共存超越文明优越，进而推动各国相互理解、相互尊重、相互信任，携手推动实现“天下大同”的理想。实践充分证明，文明交流互鉴是增进各国人民友谊的桥梁、推动人类社会进步的动力、维护世界和平的纽带，也是让世界变得更加美丽、各国人民生活得更加美好的必由之路。

倡导新文明观，就是既要“各美其美”，又要“美人之美，美美与共”。文明交流互鉴不应该以独尊某一种文明或者贬损某一种文明为前提，决不能搞“只此一家，别无分店”的做法。企图以自己的文明去改造、去同化甚至取而代之，进而建立单一文明的一统天下，这样的企图注定只是一种不切实际的幻想，不仅不会成功，反而会给世界文明进程带来深重灾难。文明在开放中发展，民族在融合中共存，历史和现实一再表明，平等和尊重是文明相处之道，傲慢和偏见是文明交流互鉴的最大障碍。要想真正了解各种文明的真谛，就必须秉持平等、谦虚的态度，加强相互交流、相互学习、相互借鉴，而不是相互隔膜、相互排斥、相互取代，践行双赢、多赢、共赢的理念，摒弃“你输我赢、赢者通吃”的零和思维，世界文明之园才能万紫千红、生机盎然。

构建人类命运共同体，就是向世界弘扬“天下大同”这个中华民族自古以来的理想。2012 年 11 月，党的十八大报告正式提出“倡导人类命运共同体意识”。之后，习近平总书记在国内外多个场合深刻诠释“人类命运共同体”，从周边国家、区域到全球，向世界传递未来人类文明走向的中国方案。2015 年 9 月，在联合国成立 70 周年系列峰会上，习近平总书记进一步阐述了人类命运共同体的基本内涵：建立平等相待、互商互谅的伙伴关系，营造公道正义、共建共享的安全格局，谋求开放创新、包容互惠的发展前景，促进和而不同、兼收并蓄的文明交流，构筑尊崇自然、绿色发展的生态体系。在2017年新年贺词中，习近平总书记“真诚希望，国际社会携起手来，秉持人类命运共同体的理念，把我们这个星球建设得更加和平、更加繁荣”。在举世瞩目的党的十九大，习近平总书记把“坚持推动构建人类命运共同体”纳入新时代坚持和发展中国特色社会主义的十四条基本方略之中。

2. 中外人文交流的理论体系建构

着眼用新文明观构建人类命运共同体，习近平总书记把新文明观的逻辑高度提炼为一句话：“多样带来交流，交流孕育融合，融合产生进步。”因循这个逻辑，中外人文交流的思想体系得以确立。

承认“差异”才能增进“了解”。文明如同七色阳光，多姿多彩。然而，尺有所短，寸有所长。和而不同是一切事物发生发展的规律。每一种文明都扎根于本国本民族的土壤之中，拥有各自的本色、长处、优点。不患人之不己知，患不知人也。习近平总书记对此的切身感悟至深：“了解法兰西文化，使我能够更好认识中华文化，更好领略人类文明的博大精深、丰富多彩。”通过推动人文交流，可以把文明多样性转化为扩大交流合作的动力，为各国民众增进相互了解和认知搭建重要桥梁，并不断深化互利共赢的国际关系。

懂得“包容”才能学会“欣赏”。本国本民族要珍惜和维护自己的文明，也要承认和尊重别国别民族的文明。海纳百川，有容乃大。在古丝绸之路，不同文明、宗教、种族求同存异，并肩书写相互尊重、相互包容的壮丽诗篇，携手绘就共同发展的美好画卷。傲慢和偏见是文明交流互鉴的最大障碍。只要秉持包容精神，就可以实现文明和谐。只有文化上彼此欣赏，心灵上才能相亲相近。在布鲁日欧洲学院，习近平总书记勉励中欧双方学生：“用平等、尊重、爱心来看待这个世界，用欣赏、包容、互鉴的态度来看待世界上的不同文明，促进中国和欧洲人民的相互了解和理解，促进中国、欧洲同世界其他国家人民的相互了解和理解。”

立志“和平”才能走向“互鉴”。和平像阳光一样温暖、像雨露一样滋润，自古以来就是人类最持久的夙愿。有了阳光雨露，万物才能茁壮成长。有了和平稳定，人类才能更好实现自己的梦想。中华民族历来爱好和平，是维护世界和平的坚定力量。习近平总书记指出：“中国共产党和中国人民从苦难中走过来，深知和平的珍贵、发展的价值，把促进世界和平与发展视为自己的神圣职责。”弱肉强食是丛林法则，穷兵黩武是霸道伎俩。习近平总书记向世界庄严承诺：“始终不渝走和平发展道路。”唯有坚定求和平的信念，才能通过推动跨国界、跨时空、跨文明的互鉴，“让和平理念的种子在世界人民心中生根发芽，让我们共同生活的这个星球生长出一片又一片和平的森林”。

区分“义利”才能达成“心交”。以利相交，利尽则散；以势相交，势去则倾；惟以心相交，方成其久远。这是中国传统义利观，始终流淌在中国人的血脉之中。国与国相交，就是要找到利益的共同点和交汇点。在传统义利观基础上，习近平总书记提出了正确义利观：“‘国不以利为利，以义为利也。’在国际合作中，我们要注重利，更要注重义。”“只有义利兼顾才能义利兼得，只有义利平衡才能义利共赢。”概而言之，就是“义利相兼、以义为先”。只有“讲信义、重情义、扬正义、树道义”，才能化解本国利益与他国利益的矛盾，拉近两国人民心与心的距离，推动两国人民心与心的交流，进而赢得心心相印的知己朋友，实现弘义融利。

保障“合作”才能实现“分享”。积力之所举，则无不胜也；众智之所为，则无不成也。70多亿人生活在地球这一人类唯一赖以生存的家园里，各国利益交融、兴衰相伴、安危与共。恐怖主义等全球安全问题、气候变化等全球生态问题、金融危机等全球经济问题、难民潮等全球人道问题，是全球所有国家共同面临的问题，任何国家都不可能独善其身。没有一个国家能凭一己之力谋求自身绝对安全。以邻为壑，既损人又损己。合作可以形成全球公共产品，使各国公平分享成果和收益。习近平总书记指出，推动中外人文交流，“可以丰富人类文明的色彩，让各国人民共同享受更富内涵的精神生活、开创更有选择的未来”，同心协力构建人类命运共同体。

推动“发展”才能获得“共赢”。发展是解决一切问题的总钥匙。对各国而言，发展是第一要务，寄托着生存和希望，象征着尊严和权利。唯有发展，才能从根源上维护世界和平；唯有发展，才能保障人民的基本权利；唯有发展，才能满足人民对美好生活的热切向往。但发展绝对不能有排他性。习近平总书记指出：“大家一起发展才是真发展，可持续发展才是好发展。”各国要攥紧发展这把钥匙，摒弃赢者通吃，“共同走出一条公平、开放、全面、创新的发展之路，努力实现各国共同发展”，为世界人民带来实实在在的福祉，真正实现共享共赢的局面。

3. 中外人文交流的推进领域

世界历史发展表明，大国地位总是变动不居的。世界上没有永恒的强国，起决定作用的是综合国力消长和基于综合国力的软实力的增减。中国正处于由大向强发展的关键历史时期，中外人文交流已筹谋和整体推进了教育、科技、文化、卫生、体育、旅游、传媒、地方、智库、青年、妇女这 11 个基本领域的各项工作。

在教育交流领域，以深入做好留学工作和办好孔子学院、孔子课堂为重点，通过扩大教育双向开放，增进各国学生对人类各种知识和文化的认知，对各民族现实奋斗和未来愿景的体认，积极引导他们树立世界眼光、增强合作意识，确立为人类和平与发展贡献智慧和力量的远大志向。

在科技交流领域，一方面，强调核心技术是国之重器，核心技术要立足自主创新、自立自强。市场换不来核心技术，有钱也买不来核心技术，必须靠自己研发、自己发展。另一方面，强调自主创新，不能关起门来搞研发，一定要坚持开放创新，深入开展国际科技交流合作，积极主动整合、利用好全球创新资源。

在文化交流领域，注重发挥文化在增进人民相互了解和友谊方面春风化雨、润物无声的作用。习近平总书记指出，一部小说、一篇散文、一首诗、一幅画、一张照片、一部电影、一部电视剧、一曲音乐，都能给外国人了解中国提供一个独特视角，都能以各自的魅力去吸引人、感染人、打动人。要让外国民众通过欣赏中国作家艺术家的作品来深化对中国的认识、增进对中国的了解。要向世界宣传推介中国优秀文化艺术，让国外民众在审美过程中感受魅力，加深对中华文化的认识和理解。

在卫生交流领域，欢迎世界卫生组织积极参与“一带一路”建设，共建“健康丝绸之路”。愿同世界卫生组织在落实 2030 年可持续发展议程、援助发展中国家等方面加强协作。

在体育交流领域，不仅要精心筹办和成功举办北京冬奥会，大力弘扬团结、友谊、和平的奥林匹克精神，而且要深化跳水、体操、乒乓球等占有优势的领域，以及足球、篮球等中国相对落后领域的国际交流与合作，共同提高国际竞技体育和群众体育水平。

在旅游交流领域，发挥旅游作为传播文明、交流文化、增进友谊的桥梁作用。作为修身养性之道，旅游自古就被中国人同读书结合在一起，在“读万卷书，行万里路”中了解民情、感悟人生、陶冶情操。近年来，随着人民生活水平的显著提高，出国旅游更为广大民众所向往。要以举办各种“旅游年”为契机，把旅游打造成为拉动经济发展的重要动力、增强中外民众亲近感的最好方式。

在传媒交流领域，积极发挥媒体在信息传播、增进互信、凝聚共识方面不可替代的重要作用。特别是要加强中国与广大发展中国家的媒体合作，在相互借力中携手提升各自媒体影响力，在世界和平与发展等重大问题上共同发出声音，在互学互鉴中提高各自媒体竞争力，在推动国家关系发展、沟通民心民意、深化理解互信方面积极作为。

在地方交流领域，要把富有成效的地方交流合作视为支撑中外关系发展的重要基础和推动力量，并使这种交往更多造福当地人民。习近平总书记指出：“国与国关系归根结底需要人民支持，最终也服务于人民。地方是最贴近老百姓的。地方合作搞得好不好，关系国家层面的合作能否落地生根。”

在智库交流领域，鼓励哲学社会科学机构参与和设立国际性学术组织，支持和鼓励建立海外中国学术研究中心，支持国外学会、基金会研究中国问题，加强国内外智库交流，推动海外中国学研究。要善于提炼标识性概念，打造易于为国际社会所理解和接受的新概念、新范畴、新表述，引导国际学术界展开研究和讨论。

在青年交流领域，从“青年兴则国家兴”和“民相亲，关键在于青年之间的交往”这样的高度出发，鼓励年轻一代在交流合作中加深对彼此国家历史文化的了解，加深对彼此人生追求的了解，互学互鉴，增进友谊，成为中外关系发展的生力军和人民友好事业的接班人。

在妇女交流领域，继续落实第四次世界妇女大会通过的《北京宣言》和《行动纲领》，发扬北京世界妇女大会精神，推动各国妇女团体加强交流、增进友谊、共同发展、共同进步。继续开展妇女领域国际发展合作，推动发达国家加大对发展中国家的资金和技术援助，缩小各国妇女发展差距，“共建共享一个对所有妇女、对所有人更加美好的世界”。

上述这 11 个领域是当前和今后一个时期中外人文交流工作的重点，贯穿其中的则是推进人的对外开放和交流互鉴这条主线。习近平总书记指出：“当今世界，经济全球化、信息社会化所带来的商品流、信息流、技术流、人才流、文化流，如长江之水，挡也挡不住。一个国家对外开放，必须首先推进人的对外开放，特别是人才的对外开放。”加强同其他文明交流互鉴，必须“着眼于人、着力于人”，首先加强人与人之间的交流互鉴。这不仅有利于中国积极借鉴世界各国优秀文明成果，也有利于促进不同文明相互尊重、促进世界各国人民相互理解。

4. 中外人文交流的思想源泉

面向未来，需要不忘本来、吸收外来。不忘历史才能开辟未来，善于继承才能善于创新。强调弘扬社会主义核心价值观，继承和发扬中华民族优秀传统文化，坚持和弘扬中国精神，并不排斥学习借鉴世界优秀文化成果。习近平总书记关于中外人文交流的论述吸收了人类各种优秀文明成果，坚持了古为今用、洋为中用，融通了古今中外资源，即马克思主义思想、中华民族优秀传统文化、社会主义先进文化和世界文明优秀遗产。

推动中外人文交流，贯穿其中的是马克思主义立场、观点、方法。文明交流互鉴就是要“让中华文明同世界各国人民创造的丰富多彩的文明一道，为人类提供正确的精神指引和强大的精神动力”。这体现了马克思主义人民至上的立场。习近平总书记提出的“构建人类命运共同体”战略构想，体现了马克思主义关于全人类解放的观点，是一种胸怀世界的革命文化。“解决好民族性问题，就有更强能力去解决世界性问题；把中国实践总结好，就有更强能力为解决世界性问题提供思路和办法。”这体现了由特殊性到普遍性的马克思主义辩证唯物主义方法论。

推动中外人文交流，根脉在中华民族5 000年文明历史所孕育的中华优秀传统文化。“解决中国的问题，提出解决人类问题的中国方案，要坚持中国人的世界观、方法论。”绵延几千年的中华文化是中国的独特优势，坚定文化自信，就是要吸吮中华民族漫长奋斗积累的文化养分。中国优秀传统文化的丰富哲学思想、人文精神、教化思想、道德理念等，可以为人们认识和改造世界提供有益启迪，可以为治国理政提供有益启示，也可以为道德建设提供有益启发。中华文明是“和”“合”文明，蕴含着天人合一的宇宙观、协和万邦的国际观、和而不同的社会观、人心和善的道德观。几千年来，和平、和睦、和谐以及聚合、契合、融合，融入了中华民族的血脉中，刻进了中国人民的基因里。党的十八大以来，立足实际、着眼未来，习近平总书记在对外交往中提出了人类命运共同体意识，“一带一路”倡议，亲诚惠容的周边外交理念，义利兼顾的正确义利观，共同、综合、合作、可持续的安全观，以及多彩、平等、包容的新文明观等创新理念，就是创造性运用中华优秀传统文化解决当今世界和当代中国面临的一系列难题的生动体现，堪称推动中华优秀传统文化创造性转化的范例。

推动中外人文交流，升华于党领导人民在社会主义建设中创造的社会主义先进文化。“中国为什么能、中国共产党为什么能”是国内外普遍关注的问题，反映了社会主义先进文化的优越性。社会主义先进文化的建立与发展符合先进生产力发展的要求，代表着历史发展的方向。这是社会主义先进文化的优越性所在，也是文化自信的源泉和动力。发展社会主义先进文化就是以马克思主义为指导，坚守中华文化立场，立足当代中国现实，结合当今时代条件，发展面向现代化、面向世界、面向未来的，民族的、科学的、大众的社会主义文化，坚持创造性转化、创新性发展，以中国梦打牢中国人民共同的思想基础，以培育和践行社会主义核心价值观锻造担当民族复兴大任的时代新人。

应当看到，在 5 000 年未曾间断的文明史上，中华文明不断从与其他文明的交流互鉴中获得丰富营养，同时也为人类文明进步做出重要贡献。近代以来，中外交流互鉴更是频繁展开，其中有冲突、矛盾、疑惑、拒绝，但更多是学习、消化、融合、创新。中华人民共和国成立以来特别是改革开放以来，党和政府坚持“把世界一切先进技术、先进成果作为我们发展的起点”，取得了举世瞩目的发展成就。习近平总书记强调，在加强同其他文明交流互鉴的过程中，中国将始终做一个虚心学习的国家。他说，中国虽然取得了巨大发展成就，但同世界先进水平相比，还有很大差距，需要面对和破解的发展难题依然很多，任重而道远。中国人民为自己取得的成绩感到自豪，但不会骄傲自满、止步不前，而是要有海纳百川的胸怀，以开放包容心态虚心倾听世界的声音。“强调民族性并不是要排斥其他国家的学术研究成果。”习近平总书记关于中外人文交流的论述也包含了对国外哲学社会科学成果的比较、对照、批判、吸收、升华。例如，他提出新文明观，就是对塞缪尔·亨廷顿的《文明的冲突》的拨正：“只要秉持包容精神，就不存在什么‘文明冲突’，就可以实现文明和谐。”在判断大势时，他以中国特色社会主义所取得的辉煌成就事实反驳了弗朗西斯·福山的《历史的终结与最后的人》：“历史没有终结，也不可能被终结。”他对反全球化思潮中肯地告诫：“想人为切断各国经济的资金流、技术流、产品流、产业流、人员流，让世界经济的大海退回到一个一个孤立的小湖泊、小河流，是不可能的，也是不符合历史潮流的。”这是超越着米尔顿·弗里德曼的《资本主义与自由》中自由市场经济论及其批判者托马斯·皮凯蒂的《21 世纪资本论》之上的精神实质的升华。

习近平总书记还强调了学习和创新的重要性。独学而无友，则孤陋而寡闻。他重申，对人类社会创造的各种文明，无论是古代的中华文明、希腊文明、罗马文明、埃及文明、两河文明、印度文明等，还是现在的亚洲文明、非洲文明、欧洲文明、美洲文明、大洋洲文明等，都应该采取学习借鉴的态度，都应该积极吸纳其中的有益成分，使人类创造的一切文明中的优秀文化基因与当代文化相适应、与现代社会相协调，把跨越时空、超越国度、富有永恒魅力、具有当代价值的优秀文化精神弘扬起来。这正是在世界多极化、经济全球化、文化多样化、社会信息化深度交融的时代背景下，倡导多彩、平等、包容的新文明观，切实加强中外人文交流、促进不同文明交流互鉴，必须始终坚持的出发点和落脚点。

三、 中外人文交流的实践价值

时代是思想之母，实践是理论之源。习近平总书记提出，要“勇于推进实践基础上的理论创新”。坚持实事求是，坚持知行合一，坚持在实践中检验真理和发展真理。中外人文交流的科学体系蕴含着对创造性实践的全方位多层次的构想，从而保持了其蓬勃的生命力，因此具有鲜明的实践指导意义。

1. 中外人文交流统筹协调国内国际大局

从根本上来说，中外人文交流旨在用新文明观构建人类命运共同体。在现实层面，中外人文交流具有国际国内两方面的实践价值。

从国际角度看：

——中外人文交流打造民心相通工程。国之交在于民相亲，民相亲在于心相通。国际关系发展，说到底要靠人与人之间的心通意合。习近平总书记指出：“在汉字中，‘人’字就是一个相互支撑的形状。”中外人文交流可以让人们在持续的以文化人中，增进相互了解，融洽彼此感情，实现心灵契合，厚植中外友好事业的社会基础，为两国关系发展树立正确民意和舆论导向，使两国人民成为友好合作的坚定支持者、积极建设者、真正受益者，进而联结遍布全球的“朋友圈”。只有夯实人文交流这块中外关系的“地基”，友谊的大厦才能巍然屹立。

——中外人文交流增强各国人民的获得感。中外人文交流的主体是民众，除民心相通，还需要关注民生。通过人文领域的中外交流，不断拓宽教育、文化、科技、体育、旅游、卫生、媒体等合作领域，不断向与民众日常生活息息相关的各个领域延伸，让世界人民拥有更多的获得感。中外人文交流还应加强与经贸合作的呼应，共同推进工业化、农业现代化、基础设施建设、金融、绿色发展、贸易和投资便利化、减贫惠民、公共卫生、和平和安全，促进稳定和繁荣。推动建立以合作共赢为核心的新型国际关系，实现政策沟通、设施联通、贸易畅通、资金融通、民心相通齐头并进。

从国内角度看：

——中外人文交流提高文化软实力。国际关系发展既需要政治互信、经贸合作这种刚力的“硬”支撑，也离不开人文交流这种柔力的“软”助力。只有使两种力量交汇融通，人文交流与政治互信、经贸合作共同推进，才能更好推动国与国之间以诚相待、相即相容、互敬互爱，使彼此更友善、更亲近、更认同、更支持，尤其让世界对中国多一分理解、多一分支持、多一份友善。这就要求中外人文交流“增强对外话语的创造力、感召力、公信力”，以提高文化软实力。

——中外人文交流弘扬爱国主义精神。爱国主义精神是中华民族的精神基因。弘扬爱国主义精神，则必须坚持立足民族面向世界。中国的命运与世界的命运休戚相关。扎根中国大地的中华文明也是同其他文明不断交流互鉴而形成的文明。中外交流互鉴中频频发生冲突、矛盾、疑惑、拒绝，但学习、消化、融合、创新始终是主流。习近平总书记指出，虚心学习、积极借鉴别国别民族思想文化的长处和精华，是增强本国本民族思想文化自尊、自信、自立的重要条件。推动中外人文交流，就要善于从不同文明中寻求智慧、汲取营养、提炼精华，既可以为人们提供精神支撑和心灵慰藉，又可以携手解决人类共同面临的各种挑战，更可以激活中华文明内在的强大生命力，使之同各国人民创造的多彩文化一道，为人类文明进步提供正确的精神指引。

2. 中外人文交流实践推进的基本原则

中外人文交流要坚持以开放为前提。人类拥有共同的家园、共同的命运、共同的夙愿。人类历史自始至终在不同国家、不同民族、不同文明的相遇相知中砥砺前行。2 000 多年前，中华民族先贤便是怀着相遇相知的朴素愿望，实现了“凿空之旅”，贯通了四大文明，开启了人类文明史上的大开放、大交流、大融合时代。习近平总书记指出：“文明在开放中发展，民族在融合中共存。”开放，是对历史规律的尊重，也是对未来命运的抉择。中国坚定不移实行对外开放的基本国策，推动人们在眼界上、思想上、知识上、技术上走向开放，以中外人文交流开创更全面、更深入、更多元的对外开放格局。

中外人文交流要坚持以自信为基础。文明交流互鉴，必须立足于本国本民族实际，不可囫囵吞枣、莫衷一是，而是去粗取精、去伪存真，本着既不妄自菲薄也不妄自尊大的态度。习近平总书记强调，中外人文交流“要保持对自身文化的自信、耐力、定力”。中华优秀传统文化是中华民族在世界文化激荡中站稳脚跟的坚实根基。相比于道路自信、理论自信、制度自信，文化自信更基础、更广泛、更深厚，所激发的力量也更基本、更深沉、更持久，事关国运兴衰、事关文化安全、事关民族精神独立性。历史和现实表明，抛弃或背叛自身文化的民族必定自掘坟墓。当然，要坚持底线思维，文化自信蕴含着对本国主权、安全、发展等核心利益的维护。

中外人文交流要坚持以共赢为方向。走好和平发展的道路，关键在于实现与世界的良性互动和互利共赢，“同舟共济，权责共担，增进人类共同利益”。推行中外人文交流，“不是要一家唱独角戏，而是要欢迎各方共同参与；不是要谋求势力范围，而是要支持各国共同发展；不是要营造自己的后花园，而是要建设各国共享的百花园”。通过与世界各国在广泛的文化领域寻求最大公约数、扩大利益交汇点，“把中国发展与世界发展联系起来，把中国人民利益同各国人民共同利益结合起来”，中外人文交流推动构建以合作共赢为核心的新型国际关系，打造文明共荣之桥，实现同世界各国人民“共谋和平、共护和平、共享和平”。

3. 中外人文交流实践推进的方法论

2014 年 3 月 29 日，在同德国汉学家、孔子学院教师代表和学习汉语的学生代表座谈时，习近平总书记指出：“在中外文化沟通交流中，我们要保持对自身文化的自信、耐力、定力。桃李不言，下自成蹊。大音希声，大象无形。潜移默化，滴水穿石。只要我们加强交流，持之以恒，偏见和误解就会消于无形。”桃李不言，下自成蹊；大音希声，大象无形；潜移默化，滴水穿石——这三种方法构成了中外人文交流实践的方法论体系。

桃李不言，下自成蹊，处于中外人文交流载体层面。对中外人文交流载体必须做出精准选择，要挑拣那些使两国人民相互吸引、对彼此文化精华由衷欣赏、具有感召力与凝聚力的人文内涵，多用双方人民听得到、听得懂、听得进的途径和方式，使双方文明最基本的基因与当代文化相适应、与现代社会相协调，把跨越时空、超越国度、富有永恒魅力、具有当代价值的优秀文化精神弘扬起来。

大音希声，大象无形，处于中外人文交流形式层面。中外人文交流，无须运动式的轰轰烈烈，而须着力于“情”与“理”，让所交流的人文内涵升华为“情”与“理”。只有以诚感人、以心暖人、以情动人，只有以理服人，以文服人，以德服人，把“和”的传统理念付诸彼此相处之道，才能拉近两国人民心与心的距离，让国际友谊犹如空气和阳光，受益而不觉，失之则难存。

潜移默化，滴水穿石，处于中外人文交流动力层面。中外人文交流的本质就是文以载道，文以化人。人文交流介质所承载的“道”必须把“化”作为动力，实现心灵契合。以中外人文交流所推动的民心相通，是春风化雨，是润物无声。把中外人文交流融入贸易大繁荣、投资大便利、人员大流动、技术大发展之中，绵绵用力，久久为功，由此打下的两国关系的地基才坚不可摧，利在千秋。

4. 中外人文交流实践推进的重点途径

作为民心相通工程，人文交流必须作用于人，作用于人在日常生活的方方面面。人文交流的载体，显形的是通道和平台，内涵要素是机制。从国与国之间的双边关系，到多边关系如“一带一路”、联合国、G20、金砖集团、上合组织、亚太经合组织、欧盟、东盟、阿盟、非盟，直至国际民间组织，习近平总书记在几乎所有外事活动中强调中外人文交流，针对中外人文交流实践推进的途径，他发出了“丰富交往渠道、拓宽交流领域、深化合作内涵”的指示。其中的覆盖面固然广阔，需要多头并进，其重点在以下几个途径：

丰富交往渠道，注重建立以互联网为基础的中外人文合作机制。目前已建立的7个高级别人文交流对话机制旨在“引领文明互容、文明互鉴、文明互通的潮流”。而针对“人缘相亲、文缘相通”的周边国家以及广大发展中国家，建立各具特色的人文交流对话机制，可以进一步让交往渠道多姿多彩，夯实对外关系不可动摇的根基。习近平总书记指出：“世界因互联网而更多彩，生活因互联网而更丰富。”互联网是传播人类文明优秀成果的重要载体。通过互联网，可以架设人文交流桥梁，发挥其独特的传播平台优势。

拓宽交流领域，重点建设以青年为关键的中外人文合作机制。在目前教育、艺术、科技、学术、卫生、传媒、智库、体育、旅游等关键领域的基础上，习近平总书记重视在“人”上把交流领域拓宽，要“积极创造条件，让社会各阶层、各群体都参与到合作中来，营造多元互动、百花齐放的人文交流局面”，尤其凸显青年的力量。民相亲，关键在于青年之间的交往。中外人文交流是面向未来的事业，需要一代又一代有志青年共同接续奋斗。习近平总书记指出："青年是人民友谊的生力军。青年人情趣相近、意气相投，最谈得来，最容易结下纯真的友谊。"抓住青年交流这个关键，就可以有效拓宽中外人文交流领域。

深化合作内涵，精心培育以孔子学院为主导的中外人文合作机制。语言是交流的首要工具，是了解一个国家最好的钥匙。习近平总书记指出，孔子学院是"中外语言文化交流的窗口和桥梁"，是"连接中国人民和世界人民的纽带"，是"国家文化软实力的重要载体"。通过深耕中华优秀传统文化的内涵，孔子学院可以把中华民族的文化基因、文化精神、文化创新成果推广开来、弘扬起来、传播出去，"为推进中国同世界各国人文交流、促进多元多彩的世界文明发展"做出更重要贡献。

5. 中外人文交流使命的紧迫性

党的十八大以来，习近平总书记一再提醒全党同志必须准备进行具有许多新的历史特点的伟大斗争。这场斗争既包括硬实力的斗争，也包括软实力的斗争；既包括国内舆论主导权的斗争，也包括国际舆论话语权的斗争。加强中外人文交流、促进不同文明包容互鉴，已经成为有效增强国家软实力、积极争夺国际话语权的一个重要战场。做出这个判断的依据，可以用两句话来概括。

第一句话是"迫在眉睫"。近年来，在"北京共识""中国模式""中国道路"获得广泛赞誉的同时，国际上关于中国的负面舆论此起彼伏，诸如"中国威胁论""中国强硬论""中国傲慢伦""中国掠夺论""中国不负责任论""中国搭便车论"和"中国崩溃论"等奇谈怪论不绝于耳。有这样的看法和想法，大多数人是由于误读，也有少数人是出于一种根深蒂固的偏见，还有的人是基于持续防范、全力遏制、极力抹黑、企图诋毁中国政治制度、发展道路和价值理念的居心叵测。当今世界话语权上"西强我弱"的格局还没有根本改变，国际话语权竞争空前激烈，中国智慧和中国方案"走出去"面临不少困难，中国在国际上有时还处于有理说不出、说了传不开的境地，仍然存在信息流进流出的"逆差"、中国真实形象和西方主观印象的"反差"、软实力和硬实力的"落差"。通过加强中外人文交流、促进不同文明包容互鉴，有效增强国家软实力、积极争夺国际话语权，已成为一项迫在眉睫的重要任务。

第二句话是"正当其时"。当今世界正处于百年不遇的大变局之中，中国理念、中国价值、中国主张在世界上的影响力不断扩大，当代中国的国际影响力、感召力、塑造力进一步提高，已前所未有地走近世界舞台中央。“过去很多发展中国家都是眼睛向西的，热衷于西天取经，现在纷纷提出要向东看，向我们学习，寻找东方宝典”“这说明我们的发展理念、发展道路、发展模式对他们产生了强大吸引力”。这也是做好国际舆论引导工作和中外人文交流工作的最大本钱。从这个角度看，通过加强中外人文交流、促进不同文明包容互鉴，有效增强国家软实力、积极争夺国际话语权，可谓正当其时，具备了得天独厚的国内外条件。

四、 开展中外人文交流工作的基本思路

以“四个自信”向世界讲好中国故事，积极扩大国际话语权；做好中国方案，高质量地向世界提供人文公共产品；坚持用外国民众听得到、听得懂、听得进的途径和方式传播好中国声音。酒香也怕巷子深。让中国思想、文化和价值体系得到国际社会的广泛理解和高度认同，是完善中外人文交流布局、改革各领域中外人文交流内容形式需要正确把握的要义。

1. 讲好中国故事

习近平总书记指出，落后就要挨打、贫穷就要挨饿、失语就要挨骂。在进一步解决“挨打”和“挨饿”这两个问题的基础上，着力解决好“挨骂”问题。这也是在加强中外人文交流、促进不同文明包容互鉴的各项工作中，所要着力解决的重点和难点问题。而重点和难点一旦突破，就会变成工作上的亮点，为改革完善全球治理体系、推动建立更加公正合理的国际秩序讲好中国故事、传播中国声音。

讲中国和平发展道路的正确性。2014 年 3 月 27 日，在联合国教科文组织总部的演讲中，习近平总书记借用昔日拿破仑的言论阐述了中国的发展道路：“中国这头狮子已经醒了，但这是一只和平的、可亲的、文明的狮子。”中华文明和西方文明这两大文明体系，在相互尊重和理解的基础上加强对话和交流，就是要超越“文明冲突论”的谬论，超过“国强必霸”的逻辑，超越“你输我赢、赢者通吃”的零和思维，在与世界各国人民携手追梦的过程中，抵达更加广泛、更高层次的利益契合点和理念交叉点。习近平总书记强调：“中国人民深知实现国家繁荣富强的艰辛，对各国人民取得的发展成就都点赞，都为他们祝福，都希望他们的日子越过越好，不会犯‘红眼病’，不会抱怨他人从中国发展中得到了巨大机遇和丰厚回报。中国人民张开双臂欢迎各国人民搭乘中国发展的‘快车’‘便车’。”中国坚持对外开放的基本国策，努力实现政策沟通、设施联通、

贸易畅通、资金融通、民心相通，为共同发展增添新动力。

讲中国社会主义制度的优越性。近代以来久经磨难的中华民族迎来了从站起来、富起来到强起来的伟大飞跃，迎来了实现中华民族伟大复兴的光明前景。应当乘势而上、顺势而为，紧紧围绕“中国为什么能、中国共产党为什么能”这个国内外普遍关注的问题，在讲清楚“鞋子合不合脚，自己穿了才知道，一个国家的发展道路合不合适，只有这个国家的人民才最有发言权”这个道理的同时，讲清楚所谓“中国模式”就是中国人民在自己的奋斗实践中创造的中国特色社会主义道路和制度。为此，要深入研究和提出能够体现中国立场、中国智慧、中国价值的理念、主张、方案，着力构建具有中国特色、时代特征的学科体系、学术体系和话语体系，把中国特色社会主义道路、理论、制度和文化的丰富内涵、独特要求和强大生命力传播出去，增强世界各国对中国人民自己选择的发展模式和发展道路的了解和认同。习近平总书记指出：“我们有本事做好中国的事情，还没有本事讲好中国的故事？我们应该有这个信心！”中国不输出中国模式，不会强制别的国家、别的民族复制中国发展模式和道路，但坚持和宣扬中国模式的优越性，拓展了发展中国家走向现代化的途径，给世界上那些既希望加快发展又希望保持自身独立性的国家和民族提供了全新选择，为解决人类问题贡献了中国智慧和中国方案。

讲中国价值观蕴含的共同性。文明的影响力，取决于对其价值体系的认同，没有价值观的认同很难同行走远。价值观是硬的软实力。在海纳百川的基础上，要走向世界，把当代中国价值观念贯穿于人文交流的各环节领域，不断提升道义感召力。多彩、平等、包容的新文明观和社会主义核心价值观，反映的就是人类社会如何前行的共同价值，要理直气壮、大张旗鼓地广为宣传。夫物之不齐，物之情也。文明多彩与物种多样，一同构成地球生命本源。因此，“世界命运应该由各国共同掌握，国际规则应该由各国共同书写，全球事务应该由各国共同治理，发展成果应该由各国共同分享”。同样，社会主义核心价值观，也孕育着共产党人带领全国人民追求美好生活的共同价值理想，需要大写特写，向世界准确传达中国声音。

讲中华民族优秀传统文化的博大精深。中国上下 5 000 年的文明史，源远流长、绚丽多彩、灿烂辉煌，是中华民族贡献给世界的宝贵财富，是全球唯一不曾间断并继续弘扬发展的古老文明。习近平总书记指出：“包括儒家思想在内的中国优秀传统文化中蕴藏着解决当代人类面临的难题的重要启示。”对于传统文化中适合于协调社会关系和鼓励人们向上向善的内容，要结合时代条件加以继承和发扬，赋予其新的含义。要注重展现中华文明深厚底蕴、展示中华的独特魅力，推动中华文明创造性转化和创新性发展，激活其生命力，让收藏在博物馆里的文物、陈列在广阔大地上的遗产、书写在古籍里的文字都活起来，让中华文明同世界各国人民创造的丰富多彩的文明一道，为人类提供正确的精神指引和强大的精神动力。

讲中国和平发展的底线思维。树欲静而风不止。要谋和平发展、谈包容合作、求多方共赢，但也必须清醒地意识到前进的道路不会风平浪静，还会有各种各样的艰难险阻。在党的十九大报告中，习近平总书记强调："中国坚定奉行独立自主的和平外交政策，尊重各国人民自主选择发展道路的权利，维护国际公平正义，反对把自己的意志强加于人，反对干涉别国内政，反对以强凌弱。中国决不会以牺牲别国利益为代价来发展自己，也决不放弃自己的正当权益，任何人不要幻想让中国吞下损害自身利益的苦果。"对涉及国家主权、安全和发展的核心利益必须划出红线、亮明底线，坚决维护国家统一、维护领土主权和海洋权益。要敢于斗争、敢于亮剑，以斗争求团结、以斗争保和平，以斗争捍卫发展成果，努力做到有理有利有节。

2. 做好中国方案

写好新剧本、当好新角色、做好中国方案，构建以合作共赢为核心的新型国际关系，统筹推进中外人文交流所涉及的各个领域工作，向世界提供大规模、高质量的人文公共产品，形成一批具有中国特色、国际影响的人文交流品牌。中国在由大向强发展的关键阶段，面临着如何写好新剧本、当好新角色、担好新责任的全新课题。要做好新时代中外人文交流工作，就必须紧紧围绕这个重大课题，统筹谋划各项工作，创新交流机制，扩大合作领域，抓住重点，整体推进。

写好中国剧本。为了把中外友好的桥梁筑得更宽更牢，已建成的中美、中俄、中英、中法、中印尼、中南非、中德等高级别人文交流机制，与世界其他国家和地区的人文交流也日益深化，交流领域涵盖了教育、科技、文化、卫生、体育、妇女、青年、传媒、电影和智库等各个方面，中外人文交流的立体发展格局正在形成。当前需要紧紧围绕党和国家的中心工作，统筹国内国际两个大局，坚持"走出去"和"引进来"双向发力。突破固有模式，创新内容手段形式，加强宏观设计，在完善中外人文交流布局、提升政策设计针对性、加强平台渠道建设、创新内容形式等方面下功夫。针对构建人类命运共同体的现实需求，努力提出解决热点问题的新理念、新倡议、新方案，彰显负责任大国形象。高度重视与不同国家的中外人文交流方案设计的差异化，创新高级别和重点人群人文交流机制，巩固传统优势品牌、打造新品牌和创立国际知名品牌，健全全社会广泛参与的体制机制。

铺好教育基础。中外友好的根基在民众，希望在青年。教育是千秋大业，是赢民心、出思想、抓工作的基础，同科技、文化、青年、智库等各领域中外人文交流工作密不可分，其本身也是中外人文交流工作开展的重要方面。要以深入做好中外留学、合作办学、人才引进、协同创新、汉语教学、文化传播、会议研讨等工作为重点，通过扩大教育双向开放，增进各国学生对人类各种知识和文化的认知、对各民族现实奋斗和未来愿景的体认，积极引导他们树立世界眼光、增强合作意识，确立为人类和平与发展贡献智慧和力量的远大志向。鼓励大中小学利用自身优势主动担当中外人文交流重要主体作用，开辟多种语言文化交流渠道，强化“互联网＋语言教学＋人文交流”，重点支持汉语、中医药、民俗、武术、美食等代表性项目“走出去”，做大做强孔子学院等品牌。

建好“一带一路”。习近平总书记着眼构建全方位对外开放格局、促进各国共同繁荣提出的“一带一路”重大倡议，已经成为中国迄今向世界提供的最重要、最成功的公共产品，必将进一步有效推动全球经济再出发、实现经济全球化再平衡。“一带一路”倡议的出发点，是实现沿线各国共同发展繁荣，加强不同文明交流互鉴，促进世界和平发展，给地区国家带来实实在在的利益，为古老的欧亚大陆开创出新的生机。2017 年 5 月 14 日，在“一带一路”国际合作高峰论坛欢迎宴会上，习近平总书记提出了“一带一路”建设的“四个承载”：承载着中国人民对文明交流的渴望，承载着我们对和平安宁的期盼，承载着中国人民对共同发展的追求，承载着中国人民对美好生活的向往。首推文明交流，就是因为“一带一路”是“一条贸易之路，更是一条友谊之路”。“‘一带一路’延伸之处，是人文交流聚集活跃之地。”要积极倡导以和平合作、开放包容、互学互鉴、互利共赢为核心的丝路精神，既要把互联互通作为重点领域，在完善基础设施互联互通网络的同时，加强政策、规制、标准等方面的“软联通”，又要坚持经济合作同人文交流双轨并进，推动沿线各国跨越不同地域、不同民族、不同文化、不同信仰，把沿线支点国家作为中外人文交流优先方向。使者相望于道，商旅不绝于途，民众相亲相交。只要相向而行，心连心，不后退，不停步，终能迎来路路相连、美美与共的那一天。

3. 传播好中国声音

在过去的5年里，习近平总书记身体力行遍访五大洲不同类型国家以及主要国际和区域合作组织，与各国领导人、各界人士和社会民众广泛深入接触和交流，讲述中外互利合作的典型事例和人民交往的友好佳话，强调和各国人民结伴而行、共创美好未来的重大意义。习近平总书记在对外交往中坚持以理服人、以情感人、取信于人，不仅提出了新理念、采取了新举措，而且传播了好声音，展现了新风采、赢得了新赞誉，拉近了中国人民与其他国家人民的距离，使彼此更友善、更亲近、更认同、更支持。

——坚持以理服人：既努力办好中国的事情，又深入阐释好中国故事背后蕴含的中国逻辑，达到解疑释惑、增信释疑的效果。习近平总书记指出："纵观人类历史，把人们隔离开来的往往不是千山万水，不是大海深壑，而是人们相互认知上的隔膜"，而且"偏见往往最难消除"。针对国际社会存在的各种偏见，要切实加强国际传播能力建设，精心构建对外话语体系，讲好中国故事，传播好中国声音，阐释好中国特色，引导国际社会正确对待中国发展。

一是要有的放矢地讲。就是针对外国领导人和社会公众对中国改革发展稳定、内政外交国防、治党治国治军理念和实践的种种疑问乃至质疑，做出积极正面、富有说服力的回答。比如，针对美国有人说"中国搭美国便车"的论调，习近平总书记郑重提出："欢迎大家搭乘中国发展的列车，搭快车也好，搭便车也好，我们都欢迎。"他还强调，正确观察中国必须坚持"两个要看"和"两个更要看"。他说，中国的发展成就，是中国人民几十年含辛茹苦、流血流汗干出来的。观察中国发展，要看中国人民得到了什么收获，更要看中国人民付出了什么辛劳；要看中国取得了什么成就，更要看中国为世界做出了什么贡献。这才是全面的看法。

二是有所助益地讲。就是通过多种方式把中国古代先贤和当代中国共产党人在治国理政中的成功做法、有益经验、政治智慧，介绍给其他国家领导人和社会公众，帮助他们准确了解中国的理论、路线、方针、政策。比如，习近平总书记在2014年APEC领导人非正式会议上指出，这次会议举办地在燕山脚下、雁栖湖畔，这儿有水有山，大家可以智者见智、仁者见仁，共商亚太发展大计，共谋亚太合作愿景。他还由此引申说道，在中国传统政治智慧中，仁者如山之稳重有容，智者如水之灵动敏捷，仁智结合则体现了当代中国共产党人治国理政的政治智慧。

三是设身处地地讲。就是通过换位思考，站在对方立场和情感上来说清道理、表达情感。比如，习近平总书记在参加索契冬奥会接受记者专访时，专门介绍了中国人在20世纪之初提出的“奥运三问”，即中国人什么时候能够派运动员去参加奥运会、中国运动员什么时候能够得到一块奥运金牌、中国什么时候能够举办奥运会。他表示，这3个愿望到2008年北京奥运会成功举办时已经全部实现了。中国人民因此完全能够理解和分享俄罗斯人民对举办索契冬奥会的喜悦心情。

四是不厌其烦地讲。就是对于普遍关注而又事关重大的问题，要举一反三、翻来覆去地讲。从实际效果看，讲总比不讲好，多讲总比少讲好。比如，这些年来，随着中国的快速发展，世界上不少人对崛起中和崛起后的中国政策走向有所疑虑。为此，习近平总书记在重要外事场合，几乎是逢会必讲中国为什么和怎么样坚定不移地走和平发展道路的道理。他反复强调：中国维护世界和平的决心不会改变，促进共同发展的决心不会改变，打造伙伴关系的决心不会改变，支持多边主义的决心不会改变，向世界传达出了中国坚定不移走和平发展道路的信心和决心。

五是形象生动地讲。就是为了达到讲者愿讲、听者乐听的效果，大量采用比喻、比兴、引用等手法，向外国领导人和社会公众传递鲜活的信息。比如，习近平总书记在谈及战争与和平问题时，多次把战争比喻为“魔鬼和梦魇”，把和平比喻为“空气和阳光”，强调“一切有良知、爱好和平的人们都应该行动起来，共同制止战争、维护和平”。他在2014年APEC领导人非正式会议期间，在谈及实现亚洲国家联动发展的重要意义时，把亚洲各国比喻成“一盏盏明灯”，强调“只有串联并联起来，才能让亚洲的夜空灯火辉煌”。他在2017年5月召开的“一带一路”国际合作高峰论坛圆桌峰会上又强调，大雁之所以能够穿越风雨、行稳致远，关键在于其结伴成行，相互借力。这为合作应对挑战、实现更好发展揭示了一个深刻道理。

六是坦然坦诚地讲。就是本着“心诚则灵”的道理，在直面矛盾中坚持以心换心、以心交心。比如，在2014年APEC会议召开前，有些国际舆论把焦点放在北京严重雾霾上。对此，习近平总书记在会议上坦然地指出：“这几天我每天早晨起来以后的第一件事，就是看看北京空气质量如何，希望雾霾小一些，以便让各位远方的客人到北京时感觉舒适一点。好在是人努力天帮忙啊，这几天北京空气质量总体好多了。”当然，“也有人说，现在北京的蓝天是 APEC 蓝，美好而短暂，过了这一阵就没了，我希望并相信通过不懈的努力，APEC 蓝能够保持下去”。

——坚持以情感人：构建人类命运共同体，不仅要强化利益共同体的支撑，而且要强化情感共同体的润泽。习近平总书记在对外交往中，不仅注重同其他国家领导人的深入沟通和相互了解，而且重视面向社会各界的情感交流和心灵沟通。

一是这样的情感通过对个人亲身经历的回顾得到了生动表达。这包括：在谈话和演讲中回顾自己若干年前到访该国时的经历和感受，同过去相识的老朋友共忆往事、共叙友情，有意识地谈及个人对了解往访国家风土人情的期待和同当地民众深入交流的愿望，以及触景生情谈及个人以往的人生经历，等等。比如，2015 年 9 月，习近平总书记在华盛顿州当地政府和美国友好团体联合欢迎宴会上的演讲中，就深情地回忆起自己当年在陕西省延安市梁家河村插队当农民的经历与感想，并通过这样一个小村庄的今夕对比，让外国友人在“窥一斑而知全豹”中，感受到中国在改革开放前后发生的历史性变化，进而产生情感上的同频共振。

二是这样的情感通过发自内心的感恩、感激之情得到了生动表达。比如，2015 年 9 月 3 日，习近平总书记在纪念中国人民抗日战争暨世界反法西斯战争胜利 70 周年招待会上的讲话中强调，中国人民永远不会忘记，世界上爱好和平与正义的国家和人民、国际组织对中国人民抗日战争给予的宝贵支持。他还具体列出加拿大医生白求恩、印度医生柯棣华不远万里来华救死扶伤，法国医生贝熙叶开辟运输药品的自行车“驼峰航线”，德国的拉贝、丹麦的辛德贝格在南京大屠杀中千方百计保护中国难民，英国的林迈可、国际主义战士汉斯·希伯等记者积极报道和宣传中国抗战壮举，以及战争后期苏联红军开赴中国东北战场同中国军民一道对日作战等生动事例，充分表明了中国人民是懂得感恩、记得回报的人民。

三是这样的情感通过与不同国度文化的共鸣得到了生动表达。这包括：在解读世界范围内兴起的“寻根热”和姓氏文化上的共鸣，在世人和国人普遍关注的服饰文化、建筑文化和足球文化、国旗文化上的共鸣，以及在茶文化和啤酒文化上的共鸣等。比如，2014 年 4 月，习近平总书记在比利时布鲁日欧洲学院的演讲中谈到，中国是东方文明的重要代表，欧洲则是西方文明的发祥地。

正如中国人喜欢茶而比利时人喜爱啤酒一样，茶的含蓄内敛和酒的热烈奔放代表了品味生命、解读世界的两种不同方式。但是，茶和酒并不是不可兼容的，既可以酒逢知己千杯少，也可以品茶品味品人生。

四是这样的情感还通过中外人民友好交往的感人故事得到了生动表达。这方面的例子不胜枚举。比如，2014 年 6 月，习近平总书记在中阿合作论坛第六届部长级会议开幕式上的讲话中，又列举了他曾经工作过的浙江，在阿拉伯商人云集的义乌市，一位名叫穆罕奈德的约旦商人开了一家地道的阿拉伯餐馆，既在义乌的繁荣兴旺中收获了事业成功，又同中国姑娘喜结连理，把根扎在了中国的喜人故事。这样的故事，就是中国人民与世界各国人民在开放包容、交流互鉴中结出的心心相印、息息相通的梦想之花。

——坚持取信于人：既登高望远，又脚踏实地，就是既要顺应时代潮流，做好顶层设计，又要有序推进，争取早期收获。党的十八大以来，习近平总书记不仅在党内国内反复强调实干兴邦和徙木立信的道理，而且在对外交往中也一再声明，中国人讲求言必信、行必果。他不仅提出了周边外交的基本方针，即坚持与邻为善、以邻为伴，坚持睦邻、安邻、富邻，突出体现亲、诚、惠、容的理念，而且强调，中国要首先身体力行这些理念，使这些理念成为其他国家和地区遵循和秉持的共同理念和行为准则。他不仅提出了构建中美新型大国关系的战略构想，而且强调，构建中美新型大国关系是一种使命和责任，中美双方要用积土成山的精神，一步一个脚印，携手推进新型大国关系建设，努力开创中美关系更加美好的明天。他不仅提出了“一带一路”倡议，而且强调，要让沿线国家得益于中国发展，并对中国更认同、更亲近、更支持。

五、 中外人文交流的重大意义

“中国梦既是中国人民追求幸福的梦，也同世界人民的梦想息息相通。中国将在实现中国梦的过程中，同世界各国一道，推动各国人民更好实现自己的梦想。”中外人文交流推动人类文明共同体的构建，开辟了 21 世纪马克思主义发展新境界。站在“中国特色社会主义进入了新的发展阶段”的历史坐标，从人类发展大潮流、世界变化大格局、中国发展大历史来认识、把握中外人文交流的重大意义。

1. 世界困惑中的中国方案

习近平总书记指出：“不仅要看到我国发展对世界的要求，也要看到国际社会对我国的期待。”中国的发展得益于国际社会，也愿为国际社会提供更多公共产品。进入21世纪以来，中国与世界的关系发生了根本性变化。今天，中国“前所未有地靠近世界舞台中心，前所未有地接近实现中华民族伟大复兴的目标，前所未有地具有实现这个目标的能力和信心”。要始终坚持和平与发展这个时代主题，始终秉持共商、共建、共享的全球治理观，加强同各国的友好往来，同各国人民一道，不断推进人类和平与发展的崇高事业。

“求木之长者，必固其根本。寻求治本之道，始终是我们的目标。”面对当今世界“中国之治”与“西方之乱”的鲜明对照，习近平总书记高瞻远瞩地提出“构建人类命运共同体，实现共赢共享”的治本之道。这是对马克思主义关于全人类解放思想的继承与发展。马克思认为，实现全人类解放，和平方式和暴力革命这两种方式皆为手段，应见机行事，顺势而为。习近平总书记摒弃零和博弈的迂腐思维模式，传承中国传统的相处之道，统筹国内国际两个大局，强调中国“始终做世界和平的建设者、全球发展的贡献者、国际秩序的维护者”，主张以新文明观携手各国共同塑造国际新秩序、共同维护国际安全、共同构建人类命运共同体。

中外人文交流就是对如何构建人类命运共同体做出的创造性回答。以人文交流铺展的民心相通之路，遵循“天下兼相爱则治，交相恶则乱”的理念，发扬“不患人之不己知，患不知人也”的精神，“通过争取和平国际环境发展自己，又以自身发展维护和促进世界和平”，促进中国梦和各国人民的梦相通相融。

回顾过去，中国人民之所以能够完成近代以来各种政治力量不可能完成的艰巨任务，就在于始终把马克思主义这一科学理论作为行动指南，并坚持在实践中发展了马克思主义，坚定了中国特色社会主义道路，丰富了中国特色社会主义理论体系，完善了中国特色社会主义制度。作为马克思主义中国化的最新重大成果，中外人文交流的提出为解决世界困惑贡献了中国方案。

2. 多元文明中的共同价值

“夫物之不齐，物之情也。”多样性是万物的本然，也是共生的基本前提。万物并育而不相害，道并行而不相悖。如何得以并育而不相害、并行而不相悖，这才是根本。从中国古代的“和”“合”“义”等优秀传统理念和“己所不欲，勿施于人”等人与人交往的朴素实践，习近平总书记提炼出“共赢”：“世界命运应该由各国共同掌握，国际规则应该由各国共同书写，全球事务应该由各国共同治理，发展成果应该由各国共同分享。”

在共商、共建、共享过程中，培育人类命运共同体意识。其所蕴含的公平、正义、民主等价值也是西方价值体系的核心内容。所以，“己所不欲，勿施于人”被法国启蒙思想家伏尔泰誉为“最纯粹的道德准则”，早在18世纪末就被写入法兰西《人权宣言》。而且，国际社会把“己所不欲，勿施于人”视为处理国家之间关系的“黄金法则”，镌刻在联合国总部大厅墙上。由此形成的“构建人类命运共同体”战略构想也在国际社会激起共识，被包括联合国在内的政府间国际组织纷纷纳入各种决议。推进中外人文交流，不仅“各美其美”，而且“美人之美，美美与共”，实现人类命运共同体的构建。习近平总书记有关中外人文交流的论述本着对全人类命运的深切关怀，为解决人类问题贡献了中国智慧。

3. 自主发展中的互补共赢

国际经济合作和竞争环境发生的深刻变化、全球经济治理体系和规则面临的重大调整，为中国的发展提供了机遇，也提出了挑战。在深刻总结历史经验教训基础上，习近平总书记得出这样的结论：“维护世界和平也好，促进各国共同发展也好，关键是要让各国人民充分认识和平与发展对人类的意义。”发展是滔滔大势，而发展首先体现在经济上，中国坚定不移推动经济全球化朝着更加开放、包容、普惠、平衡、共赢的方向发展，坚决维护多边贸易体制，作为核心动力引擎着世界经济的复苏，负责任大国的作用正在彰显。

中国方案与中国智慧坚持多渠道交流、差异化发展，允许和鼓励各国走自己的路，同时以身作则、率先垂范，在基础设施建设、自由贸易和金融体系保障等方面凸显中国贡献。中国成功实现了与发达国家的优势互补，正在共同探索新时代的大国相处之道；当很多发展中国家饱受资金缺口困扰，基础设施建设停滞之时，中国倡议和参与亚洲基础设施投资银行、丝路基金、金砖国家新开发银行等，为这些国家的发展注入新动力；在个别国家食言而肥，全球应对气候变化努力遭遇挫折之际，中国力挽狂澜，成为确保《巴黎气候变化协定》贯彻落实的定海神针。

“中国人民愿意同各国人民在实现各自美好梦想的过程中相互支持、相互帮助，中国愿意同各国共同发展、共同繁荣。”要增强引领商品、资本、信息等要素全球流动的能力，推动形成对外开放新格局，增强参与全球经济、金融、贸易规则制订的实力和能力，在更高水平上开展国际人才交流合作，在更广泛的利益共同体范围内参与全球治理，实现共建共享共赢的发展。

4. 伟大事业中的道路自信

在党的十九大报告中，习近平总书记指出："中国特色社会主义进入新时代，意味着近代以来久经磨难的中华民族迎来了从站起来、富起来到强起来的伟大飞跃，迎来了实现中华民族伟大复兴的光明前景；意味着科学社会主义在二十一世纪的中国焕发出强大生机活力，在世界上高高举起了中国特色社会主义伟大旗帜；意味着中国特色社会主义道路、理论、制度、文化不断发展，拓展了发展中国家走向现代化的途径，给世界上那些既希望加快发展又希望保持自身独立性的国家和民族提供了全新选择，为解决人类问题贡献了中国智慧和中国方案。"这"三个意味着"，深刻揭示了中国特色社会主义不断开辟发展新境界的历史意义、时代意义、世界意义，增强了道路自信、理论自信、制度自信、文化自信。

社会主义的本质属性决定了中外人文交流应从中国和世界人民的根本利益出发。"中国人始终认为，世界好，中国才能好；中国好，世界才更好。"中国特色社会主义既要解决中国问题，也要积极参与全球治理，主动承担国际责任，为解决人类问题尽力而为、量力而行，以中外人文交流为纽带，夯实构建人类命运共同体的社会根基。

习近平总书记有关中外人文交流的论述立足于中国特色社会主义道路，为深化新时代中外人文交流工作注入了思想动力，为把握构建人类命运共同体这一重大战略构想提供了科学指引，为推进中国特色社会主义伟大事业构筑了国际民心长城。

大道之行，天下为公。中国梦是和平、发展、合作、共赢的梦，与世界各国人民的美好梦想相通。在习近平新时代中国特色社会主义思想指引下，中国始终高举和平、发展、合作、共赢的旗帜，始终肩负着为中华民族谋复兴和为人类文明谋进步的双重伟大使命，始终与各国人民同心协力构建持久和平、普遍安全、共同繁荣、开放包容、清洁美丽的人类命运共同体。回望 G20 杭州峰会主题晚会《最忆是杭州》，选取的是《春江花月夜》《采茶舞曲》《梁祝》《高山流水》《天鹅湖》《月光》《我和我的祖国》《难忘茉莉花》等 9 首曲目，艺术地表达了天地和谐、知音相遇、热爱祖国、热爱劳动，以及对自由、和平和爱情的真挚情感，向国际社会展现了一幅"各美其美、美人之美、美美与共、天下大同"的瑰丽画卷。这正是加强同世界各国人文交流、促进不同文明包容互鉴的本源。深入学习领会习近平总书记有关中外人文交流的论述，就是要做好新时代中外人文交流工作，坚持“以我为主，兼收并蓄”的原则，以促进中外民心相通和文明互鉴为宗旨，倡导多彩、平等、包容的新文明观，构建人类命运共同体，为进行伟大斗争、建设伟大工程、推进伟大事业、实现伟大梦想营造和平的国际环境和稳定的国际秩序。

（陈子季　马陆亭　俞　可　撰稿）

三　办人民满意教育的根本保障

1　新时代中国教育改革内在逻辑与政策建议

从 1978 年到 2018 年，中国改革开放 40 周年，经济社会发展和教育发展取得举世瞩目的伟大成就。党的十九大报告明确指出："坚持全面深化改革。只有社会主义才能救中国，只有改革开放才能发展中国、发展社会主义、发展马克思主义。必须坚持和完善中国特色社会主义制度，不断推进国家治理体系和治理能力现代化，坚决破除一切不合时宜的思想观念和体制机制弊端，突破利益固化的藩篱，吸收人类文明有益成果，构建系统完备、科学规范、运行有效的制度体系，充分发挥我国社会主义制度优越性。"① 报告将建设教育强国作为实现中华民族伟大复兴的基础工程，标志着中国教育正在进入从教育大国向教育强国转变的新时代。

在中国教育制度体系不断完善、教育总体发展进入世界中上行列的关键时期，中共中央办公厅和国务院办公厅于 2017 年正式发布的《关于深化教育体制机制改革的意见》，成为指导新时代中国教育改革新纵深发展、实现教育治理的

---

①习近平. 决胜全面建成小康社会夺取新时代中国特色社会主义伟大胜利——在中国共产党第十九次全国代表大会上的报告［M］. 北京：人民出版社，2017：21.

重要文献。

一、 新时代中国教育改革的内在逻辑

1978年，邓小平同志领导中国人民正式开启了改革开放伟大事业。2018年，中国教育改革进入第40个年头，党的十九大开启中国特色社会主义建设和改革开放的新时代。在全面建成小康社会和中华民族伟大复兴的大背景下，新时代教育改革具有四大逻辑：战略逻辑、发展逻辑、治理逻辑和技术逻辑。

第一，建设教育强国是新时代中国教育改革的战略逻辑。1949年后中国教育发展阶段按其特征可以划分为四个时期：一是穷国办大教育；二是大国办大教育；三是大国办强教育；四是强国办强教育，即未来的现代化强国举办更强大的教育。中国教育经历了从跟随者到并行者的转变，教育发展水平已经进入中高水平国家行列，实现了对发达国家的局部赶超；中国未来还要实现从并行者向领跑者的转变，实现教育强国和人力资源强国的目标。党的十九大报告提出，“建设教育强国是中华民族伟大复兴的基础工程”①。总体上判断，我国教育发展正处于大国办强教育的发展阶段——这是中国教育实现从大到强、建设教育强国的新时代，这是中国教育服务于更高层次开放型经济的新时代，这是中国人民享受世界水平现代化教育的新时代，这是中国教育逐步走向世界舞台中央的新时代。

第二，供给侧结构性改革是新时代中国教育改革的发展逻辑。党的十九大报告明确指出：“以供给侧结构性改革为主线，推动经济发展质量变革、效率变革、动力变革”。中国经济转型发展需要教育转型发展。《国家教育事业发展“十三五”规划》明确指出：“必须把教育的结构性改革作为主线，主动适应经济社会发展和人民群众的需求。统筹利用好、布局好各类教育资源，突出保基本、补短板、促公平，公共教育资源配置向薄弱地区、薄弱学校、薄弱环节和困难人群倾斜，推动区域、城乡协调发展，着力提高基本公共教育服务的覆盖面和质量水平。”② 教育供给侧改革的重要方面，是提高教育质量、推进教育内涵发展的重要路径。从“有学上”到“上好学”，从规模增长到质量提升，从外延扩张到内涵发展，这是以需求为导向的中国教育改革内在要求。

---

①习近平. 决胜全面建成小康社会夺取新时代中国特色社会主义伟大胜利——在中国共产党第十九次全国代表大会上的报告［M］. 北京：人民出版社，2017：45.

②国家教育事业发展“十三五”规划［EB/OL］. http：//www. gov. cn/zhengce/content/2017－01/19/content _ 5161341. htm.

第三，构建完善的制度体系是新时代教育改革的治理逻辑。完善的制度体系是现代化的重要标志，也是建设教育强国的重要支持和保障。“全面深化改革的总目标是完善和发展中国特色社会主义制度，推进国家治理体系和治理能力现代化。”[①] 教育体制机制改革，加快推进教育治理体系和治理能力现代化，是新时代教育改革的核心任务，也是实现教育现代化的关键。未来一个时期，我国要建立更加完善的教育法律法规体系，形成比较完整的中国特色的教育法律体系；健全完善具有世界水平的教育质量评估指标体系，覆盖全国各级各类教育质量监测评估体系；完善学校内部质量控制机制，推进学校不断改进教学过程；建立教育教学监测反馈机制，实现常态化的人才培养质量跟踪监测；完善标准化、制度化、法治化的教育投入保障机制，构建促进教育强国建设的教育资源配置机制；高度重视治理能力建设，建立多元参与、共建共享的协同治理新机制。

第四，以互联网大数据为依托是新时代中国教育改革的技术逻辑。科学技术在教育领域的普及和运用，极大地促进了教育公平，提高了人类受教育水平。实施国家大数据战略，加快建设数字中国，成为中国未来发展的重要趋势，信息技术将为未来教育发展带来系统性机遇和系统性挑战。在互联网和大数据背景下，学习者可以自由地选择自己的学习方向、学习内容、学习时间和学习进程。在教育教学改革过程中，选课走班逐步推广开来，适应学生个体需要的个性化学习成为重要形态。同时，我们要高度警惕优质教育资源的极权化，增加学习资源的选择性、多样化和普惠性。现代科学技术要素更加便捷而迅速地融入教育、学校、课堂，在扩大优质教育的同时，也可能会进一步拉大国家、区域、学校和人群教育发展差距。为保证社会公平和正义，必须从整体上缩小教育发展区域差距、校际差距和人际差距，推进城乡义务教育一体化发展，实现农村学校科学发展，使绝大多数城乡新增劳动力接受高中阶段教育、更多接受高等教育，促进人的全面发展和个性发展。

简而言之，根据新时代中国教育改革的内在逻辑，我们可以得到一个重要结论：改革开放 40 年是一个长周期，教育改革正处于从第一个长周期向第二个长周期转换的重要节点上。第一个长周期的核心任务是扩大资源、聚集能量，其标志是追求教育规模的增长；第二个长周期的核心任务是释放能量、扩大影

---

①《中共中央关于全面深化改革若干重大问题的决定》辅导读本［M］. 北京：人民出版社，2013：3.

响，其标志是顺应国家经济进入质量阶段，实现教育高质量发展。首先，宏观改革依然重要，但更为重要的是加强教育微观系统改革，微观系统改革将有利于激发学校的办学活力，促进和拉动整体改革。其次，在互联网、大数据和虚拟现实技术的催生下，新型学校文化、课堂文化、教师文化和学习文化将逐步生成。最后，教育改革进入深水区，更加需要坚定改革决心，凝练和提升中国教育改革，真正实现中国教育改革的道路自信、理论自信、制度自信和文化自信。

二、中国教育改革“深水区”分析

中共中央办公厅、国务院办公厅《关于深化教育体制机制改革的意见》明确指出，深化教育体制机制改革的主要目标是：到2020年，教育基础性制度体系基本建立，形成充满活力、富有效率、更加开放、有利于科学发展的教育体制机制，人民群众关心的教育热点难点问题进一步缓解，政府依法宏观管理、学校依法自主办学、社会有序参与、各方合力推进的格局更加完善，为发展具有中国特色、世界水平的现代教育提供制度支撑。习近平总书记强调，改革在中国只有进行时，没有完成时。当前，中国改革已进入深水区，牵一发而动全身，要敢于啃硬骨头。我们的改革是全面改革，包括经济、政治、文化、社会、生态文明领域，还包括中国共产党自身建设制度改革。我们已经做出了顶层设计，提出了时间表和路线图，正在逐项落实。① 目前，教育改革已经进入深水区，其“深”的内涵和标志是什么？

一是“深”在思想观念。改革从冲破传统观念开始，通过改革人们树立了改革开放、社会主义市场经济、教育现代化、教育国际化等方面的新思想和新理念。改革只有进行时，没有完成时。没有一成不变的正确思想和正确理论，解放思想、与时俱进永远是一个新课题和新境界。一时正确的认识，不一定永远正确；一时做得对的事情，不一定应该永远做下去，不存在一成不变而又放之四海皆准的改革模式。随着改革的深入和发展，人们所谓的正确认识有可能会固化甚至僵化，以至不能适应教育改革发展的新挑战和新需求。只有持续不断地深化和完善人类的认识，才能客观、科学和准确地认识和把握改革开放的现实与未来。

---

①人民网. 习近平：改革已进入深水区 顶层设计在逐项落实［EB/OL］. http://finance.people.com.cn/n/2014/0330/c1004—24773487.html.

二是“深”在体制机制。体制机制的深刻变革是改革的核心内容。如果说，教育改革 40 年的核心任务是聚焦政府、社会和民间资源将中国教育做大的话，那么未来，即到 2035 年，中国教育改革和教育发展的重点将是要实现从教育大国向教育强国、从人力资源大国向人力资源强国的战略转变。伴随着体制改革的变化，容易解决的问题都解决了，留下的是最难啃的骨头，特别是财政管理体制问题、教师编制问题和教师工资问题，都是制约教育改革深化的核心问题。政府有关部门需要动一下“自己的奶酪”，有的部门甚至需要革一下“自己的命”，才能持续推进教育整体改革，才能全面开启新时代，实现中国教育现代化新征程。

三是“深”在课堂教学。教育改革从宏观向中观延伸，从中观向微观不断深化，以往的整体动员、大规模整体作战、追求统一高效的改革模式和推进思路，不完全适应微观的课堂教学改革。微观领域的改革参与主体更多，形态多样，更加复杂，其特点及规律也更难以认识和把握。如果说，政府是管理体制、办学体制、投资体制改革的主体，那么学校就是内部管理体制改革的主体，教师是课堂教学改革的主体，学生则是学习方式改革的主体。教育需要进入以质量为基准的时代，但是我们仍然缺少有效的教育质量标准。教育质量和课堂质量参与者——教师和学生在学习过程中的主体地位还没有得到牢固确立。提高教育质量，不仅需要激发教师教书育人的内在动力，更需要激发学生主动学习的内在动力。

四是“深”在资源配置。传统的教育资源配置方式，是适应教育公平和规模发展的方式，需要转变为适应提高教育质量和学习质量的资源配置方式。规模发展需要投入，提升教育质量更需要投入。实现教育改革模式转变是建设教育强国必须跨越的“门槛”。建设人力资源强国，需要转变教育发展模式，需要从“低投入—高产出—高效益—低质量”向“高投入—高产出—高效益—高质量”方向转变。我们还没有找出一条适应规模增长向质量提升的战略资源、政策资源、人力资源和财政资源配置方式。

从新时代中国教育主要矛盾分析，教育改革存在的不平衡不充分问题同样突出。一是改革不平衡。即教育宏观改革与微观改革不平衡，区域之间教育改革不平衡，各级之间教育改革不平衡。二是改革不充分。宏观改革政策与微观改革需求之间存在错位；教育系统改革期盼与教育外部系统改革之间存在错位。教育管理体制、办学体制、投资体制改革仍有很大空间；课程改革、教育改革、评价改革和考试改革还需要进一步深化。三是改革能力不足。重宏观设计，轻微观执行；重一般号召，轻重点推进；重项目推进，轻结果评估。在改革推进方面，习惯于在办公室里起草文件，主席台上念文件；不习惯深入学校虚心学习、深入调研和悉心指导。到了学校说官话、说大话、说外行话，做虚事、做表演、做外行事。四是改革理论建设薄弱。教育改革40年，理论建设相当不足；会实践探索，不会规律总结和理论提升，直接影响改革的预见性、自觉性和坚定性；不会用别人听得懂的语言、愿意接受的方式把中国教育故事讲出去。

三、教育改革应该实现“四个回归”

政府是教育改革的设计者和组织者，要切实落实政府在教育改革中的管理地位和主体责任，加强对教育改革的引导，做好教育改革规划设计，制定好改革文件，切实抓好政策到位、措施落地。同时，政府要把该管的事项切实管住管好，把该放的权力坚决放下去，构建政府、学校、社会之间的新型关系。在教育的主要矛盾从规模增长转到质量提升的大背景下，教育改革的主体责任需要从宏观领域下沉到微观领域，实现改革回归学校、教师、课堂和学生。

1. 教育改革回归学校

学校是办学的责任主体，更是教育改革特别是育人模式改革的主要力量。在科层体制之下，学校对自身发展中的主体地位缺少应有的尊重和重视。要研究制定《学校法》，进一步明确学校的法人地位，明确学校在自身发展和改革中的主体地位。依法落实学校办学自主权。深化放管服改革，校长有权制订发展规划、统筹学校资源，协同推进学校管理、教师发展、课程建设和教学改革，探索社会参与学校管理的体制机制。改革传统的学校发展和建设模式，积极探索未来学校建设的理论、思路、模式与路径。学校要率先成为学习型组织，为社会构建一种新型的学习型文化，促进人的可持续发展和人力资源的可持续开发。

2. 教育改革回归教师

教师是课堂的责任主体，更是一个国家或地区教育质量的核心要素。没有一流的教师，不可能有一流的教育质量；没有教师主体的积极参与，不可能有成功的教育教学改革。《国家教育事业发展“十三五”规划》强调：“改革创新是发展的根本动力。要不断深化教育综合改革，将顶层设计和实践探索有机结合，充分调动基层特别是广大学校、师生的积极性、主动性和创造性，创新体制机制和人才培养模式。”[1] 尊重教师在教育改革中的首创精神，倡导大师授课，开设名师学堂，鼓励教师积极参与教育教学改革，探索科学育人和人才成长规律。

3. 教育改革回归课堂

课堂改革是一场根本性的变革。一切教育改革措施，必须落实到课堂，才能对教育培养模式、教育质量和学生发展发挥直接作用。要努力构建 21 世纪学习需求的教室，使其成为一个充满学习力和创造力的学习空间。未来的课堂可以让学生参与式构建，每个教室各具特色，更加开放，更有温度，更富文化气息，更富有个性和生命活力，为学生发展提供更多的个性化支持。互联网、大数据等新技术不断创新加速，直接影响教学方式和学习方式。让现代技术自然融于校园、课堂和生活，为学生创造沉浸式体验方式和即时反馈机制。

4. 教育改革回归学生

学生是一个宽泛的概念，包括正规、非正规和非正式领域的所有学习者。学习者是教育改革的服务对象、最大受益者，更是学习的责任主体。离开了学习者主体作用的发挥，根本谈不上教育质量和学习质量。教育的目的不是学会知识，而是学习思维方式。学习是一种极具个性化的行为，学生是学习的主人，教师是学习的组织者、合作者和引导者。要让学生回归课堂主人地位，把学习的选择权、决定权还给学习者，特别是要还给学生。让学生具有健康的体魄、完整的人格和健全的头脑，学会思辨、学会表达、学会学习、学会创造，培养学生高级思维、互相合作、应用信息和持续创新的能力，学校和各类教育机构要为学习者提供优质的学习资源，真正实现时时学习、处处学习和人人学习，建设学习大国，建成学习型社会。

总之，必须构建多主体参与的教育改革新机制，依法、科学、有序、有效地推进教育改革。

四、 新时代中国教育改革战略建议

中国已经进入社会主义的新时代，教育改革发展也要进入新时代。新时代社会主义教育的总任务是实现教育现代化，建设教育强国。2012 年 11 月 15 日，习近平总书记和新一届中央领导集体在与中外记者见面时指出：“我们的人民热

---

①国家教育事业发展“十三五”规划［EB/OL］. http：//www. gov. cn/zhengce/content/2017－01/19/content _ 5161341. htm.

爱生活，期盼有更好的教育、更稳定的工作、更满意的收入、更可靠的社会保障、更高水平的医疗卫生服务、更舒适的居住条件、更优美的环境，期盼孩子们能成长得更好、工作得更好、生活得更好。人民对美好生活的向往，就是我们的奋斗目标。”① 教育改革要紧紧围绕人民群众对美好生活的需要与不平衡不充分发展的主要矛盾，加以战略设计、科学组织和精心实施。2016 年 4 月 18 日，习近平总书记在中央全面深化改革领导小组第二十二次会议上明确指出：“把以人民为中心的发展思想体现在经济社会发展各个环节，做到老百姓关心什么、期盼什么，改革就要抓住什么、推进什么，通过改革给人民群众带来更多获得感。”②

第一，逐步实现中国教育改革战略重点转移。新时代改革要紧扣时代主题，为建设教育强国，为发展中国特色、世界水平的现代化教育服务。教育改革的重点将实现从管理体制、办学体制和投资体制改革，逐步向教育教学改革、人才培养模式改革、课程教材改革和教育质量提升转变。结合新时代教育的新趋势、新使命和新任务，制定中国教育改革总目标、总任务、总体布局、战略规划和未来方向。

第二，政府要为教育改革提供“大服务”。伴随着教育改革重点的变化，教育改革的模式必须发生根本性变化。政府将由教育改革的设计者、组织者和指挥者转变为教育改革的指导者、合作者和服务者。政府要为以教育质量为导向的改革做好“大服务”，做好整体战略、提供政策支撑、提供资金支持，支持学校教育改革，为教育教学改革创设宽松良好的社会氛围。

第三，转变教育资源特别是经费配置模式。从长期而言，要改变传统的教育资源配置方式，构建与教育强国相适应的投资体制；改变以规模增长为主的传统教育投资方式，建立以人的发展为主的教育投资模式。未来教育经费要更多地投向学校、教师、课堂和学生。制定更加科学和便于操作的教育质量标准，建立基于教育质量标准的教育经费拨款方式。

第四，学校要走向教育教学改革的舞台中心。要确立学校教育教学改革的主体地位，学校是教育教学改革的主阵地，校长是教育教学改革最重要的领导者、组织者和参与者。鼓励学校运用现代技术，创新教学模式，探索提高质量

---

①习近平：人民对美好生活的向往就是我们的奋斗目标［EB/OL］. http：//news. xinhuanet. com/18cpcnc/2012－11/15/c_123957816. htm.

②习近平谈治国理政（第二卷）［M］. 北京：外文出版社，2017：103.

的途径与方法。高度重视薄弱学校教学设备配置和边远地区教育质量保障条件的投入。

第五，建立以学习者为中心的教育教学模式。建立全社会开放的学习系统，实现从封闭学习向开放学习的战略转变。以学习者为中心的核心是要以学习者为对象优化配置教育资源，建立从幼儿园、小学、初中、高中到大学“教育经费国家指导标准”。提供更加优质的学习资源，给予学习者特别是学生更多自由选择权，让个性化学习成为个性成长的重要环节和手段。

第六，建立以教育质量为导向的督导评估机制。教育质量的高低是评判教育改革是否成功的核心要素。完善教育督导体制，拓展督导内容与督导方式。教育督导机构要主动适应教育发展方式从规模增长向质量提升转变的大趋势，实现从督政为主向督学为主转变，将教育教学质量监测与评估作为督导的核心内容。依托现代信息技术和大数据，实现教育教学质量评估科学化、常态化、个性化和精准化。

第七，投资教师就是投资教育质量。要进一步提高教师准入标准，提高教师队伍整体素质。加强教师队伍培训，使教师率先成为终身学习者。进一步改革教师有效激励机制，建立能进能出的用人机制。提高教师工资总额占教育经费的比例，进一步提高教师待遇，实现不低于或高于当地公务员收入的目标。建议教育行政部门在全国选择 5～10 个县进行教师工资制度改革试点。

第八，改革需要思想沉淀和理论创新。改革是手段，不是目的。改革需要持续创新，也需要文化积淀和理论提升，要发掘教育改革实践规律，总结改革经验，形成改革理论。制定中国教育质量标准，为世界教育质量提升提供范本。建立多样化的教育质量标准，教育发展要以供给侧结构性改革为契机，全面改革人才培养模式和培养方式，培养千百万创新型、复合型和技能型人才，以高端人力资源开发为重点，为产业结构调整和经济发展培育新动能。

（高书国　撰稿）

2 新时代教育优先发展战略的着力点

习近平总书记在党的十九大报告中明确提出：中国特色社会主义进入新时代，我国社会主要矛盾已经转化为人民日益增长的美好生活需要和不平衡不充分的发展之间的矛盾。这是一个非常重大而科学的政治论断，对正确认识新时代教育优先发展战略具有十分重大的意义。教育是民族振兴、社会进步的基石，是促进人的全面发展、开发利用人力资源的根本途径，寄托着亿万家庭对美好生活的期盼。改革开放之初，我们党做出我国正处在社会主义初级阶段的科学论断，明确我国社会主要矛盾是人民日益增长的物质文化需要同落后的社会生产之间的矛盾。从那以后，我国大力发展各级各类教育，着力破除落后的人力资源开发与利用的体制机制障碍，充分发挥人力资源作为第一资源，促进经济与社会发展的基础性作用，逐步确立教育优先发展的战略地位。

党的十八大以来，以习近平为核心的党中央高度重视并实施教育优先发展战略，我国教育事业取得历史性成就，发生了历史性变化，教育总体水平已进入世界中上行列。2017 年，我国学前教育毛入园率 79.6%。九年义务教育巩固率 93.8%，高中阶段毛入学率 88.3%，高等教育毛入学率 45.7%。我国教育供给与教育需求不断变化和调整，学前教育短板破除，九年义务教育基本普及，职业教育大力发展，高等教育经历了精英化、大众化和普及化的发展过程，建成了当今世界最大规模的教育体系，有效缓解了教育供给与教育需求之间的矛盾，支撑起培养我国现代化建设所需要的高素质人才和劳动者的需要。但是，习近平总书记在党的十九大报告中明确指出，我国社会主要矛盾的变化，没有改变我们对社会主义所处历史阶段的判断，我国仍处于并将长期处于社会主义初级阶段的基本国情没有变，我国是世界最大发展中国家的国际地位没有变。人民在实现温饱和小康之后，对美好生活的需要日益广泛，不仅对物质生活提出了更高要求，而且在民主、法治、公平、正义、安全、环境等方面的要求日益增长。同样，对作为国计和民生基础的教育需求，也面临着从“有学上”到“上好学”、从教育大国到教育强国的转变，面临教育个性化与标准化、区域化与国际化等诸多方面的挑战，教育优先发展战略需要不断充实和完善。

一、优先破除教育发展不平衡不充分的矛盾，努力让每一个孩子都能享有公平而有质量的教育，是教育优先发展战略的基本内涵

我国教育发展不平衡，主要体现在区域、城乡、学校、人群等方面教育上的巨大差异，各级各类教育资源的空间分布和相互衔接不平衡，影响了人力资源开发能力和水平的提升；我国教育发展不充分，主要体现在个性化、多样化的教育需求仍未有效满足，人才需求的结构性短缺问题尚未解决，人才培养的“立交桥”尚未有效建立，人才培养的学科专业结构、知识能力结构还不能满足经济社会发展结构升级和转型的需要。各地区、各级各类教育的改革与发展依然存在着不足，但尚有潜力。

党的十九大报告提出要优先发展教育事业，把建设教育强国作为实现中华民族伟大复兴的基础工程。推动城乡义务教育一体化发展，高度重视农村义务教育，办好学前教育、特殊教育和网络教育，普及高中阶段教育，逐步消除区域、城乡、校际差距，保障教育对象基本教育服务均等公平，努力让每一个孩子都能享有公平而有质量的教育。当前要特别重视中西部地区特别是边远、贫困、民族和革命老区的教育普及水平，精准发力，让全体适龄青少年都能够享受到基本的教育公共服务。习近平总书记一直十分重视农村和边远贫困地区教育发展，在2015年11月召开的中央扶贫开发工作会议上的讲话指出：治贫先治愚，扶贫先扶智。教育是阻断贫困代际传递的治本之策。目前，一些贫困地区教育发展面临很大困难，贫困家庭孩子辍学失学还比较多，不少贫困家庭子女受教育程度同普通家庭的差距在扩大。贫困地区教育事业是管长远的，必须下大气力抓好。脱贫攻坚期内，职业教育培训要重点做好。他强调：一个贫困家庭的孩子如果接受职业教育，掌握一技之长，能就业，这一户脱贫就有希望了。国家教育经费要继续向贫困地区倾斜、向基础教育倾斜、向职业教育倾斜，特岗计划、国培计划同样要向贫困地区倾斜。要帮助贫困地区改善办学条件，加大支持乡村教师队伍建设力度，建立省级统筹乡村教师补充机制。他要求要探索先从建档立卡的贫困家庭学生开始，实施普通高中教育免学（杂）费，落实中等职业教育免学（杂）费政策，实行大城市优质学校同贫困地区学校结对等帮扶政策。要对贫困地区家庭幼儿特别是留守儿童给予特殊关爱，探索建立贫困地区学前教育公共服务体系。他一直把保障贫困地区义务教育发展挂在心上，明确要求紧紧抓住教育这个脱贫致富的根本之策，再穷不能穷教育，再穷不能

穷孩子，务必把义务教育搞好，确保贫困家庭的孩子也能受到良好的教育，不要让孩子们输在起跑线上。教育公平是社会公平的基础，努力让每个孩子享有受教育的机会，努力让13亿人民享有更好更公平的教育，获得自身发展、奉献社会、造福人民的能力，这是社会主义教育的本质要求和基本特征。

二、优先安排教育投入，是实施教育优先战略的基本保障

教育投入是关系国家长远发展的基础性、战略性投资，教育投入不足是教育优先发展战略地位没有落实的具体体现。党的十八大以来，我国教育投入逐年增长，2017年国家财政性教育经费占GDP的比例达到4.14%，国家财政性教育投入状况显著改善。但是，从总体上讲，中西部地区、边远贫困地区等教育设施依然薄弱，“大班额”、点多面广的教学点分布依然存在，教育投入整体不足的形势依然严峻，教育财政拨款的增长低于财政经常性收入增长的现象在个别地方依然存在。要建立生均经费标准，建立完善以生均经费基本标准拨款为基础的教育经费预算管理制度。要完善教育成本分担机制，确保各级政府财政资金优先保障教育投入，确保全社会教育投入占国内生产总值的比重稳步提升，为实现教育现代化提供基本保障。

保证教师工资和学生公用经费逐步增长，就是在国家级贫困县也得到落实。根据对云南省禄劝彝族苗族自治县的调查，全县4 361名专任教师的工资进入新世纪以来一直增长，并高于当地同一级别公务员工资水平。该县茂山中学、茂山小学教师普遍对收入满意。这些教师爱岗敬业，关爱学生，对家境困难的留守儿童格外关心，全镇没有一名适龄儿童因家庭困难辍学，实现了全镇每一名孩子都能接受公平而有质量的九年义务教育。

优先建立学生资助体系，不让一个孩子因家庭经济困难而失学，是国家财政性经费投入不断增长的目的所在。2007年，我国财政性教育经费投入到学生资助体系的资金是228亿，2017年，这一资助额度超过1 200亿元，我国财政性教育经费投入到学生资助体系的额度，年均增长超过19%，高于我国的GDP平均增长速度11%，高于我国财政收入年均增长14%。我国学生资助体系建立以来，特别是党的十八大以来，我国学生资助体系不断完善，教育经费投入不断加大，实现了从学前教育到研究生教育全覆盖、公办民办学校教育全覆盖、家庭经济困难学生全覆盖，从制度上为家庭经济困难学生顺利入学、完成学业奠定了基础，为他们完成人生梦想提供了强有力的保障。特别是在高等教育阶段，国家学生资助政策体系实现了家庭经济困难学生入学前、入学时和入学后“三

不愁”，初步实现不需要家庭投入也能完成学业的资助力度，有效带动了教育结构体系的优化升级。

三、优先建设一批世界一流大学、一流学科，是教育优先发展战略点上突破的关键举措

我国已经成为世界第二大经济体，在诸多领域正在由“跟跑者”向“并跑者”“领跑者”转变，客观上迫切要求高等教育面向国家重大战略需求、面向经济社会主战场、面向世界科技发展前沿，创新人才培养力度，以立德树人为根本任务，建设一批具有中国特色的世界一流学科、一流大学，提升大学在人才培养、科学研究、社会服务、文化传承创新和国际交流合作中的综合实力，从而带动我国高等教育体系的整体发展。“双一流”建设，是党中央、国务院确定的一项重大工程，目的在于充分发挥我国社会主义制度优越性，集中资源培育冲刺中国特色的世界水平的“国家队”第一方阵，推动中国高等教育走向世界、参与全球教育治理，增强核心竞争力。欧盟、日本、韩国等都有类似的计划和工程。例如，进入新世纪以来，为了把欧盟建设成为以知识经济为基础的、世界上最有竞争力的经济体，欧盟实施了伊拉斯谟计划，面向全球招聘教师和学生，提供优厚的奖助学金待遇，鼓励 2～3 所欧盟大学联合进行硕士、博士的联合培养，取得了很好的成效。

习近平总书记在 2018 年北京大学师生座谈会上指出：教育兴则国家兴，教育强则国家强。高等教育是一个国家发展水平和发展潜力的重要标志。当前我国高等教育办学规模和年毕业生人数已居世界首位，但规模扩张并不意味着质量和效益增长，我国高等教育国际留学服务“逆差”的状况今天并没有根本转变，高等教育服务国家经济建设和社会发展能力亟待提升。因此，要发挥我国社会主义集中力量办大事的优势，把坚持中国特色社会主义道路自信、理论自信、制度自信、文化自信转化为办好中国特色的世界一流大学的自信，加快中国特色的世界一流大学和一流学科建设，实现高等教育的内涵式发展，逐步确立我国大学在世界上有地位、有话语权，为我国社会主义现代化建设和“一带一路”倡议提供人才服务和支撑。习近平总书记强调，大学是立德树人、培养人才的地方，是青年人学习知识、增长才干、放飞梦想的地方。培养什么样的人，怎样培养人，对于建设一流大学来说，是必须首先要明确的问题。培养社会主义建设者和接班人，是我们党的教育方针，是我国各级各类学校的共同使命。大学对青年成长成才发挥着重要作用，只有抓住培养社会主义接班人和建

设者这个根本，才能办出中国特色的世界一流大学。

办出中国特色的世界一流大学，习近平总书记要求抓好三项基础性工作：第一，坚持办学正确政治方向。古今中外，关于教育和办学，思想流派繁多，理论观点各异，但在教育必须培养社会发展所需要的人这一点上是有共识的。培养社会发展所需要的人，说具体了，就是培养社会发展、知识积累、文化传承、国家存续、制度运行所要求的人。世界各国都是按照自己的政治要求来培养人的，世界一流大学也是在服务自己国家发展中成长起来的。第二，要建设一流的高素质教师队伍。第三，要形成高水平人才培养体系。目前，我国大学硬件条件都有很大改善，有的学校的硬件同世界一流大学比没有太大差别了，关键是要形成更高水平的人才培养体系，涉及学科体系、教学体系、教材体系、管理体系等，贯穿其中的是“培养什么样的人、怎样培养人”的思想政治工作体系。加强党的领导和党的建设，加强思想政治工作体系建设，是形成高水平思想政治工作体系的重要内容。

四、优先建设一支师德高尚、师风优良、待遇适当的教师队伍，是教育优先发展战略的基础工程

师德师风建设，永远是教师队伍建设的核心和灵魂。教师承担着传播知识、传播思想、传播真理的历史使命，肩负着塑造灵魂、塑造生命、塑造人的时代重任，是教育发展的第一资源，是国家富强、民族振兴、人民幸福的重要基石。习近平总书记在同北京师范大学师生代表座谈时提出了建设“有理想信念、有道德情操、有扎实学识、有仁爱之心”的“四有”教师队伍的要求，鼓励用师德高尚、师风优良的人去培养社会主义事业的建设者和接班人，用适当的待遇吸引和留住教师，加强和改进教师队伍管理，优化教师队伍结构，建立健全立德树人的全流程管理。

当前我国教师队伍建设取得显著成就，广大教师教书育人，爱岗敬业，涌现出一大批献身教育事业的辛勤园丁，赢得了学生和社会的爱戴。但是，我们必须清醒地看到我国教师队伍建设还不能完全适应教育改革与发展的需要，有的地方对教育和教师工作重视不够，在教育事业发展中重硬件轻软件、重外延轻内涵的现象还比较突出，对教师队伍建设的支持力度亟待加大；师范教育体系有所削弱，对师范院校支持不够；有的教师素质能力难以适应新时代人才培养需要，思想政治素质和师德水平需要提升，专业化水平需要提高；教师特别是中小学教师职业吸引力不足，地位待遇有待提高；教师城乡结构、学科结构

分布不尽合理，准入、招聘、交流、退出等机制还不够完善，教师管理体制机制亟待理顺，教师队伍建设亟待加强。

“师者，所以传道受业解惑也”。站在讲台前的人，不仅向学生传授学科专业知识，而且也是党的各项方针政策的传播者，决定着教育的内容与品质，正可谓百年大计，教育为本；教育大计，教师为本。建设一支师德高尚、师风优良、待遇适当的教师队伍，始终是教育优先发展战略的基础工程。实现中华民族伟大复兴的目标，我们需要数以百万计的骨干教师、数以十万计的卓越教师、数以万计的教育家型教师，一支用习近平新时代中国特色社会主义思想武装起来的教师队伍，去培养一代建设中国特色社会主义事业的建设者和接班人。

五、持续不断地推进课程改革与教材建设，是教育优先战略的关键支点

教育是面向未来的人才培养事业。改革开放初期，邓小平同志就提出了“教育要面向现代化，面向世界，面向未来”的要求，并在当时外汇紧缺的背景下要求划拨专门经费引进国外先进的课程和教材，提高教育质量。世界各国的教育改革与发展实践证明：没有先进的课程和教材，就没有高质量的教育。

当今时代，科学技术突飞猛进，知识经济迅猛发展。如何把先进的科学技术成果和设备转化为教育教学内容，如何把经济建设和社会发展成就转化为课程体系，直接关系着人才培养的质量。面对科学技术的高速发展和全球化时代的到来，教育已经不是简单的静态知识内容体系的传授，而是每门课程中更好地以动态的方式传授知识、技能和态度；教育不再局限于培养传统母语的语言能力、数学和技术能力，更应致力于立德树人，把社会主义核心价值观融入教育全过程，着力提高学生的认知能力、合作能力、创新能力和职业能力，促进学生德才兼备、全面发展，培养担当民族复兴大任的一代新人。这就要求持续不断地推进课程改革与教材建设，以适应经济和社会发展的需要，激励学生终身学习，更好地应对劳动力市场日趋激烈的供求变化。

互联网的发展，不仅改变了人们的工作和生活方式，也深刻地改变着教育和学习方式，对课程改革和教材建设提出新的更高要求。进入新世纪以来，特别是党的十八大以来，我国各级各类教育“校校通”工程建设成就卓著，初步实现了边远贫困地区学校与名校课程和教材资源的共享，推动着传统的“教”“学”模式发生深刻的变革，“互联网＋教育”让偏远地区的孩子也能“走进”名校名师课堂。“智慧教室”等新的“互联网＋教育”模式发展，大大拓宽了学

生的视野，是促进城乡教育课程和教材建设起点公平的有效手段。

六、围绕“培养什么样的人、如何培养人”，不断优化教育治理体系和提升治理能力，是教育优先发展战略的本质特征

中国特色社会主义进入新时代，我国社会主要矛盾的变化，对于“培养什么样的人、如何培养人”提出新的任务和时代要求。习近平总书记在北京大学师生座谈会上的讲话指出：我们的教育要培养德智体美劳全面发展的社会主义建设者和接班人，既要有高尚品德，又要有真才实学。学生在接受教育的过程中，到哪儿上学？能学到什么？学得怎么样？这与教育结构体系、教育治理体系和能力、人才培养体系等密切相关。中国特色社会主义进入新时代，教育改革与发展要立足新的历史方位，从党和国家发展全局高度谋划和推动教育改革发展。要大力发展学前教育，着力提高九年义务教育均衡和质量，降低农村地区学生辍学率，消除“大班额”，减轻中小学生课外负担，把解决进城务工子女就学和农村留守儿童教育作为普及九年义务教育的重点和难点。要逐步优化中等教育结构，着力提高中等职业教育质量。要促进高等教育内涵发展，深化产教融合、校企合作，为建设现代化经济体系、实现高质量发展提供人才支撑。要净化教育改革与发展的环境氛围，不断提升教育治理能力，确保义务教育均衡高质量发展，非义务教育阶段各种教育机会有效供给与合理配置，依法保障学生、教师、学校等教育要素合法权益，有效激发各级各类学校办学活力。

要加强党对教育工作的全面领导，用习近平新时代中国特色社会主义思想统一教育系统广大师生认识，凝聚共识和力量。要牢固树立“四个意识”，坚定“四个自信”，坚决落实党中央关于深化党和国家机构改革的决策部署，优化教育结构体系职能配置，构建系统完备、科学规范、运转高效的教育系统职能体系，着力破解教育领域突出矛盾和问题，努力开创教育强国建设新局面。

（窦现金　撰稿）

3　以乡村师资的可持续发展助力乡村振兴战略

一、促进乡村师资可持续发展的现实意义

习近平总书记在党的十九大中报告明确要求“实施乡村振兴战略”。这是我们党在全面认识和把握我国发展阶段性特征基础上，从党和国家事业发展全局出发，做出的一项重大战略决策。

实施乡村振兴战略，是开启全面建设社会主义现代化国家新征程的必然选择。由于历史欠账太多，加上多种因素制约，我国城乡不平衡不协调的矛盾比较突出，农业基础仍不稳固，农村社会事业发展滞后，农民收入不高，等等。可以说，城乡发展不平衡不协调，是现阶段我国经济社会发展中最突出的结构性矛盾。这些不仅制约农业、农村发展，也制约城镇化水平和质量的提升，是全面建设社会主义现代化国家进程中无法回避的挑战。党的十九大报告提出实施乡村振兴战略，就是始终坚持把解决好“三农”问题作为全党工作的重中之重，并通过采取更加有力的举措，切实改变农业农村落后面貌，拉长“四化同步”发展中农业这一“短腿”，补齐农村这块全面小康社会短板。

2018 年 2 月 4 日，中共中央、国务院印发了《中共中央国务院关于实施乡村振兴战略的意见》（以下简称《意见》），对实施乡村振兴战略进行了全面部署。《意见》指出，实施乡村振兴战略，是党的十九大做出的重大决策部署，是决胜全面建成小康社会、全面建设社会主义现代化国家的重大历史任务，是新时代“三农”工作的总抓手。《意见》强调，实施乡村振兴战略，优先发展农村教育事业。高度重视发展农村义务教育，推动建立以城带乡、整体推进、城乡一体、均衡发展的义务教育发展机制。统筹配置城乡师资，并向乡村倾斜，建好建强乡村教师队伍。

二、乡村振兴战略与乡村师资的可持续发展关系

乡村振兴战略的实施，离不开乡村教育的振兴。乡村教育是我国实现农业现代化、促进农村经济社会发展、传承优秀乡村传统文化、提高农民文化素质的基础。要办好乡村教育，师资是关键，必须把乡村师资队伍建设摆在优先发展的战略地位。

乡村师资的可持续发展是一项系统工程，它与整个农村社会经济发展及生

态环境密切相关。党的十九大报告提出了“实施乡村振兴战略”的新发展理念，这既切中了当前乡村发展的要害，也指明了新时代乡村发展方向，明确了乡村发展新思路，是城乡发展的重大战略性转变。乡村振兴战略的提出，是把乡村放在了与城市平等的地位上，把乡村作为一个有机整体，更加充分地立足于乡村的产业、生态、文化等资源，更加注重发挥乡村的主动性，来激发农村的发展活力，建立更加可持续发展农村人才队伍建设的内生增长机制。特别是结合党的十九大报告提出的干部队伍建设，人才队伍的输入和建设必然为乡村师资队伍建设和可持续发展注入新动力。

三、乡村师资面临的挑战和机遇

党和国家历来高度重视乡村教师队伍建设，在稳定和扩大规模、提高待遇水平、加强培养培训等方面采取了一系列政策举措，乡村教师队伍面貌发生了巨大变化，乡村教育质量得到了显著提高。特别是党的十八以来，我国逐步形成了具有中国特色的乡村教师政策，包括数量配置、质量提升、岗位激励政策等，以中央深改组第十一次会议通过的《乡村教师支持计划（2015—2020 年）》为标志，我国基本形成了乡村教师政策体系。但乡村师资队伍的可持续发展是一项系统工程，它与整个农村社会、经济发展、生态环境及农村人口密切相关。受城乡发展不平衡、交通地理条件不便、农村工作环境复杂和条件艰苦、待遇不高及青年教师择偶困难等现实问题的影响，乡村师资队伍与农村人口相类似，存在整体素质不高，青年人难留、骨干力量流失严重、老龄化等问题，即存在乡村教师队伍职业吸引力不强、补充渠道不畅、优质资源配置不足、结构不尽合理、整体素质不高等突出问题，这些因素制约了乡村师资队伍持续健康发展，更是制约农村教育发展和社会发展的瓶颈。

为全面深化改革，着力破解瓶颈障碍，努力取得新时代教师队伍建设的新成效，不断满足人民日益增长的美好生活需要，中共中央、国务院印发了《关于全面深化新时代教师队伍建设改革的意见》。同时《中共中央国务院关于实施乡村振兴战略的意见》指出，实施乡村振兴战略，必须破解人才瓶颈制约。要把人力资本开发放在首要位置，畅通智力、技术、管理下乡通道，造就更多乡土人才，聚天下人才而用之。

四、促进农村师资可持续发展的对策及建议

增强乡村教师职业吸引力，构建新时代乡村师资可持续发展机制，重点抓

好以下几方面工作：

1. 需要建立良好的乡村教师激励机制

在物质方面，较大幅度地增加乡村教师福利待遇，提高他们的获得感和工作回报率。在精神方面，注重对乡村教师的荣誉激励，增强社会对教师工作的美誉度和认同感，同时，建立完善的晋升机制，使有能力的教师脱颖而出，埋头苦干的教师发展有望。

建设现代学校制度，体现以人为本思想，突出教师主体地位，落实教师知情权、参与权、表达权、监督权。维护教师职业尊严和合法权益，关心教师身心健康，克服职业倦怠，激发工作热情。

2. 以提升教师待遇和发展空间为核心，健全落实乡村教师各种保障措施

要大幅度提高工资待遇，建立“越往基层，越是艰苦，待遇越高”的机制，以一些实实在在的好政策惠及乡村教师。研究实行农村教师基本工资标准高于全国平均水平的特殊支持政策，实现这些农村教师工资标准不低于同级省会城市教师工资标准。进一步调整艰苦边远地区津贴补助标准，完善正常增长机制。改革完善职称政策，建立体现乡村、艰苦边远地区和基层一线教师工作实际和特点的评价标准。中小学教师岗位设置实现县域内城乡学校教师岗位结构比例总体平衡，并向乡村教师倾斜。各地要进一步完善符合乡村教师工作特点的职务（职称）评聘办法和标准条件，注重师德表现、注重一线经历、注重工作实绩，不作外语成绩要求，不作发表论文的刚性要求。在乡村学校任教 3 年以上（含城镇学校交流、支教教师）以及由组织选派参加援外、援藏、援疆，经考核表现突出并符合具体评价标准条件的教师，同等条件下优先评聘教师职务（职称）和专业技术岗位。城镇中小学教师评聘高级教师职务（职称），应有在乡村学校或薄弱学校任教一年以上的经历。

3. 创新灵活多样引进教师方式

建立教师共建共享体制机制，树立不求所有、但求所用的用人理念，促进中青年及骨干教师柔性流动，为他们在农村服务搭建平台、提供服务。

4. 以激活本土人才为根本，健全农村教师培养机制

继续实施免费师范生项目，扩大免费师范生在艰苦边远地区招生规模。鼓励艰苦边远地区与院校合作，探索“高考定向招生、在校定向培养、回乡定向就业”方式，以加强艰苦边远地区学校教师资源开发。推行乡村教师“县管校聘”。实施好边远贫困地区、边疆民族地区和革命老区人才支持计划，继续实施

"三支一扶"、特岗教师计划等，组织实施高校毕业生基层成长计划。支持地方高等学校、职业院校综合利用教育培训资源，灵活设置专业（方向），创新人才培养模式，为乡村振兴培养教育专业化人才。

5. 引进与培养相结合

针对目前我国农村教师工作队伍视野不宽、专业能力不强、对农村教育感情淡薄的现状，要在加强对现有教师工作队伍的专业培训和技能提升以及价值认可的基础上，一方面要完善乡村教师的培养体系和人才回流机制，在农村领域倡导教师的逆城市化发展，另一方面要顺应美丽乡村建设需要，加大高等教育对农村教师的培养力度，通过增加高校师范专业投入、减免学费等方式，引导有志有为青年进入乡村教育领域，为实现乡村振兴战略奠定强大的人才基础。

6. 采用订单式专业培训模式，提升乡村教师专业水平

采取订单式专业培训方式，培训内容上注重在教育教学中因地、因校、因生进行特色化教育教学能力的培养，以充分发挥乡村教师的特色和优势，如提升乡村教师结合本乡本村的社会风俗、文化特色进行校本课程设计和研发的能力。同时，要注重解决乡村教师职业倦怠、心理亚健康、班级管理困惑、家校合作矛盾、计算机能力低下、对外界信息资源恐惧排斥等现实问题，并关注乡村学校复式教学、小班教学和多科教学等现实需求。①

7. 研究制定符合乡村及艰苦边远地区实际的教师自愿提前退休政策

目前，我国农村教师年龄结构呈现出学前及中学阶段教师年轻化，小学教师老龄化的特征。截至2016年，我国基础教育阶段农村教师301万，其中小学教师197.5万，初中教师60.8万，高中教师5.5万，学前教育教师37万。55岁以上农村教师有22.5万，其中，小学教师近19.8万，占55岁以上农村教师的比重为87.8%。农村教育中教师队伍呈现出缓慢的新陈代谢状态和相对凝滞的发展格局。研究制定符合乡村及艰苦边远地区实际的教师自愿提前退休政策尤为迫切。对于那些热爱教育事业、爱岗敬业但不能胜任当前岗位要求的乡村教师，可采取待岗培训、进修的方式强化学习、提高水平。不合格乡村教师主动退出教学岗位，在经过必要的培训且检验合格后，可转为生活教师。那些年龄偏大且不能胜任工作的教师，或距退休年龄不足5年且工作年限满20年的乡村教师，可申请自愿提前退休。对不符合提前退休规定的不合格乡村教师，实施

---

①让乡村教师"下得去　留得住　教得好"[N]. 光明日报，2018－05－10.

弹性退休机制，即“养老金＋退休金”退出保障制度。

8. 完善乡村教师荣誉制度配套政策，增强乡村教师职业荣誉感和幸福感

积极宣传优秀乡村教师事迹。通过报纸、电视、网络等渠道广泛宣传优秀乡村教师默默奉献的崇高精神和感人事迹，邀请他们现身说法，引领整个社会关心和支持乡村教育事业的发展。

建立乡村教师荣誉基金制度。成立乡村教师荣誉基金，通过政府拨款、社会资助等途径筹集资金，鼓励获奖的乡村教师开展关爱农村困境儿童、乡村教育改革和教育创新、研修培训等活动，唤醒全社会对乡村教育的重视。

将乡村教师荣誉制度与工资晋升制度挂钩。在乡村学校坚守30年的乡村教师，可直接享受中级或高级职称的工资待遇，让其获得体面的、受人尊重的生活，激励广大乡村教师安心从教。

将乡村教师荣誉制度和奖励性政策挂钩。对于从教20年以上的乡村教师子女，在乡村教师招考时，可采取同等条件下优先录取的方式；对于从教20年以上的乡村教师，在政策保障性住房、免费体检等方面享受优先权利；对于从教30年以上的乡村教师，在交通出行等方面享受打折等优惠政策。①

（玉　丽　撰稿）

①让乡村教师“下得去 留得住 教得好”[N]. 光明日报，2018－05－10.

4　加强高校思想政治工作的实效性

人才是实现民族振兴、赢得国际竞争主动的战略资源。党的十九大报告对青年学生寄予厚望，强调“青年兴则国家兴，青年强则国家强。青年一代有理想、有本领、有担当，国家就有前途，民族就有希望”。进入新时代，扎根中国大地办大学，就是要使我们的人才培养同我国发展的现实目标和未来方向紧密联系在一起，为人民服务，为中国共产党治国理政服务，为巩固和发展中国特色社会主义制度服务，为改革开放和社会主义现代化建设服务。

高校思想政治工作关系高校“培养什么样的人、如何培养人以及为谁培养人”这个根本问题。思想政治理论课教学在大学生思想政治教育中的地位和所能发挥的作用，是其他课程所不可替代的。思想政治理论课的实效性最终体现为学生的学习效果，即学生发生了什么样的变化、获得了什么样的发展。而学生的学习效果又从根本上取决于学生的学习方式。因此，我们需要探讨改进学生的学习方式，以有效或高效的学习方式代替无效或低效的学习方式。

一、改进学习方式：提高思想政治理论课实效性的关键

思想政治理论课的实效性是指思想政治理论课教书育人的实际效果[①]，归根到底体现为学生的学习效果，即学生发生了积极的变化、获得了充分的发展，具体体现为学生掌握了正确的思想和理论，形成了崇高的理想和信念，树立了科学的世界观、人生观、价值观，学会了运用马克思主义的立场、观点和方法分析问题、解决问题，获得了自由而充分的发展，等等。

唯物辩证法认为，外因是变化的条件，内因是变化的根据，外因通过内因起作用。因此，学生的学习效果从根本上取决于他们的内在因素，如学习动机和学习策略等。提高思想政治理论课的实效性，离不开学校的重视、学科的建设、优质的教材和优秀的师资等外部条件，但是，这些外部条件最终都要通过提升学生的学习而发挥作用，即通过激发学生的学习动机和改进学生的学习策略而提升学习效果。学生的学习动机和学习策略所构成的范畴可以称之为学习方式。[②]

---

①刘福州．也谈思想政治理论课教学实效性的提高［J］．思想理论教育导刊，2005，(10)．

②孙智昌．学习方式：理论结构与转变策略［J］．教育学报，2010，(6)．

学生的学习方式不同，学习效果也就不同。例如，依靠记忆的学习方式只是简单地复制外部信息，难以使所学知识达到融会贯通，难以运用所学知识，或者只能教条化地运用所学知识，而基于理解的学习方式则是对外部信息的主动加工，可以使所学知识达到融会贯通，也可以运用所学知识去理解新概念和解决实际问题。可见，提高思想政治理论课的实效的关键是改进学生的学习方式，即以有效的或高效的学习方式代替无效或低效的学习方式。

习近平总书记指出，思想政治理论课要坚持在改进中加强，提升思想政治教育亲和力和针对性，满足学生成长发展需求和期待。① 当前，“教师讲学生听”仍然是许多高校思想政治理论课的主要教学模式，于是，“听中学”便成为学生基本的学习方式，“上课记笔记，考前背笔记，考后全忘记”也就成了这种学习方式的写照。在这样被动的、接受式的学习中，学生学习积极性不高，且以记忆为主要学习策略，因而导致学生不仅难以深刻理解政治理论、形成理想信念，而且还滋生了被动、依赖、不负责任等消极态度，而这些都是与思想政治理论课的目的和任务相悖的。因此，需要改进学生的学习方式，把主要从“听中学”转变为多种学习方式相结合的、强调学生积极性的、要求学生全身心投入的学习方式，特别要强调课堂教学和实践相结合。在课堂教学中，帮助学生掌握课程的基本概念、基本原理。在实践中，要求学生解决具体问题、完成具体任务。这样，学生不仅能够理解、掌握和运用思想政治理论，而且还能学会关心、学会奉献和学会负责等，从而较好地实现思想政治理论课的教学目的。

二、深层学习：提高思想政治理论课实效性的学习方式

深层学习是一种基于理解、寻求意义和注重反思的学习，表层学习是一种依靠记忆并且以记忆为最终目的的学习。二者是相对应的两种学习方式，因此，可以在二者的比较中更好地认识深层学习对提高思想理论课实效性的意义。

1. 表层学习和深层学习的区别

深层学习和表层学习有这样一些不同点：（1）深层学习是意义探寻型学习，基于理解，表层学习是信息复制型学习，依靠记忆；（2）深层学习是批判性地检视新的事实和观念，并且把它们并入已经存在的认知结构，在观念之间建立起丰富的联系，表层学习常规地记忆事实和规则，不能批判性地接受新的事实

---

①习近平在全国高校思想政治工作会议上强调：把思想政治工作贯穿教育教学全过程　开创我国高等教育事业发展新局面［EB/OL］. http：//dangjian. people. com. cn/n1/2016/1209/c117092－28936962. html.

和观念，并且把它们作为孤立的、没有联系的项目储存在头脑中；（3）深层学习关注解决问题所需的中心论据或概念，表层学习关注解决问题所需的外部信号和公式；（4）深层学习把课程内容和现实生活联系起来，表层学习把课程内容简单地视为为考试而学的材料；（5）深层学习由学习者的内在动机所驱动，学习者为自己的理解、为满足自己的好奇心和求知欲而学习，倾向于使自己的学习超越课程的要求，表层学习由学习者的外部动机，如通过考试、获得表扬和获取资格等所驱动，害怕失败、为避免失败而学，经常消极地对待学习任务，希望以最小努力达到考试的最低要求；（6）深层学习与愉快的学习经验有关，而表层学习却和高焦虑有关；（7）深层学习能够区别观点和证据，并且能够运用组织原则把思想整合起来，表层学习无法识别指导原则或指导模式；（8）深层学习反思学习的目的、策略和效果，表层学习没有反思学习的目的、策略和效果。

2. 表层学习和深层学习的不同效果

由于两种学习方式的性质、动机和策略等不同，因而其效果也不同。表层学习导致结构不良、低水平的学习效果，并且很快就会遗忘。不仅如此，有些学生还会因为没有体验到学习的成就感而产生厌学情绪。而深层学习则可产生结构良好的、高水平的、能够长期保持的学习效果。具体来说，深层学习可以使学生深入理解一门学科的理论和方法的核心、一门学科的分析工具及该学科本身的复杂性。不仅如此，深层学习还可以帮助学生建构起更加复杂的、分类清晰的知识结构，提高学习者的理解能力，努力靠自己来理解各种观念，形成看问题的多种视角，广泛地应用所学材料且把它同以前的经历和学习联系起来。总之，深层学习不仅能让学生理解知识和发展智能，而且还能让学生获得身体、情感、审美、道德和精神的全面成长。因此，已有的研究都鼓励学生采用深层学习方式。

3. 深层学习对提高思想政治理论课实效性的意义

思想政治理论课的实效性，从根本上体现为两个方面：一是学生内化所学理论为自己的世界观、人生观、价值观和方法论，并以之为指导来分析和解决实际问题；二是促进学生自由而充分地发展。

首先，只有采用深层学习方式，学生才能把所学理论内化为自己的世界观、人生观、价值观和方法论。社会心理学家凯尔曼描述了价值内化的三个阶段：顺从，即受外在压力的影响，表面接受他人意见或观点，外显行为与他人一致，但在认识和情感上与他人并不一致；认同，即在思想、情感、态度上主动接受他人或集体的影响，不再是迫于压力的；内化，即在思想观点上与他人一致，将自己认同的思想同自己原有的观点、信念融为一体，构成一个完整的价值体系。① 从表层学习的成果来看，该学习方式只能让学生记忆理论而难以深刻理解理论、执着信仰理论，因此，他的实际行为更可能是一种顺从外部压力的行为，而不是源于自己的理想信念的行为。而从深层学习的成果来看，学生努力靠自己来理解各种观念、深入一门学科的理论和方法的核心，能够对所学材料形成自己的理解，能够建构起更加复杂的、分类清晰的知识结构，且能够广泛地应用所学理论。因此，深层学习能够帮助学生掌握马克思主义的精髓，能够把马克思主义内化为自己的世界观、人生观和价值观，并且能够自觉地运用马克思主义的立场、观点和方法来分析和解决实际问题。

其次，学生只有采用深层学习方式，才有可能获得自由而充分的发展。思想政治教育的最高目的是促进人自由而全面地发展，即引领人的自我建构和自我完善，让人获得自己、成为自己、发展自己，使人对基于“现实的我”的不断否定而向应然提升、迈进，使人不断走向未来，把人引向更高的可能性。② 表层学习由外在动机驱动，通常只求达到最低要求，如通过考试，因而无法让学生获得自由而充分的发展。而深层学习是一种既是情感的又是智力的，既是心理的又是生理的，既是社会的又是个人的，既是完全独特的又是自由共享的体验，有助于学生获得身体、情感、审美、道德和精神的全面发展。

三、改革思想政治理论课：鼓励学生深层学习以提高其实效性

在了解学生采用表层学习方式或深层学习方式的原因的基础上，对思想政治理论课进行有针对性的改革，从而鼓励学生采用深层学习方式来提高这些课程的实效性。

1. 学生采用表层学习方式或深层学习方式的原因

学生采用表层学习方式的原因：课程因素包括一门课程的材料过多，相对多的课堂教学时间，缺乏深入学习科目的机会，无法选择学习科目和学习方法，一个让人感到威胁、导致焦虑的评价机制等。学生因素包括学习目的仅仅是为

---

①鲁洁，王逢贤．德育新论［M］．南京：江苏教育出版社，1994.

②张耀灿，曹清燕．论马克思主义人学视野中思想政治教育的目的［J］．马克思主义与现实．2007，(6).

了通过考试，对非学术的关注远远超过对学术的关注，相对于过重学习负担而言，不充分的学习时间，错误地理解学习的要求，对教育具有抵制的想法，高焦虑，先天缺乏深度理解某些特殊内容的能力等。教师因素包括教师按照清单零碎地教学，没有把一个主题或科目的内在结构呈现出来；运用简答或多项选择等不可避免地把事实和知识割裂、孤立的评价方法；采用激起学生抵触情绪的教学方法、评价方法，如“我讨厌教这部分内容，你们将讨厌学习这部分内容，但我们不得不学习这部分内容”；没有为学生完成学习任务提供足够的时间；造成学生的长期焦虑情绪或者表现出对学生成功的低期望，如“不能理解这些内容的人不适合读大学”。

学生采用深层学习方式的原因：课程因素包括课程具有理论或实践的价值，课程目标清晰、富有挑战性，课程结构具有整体性、灵活性和选择性，课程负担适度，学业成就评估注重学生的理解和解决实际问题等。学生因素包括具有把某一任务适当地和有意义地完成的意图，这样的意图产生于内在的好奇心或者做好某件事的决心；恰当的背景知识；具有在高概念水平和根本原则上把握事物的能力；先天具有概念化工作而不是为孤立的细节所困的能力。教学环境因素包括以清晰地呈现主题或学科结构的方式进行教学；引出学生积极反应的教学；在学生已有的基础上进行教学；积极应对并消除学生的错误概念；对所学内容的结构而不是孤立的事实进行评估；采用鼓励积极学习氛围的教学和评价方式，允许学生犯错误并从错误中学习；强调学习的深度而不是学习的广度；从根本上采用支持课程的清晰目标的教学和评价方式。

2. 改革思想政治理论课：鼓励学生深层学习以提高课程实效性

一是凸显思想政治理论课的价值。学生不会对他们认为毫无意义的材料努力达到深层理解。当前，在学生中存在思想政治教育“过时论”“无用论”和“失信论”等观点，严重影响了学习的积极性。[①] 为了激发学生的内在学习动机，必须凸显思想政治理论课的价值。首先，教师对所教课程的态度会影响学生对这门课程的态度，如果教师认为所教课程很有价值，热爱所教的课程并且对其表现出浓厚的兴趣，就会感染学生，激发他们对所学课程的兴趣，从而更认真地学习。反之，如果教师自己对所教课程没有兴趣，或者认为没有价值，则会打击学生的积极性，使学生消极应付学习。因此，思想政治理论课的教师要真

---

①王立仁，孟晓光．高校思想政治教育实效性研究综述［J］．思想理论教育导刊，2007，(5).

正认识到所教课程的价值并且热爱所教课程。其次，教师要让学生意识到思想政治理论课是引领他们发展方向的课程，修好这些课程，有助于他们把个人的命运与国家和民族的命运结合起来，把个人的发展与国家的富强和社会的进步结合起来，从而充分实现自己的人生价值。

二是提高思想政治理论课目标的挑战性。在思想政治理论课的学习中，如果学生的目标只是为了考试过关，获得学分和学位，那么他们就会采用表层学习方式。而高挑战性的目标可以激励学生采用深层学习方式。例如，在认知领域的记忆、理解、运用、分析、评价和创造等六个目标中，理解、运用、分析、评价和创造等是高于记忆的高级认知能力，是对学生有一定挑战性的课程目标，可以激励学生采用深层学习方式。因此，教师应该把要求学生深刻理解理论、整体掌握理论、创造性地运用理论解决实际问题等，作为思想政治理论课的目标，鼓励学生采用深层学习方式。

三是唤起大学生的深层学习意识。学生处理学习任务的方式受他们的学习意识的影响。如果学生具有深层学习的意识，那么，他们就有可能采用深层学习的方式。因此，教师应该通过让学生了解表层学习和深层学习的性质、策略和成果的区别，从而唤起学生的深层学习意识，并努力采用深层学习方式。在此基础上，教师应该指导学生掌握深层学习方式，具体包括高级学习，即要求学生运用高于熟记的高级心智进行学习的活动；整合学习，即要求学生整合获得知识、技能和能力为一体的活动；反思学习，即要求学生探索他们自己的学习经验以便更好地理解自己是如何学习的活动。

四是综合运用教学方法。教师教的方法会影响学生学的方法和效果。照本宣科的单向式教学容易导致学生的表层学习，而学生必须积极参与的互动式教学，更能激励学生的深层学习。在思想政治理论课的教学中，教师应该根据教学目标、教学内容和学生特点，综合地运用教学方法，既要多用通俗易懂的语言和生动鲜活的事例来启发学生思考，增强教学效果，又要加强实践教学，引导大学生走出校门，在形式多样的实践教学活动中，提高思想政治素质和观察分析社会现象的能力，深化教育教学的效果。多种教学方法的有机配合，既可以激发学生的内在动力，又可以让教学方法与教学任务、教学内容相契合，从而提高教学效果。

五是完善学生学习评价。不恰当的学习评价，如让学生感到威胁、导致焦虑的评价或为讨好学生而降低要求的评价，都有可能导致学生的表层学习。而鼓励学生积极学习、注重理解和应用的评价，则可以鼓励学生的深层学习。在对学生的思想政治理论课的学习效果的评价上，首先，评价应该以促进学生发展而不是以对学生分等为目的，从而体现思想政治理论课育人的价值取向。其次，不能只看学生记住了多少理论，而应采取多种方式，综合考核学生对所学内容的理解和实际表现，从而全面、客观地反映大学生的马克思主义理论素养和道德品质。①

（刘承波 撰稿）

①中宣部、教育部关于进一步加强和改进高等学校思想政治理论课的意见［J］. 教育部公报，2005，(6).

四　办人民满意教育的模式探讨

1　促进基础教育的内涵式发展

当前，中小学推进素质教育依然步履维艰：应试倾向依然过强，课业负担依然过重，升学压力依然过大。中小学教育质量评价和招生考试两项制度，束缚了人们改革的手脚。推动基础教育内涵发展，必须破除瓶颈，找寻出路。

一、基础教育内涵发展的主要瓶颈

在我国义务教育全面普及、高中阶段教育基本普及的背景下，加快促进内涵发展、全面提升教育质量，成为基础教育改革发展的一个重大课题。但由于众所周知的原因，当前中小学推进素质教育仍然步履维艰：应试倾向依然过强，课业负担依然过重，升学压力依然过大。尽管政府、社会、学校和家长无不发自内心地担忧，也无不真心实意地希望能有所改变，但每一项改革举措和规范政策的出台，却又总会遭遇来自各个层面的阻力。前几年教育部拟定的《小学生减负十条规定（征求意见稿）》所引发的争议，就是一个例证。其中，既有社会大环境的问题，也有人们思想观念的问题，更有现行教育制度自身的问题。

基础教育内涵发展的瓶颈在哪里？很显然，两项制度牢牢束缚了人们的手脚：一项是教育质量评价制度，一项是招生考试制度。如果这两项制度的改革不能深入推进，就不能有效转变政府的教育政绩观、学校的教育质量观和家长的成才观，基础教育的内涵发展便可能成为一句空话。

1. 地方政府的教育政绩观为考试分数和升学率所左右

在现有的教育质量评价制度和招生考试制度下，由于缺乏其他可供监测的指标，考试分数和升学率无疑成为地方政府教育政绩最重要、最直观的标志。在每年的考试招生季，地方政府最为关心的是本地的升学率情况，政府下达的升学率指标是否如愿兑现。前些年，因为高考成绩大面积下滑，教育局长和校长被撤职的消息时有出现，这样的教育政绩观怎么能真正推动教育的内涵发展呢?

改变这种教育政绩观，必须从中小学教育质量评价制度改革和招生考试制度改革入手。中小学教育质量评价指标应更加科学多元，招生考试制度应更加注重学生的综合素质。如能实现，地方政府就不会一味地给教育主管部门和学校下达升学率的硬性指标，或者一味地把高升学率作为政府政绩而大肆渲染了。唯其如此，才能真正为地方基础教育的健康发展创造良好的环境。

2. 学校的教育质量观为考试分数和升学率所左右

当前的中小学校并不否认实施素质教育的必要性，也不否认除了学业成绩之外还应当综合考查学生的发展情况。然而在现实中，教育主管部门衡量学校质量的标准依然比较单一，学校也习惯于把考试分数和升学率当作展示办学水平的“利器”，有的甚至不惜采取一些违背教育规律的做法，比如搞题海战术、疲劳战术等。

这里的改变，必须从中小学教育质量评价制度改革入手。要真正建立绿色评价体系，除了传统的学业发展水平指标之外，还应当包括学生的品德发展水平、身心发展水平、兴趣特长养成和学业负担状况等内容，而且每一项指标都应该具有可测量的、细化的具体指标。如果学校的高升学率是通过非正常手段、通过学生过重的学业负担换取的，那绝不是真正意义上的教育高质量，因而不值得提倡和鼓励。

3. 家长的成才观为考试分数和升学所左右

在现行制度下，评价孩子的主要指标是考试成绩，招生录取的主要依据是分数。因此在大部分家长的心目中，孩子成才的标准就是能够考出高分，能够在升学的竞争中占据优势。评价和考试制度在很大程度上左右着多数家长对孩子教育的选择方向。毕竟，在如今的大部分独生子女家庭中，孩子的成功便是百分之百的成功。孩子能够考高分、能够升入一所好学校，似乎就意味着孩子向成功靠近了一步。家长这种迫切的心情完全可以理解。

改变家长的这种成才观，也必须从中小学评价制度改革和招生考试制度改革入手。改革需要给家长传递这样的信息：光是学业成绩好并不代表真正优秀，让孩子全面而有个性地发展才是每个家长所应期待和追求的目标。可以想见，在今后的义务教育学校招生中，各种考试和变相考试被严令禁止，家长还会为了给孩子升学增加筹码而忙于参加各种补习、参加各种艺术特长考级吗？同样，在未来的高中和高校的招生录取中，一旦综合素质评价成为招生录取的“硬指标”，家长的目光可能就不会只盯在孩子的考试分数上，也不会仅仅为了获得一个高分而不断给孩子加压，不停地穿梭于各种课外补习班而忽视对孩子综合素质的培养。

中小学教育质量评价制度和招生考试制度，是当前基础教育内涵发展的主要瓶颈。要破除这一瓶颈，必须从深化改革入手。教育质量评价制度改革亟须新思路，招生考试制度改革也亟待新突破。

二、 全面推进中小学教育质量评价改革

教育质量评价具有导向引领作用，是实施素质教育的关键环节。一直以来，单纯用学生考试成绩、学校升学率评价中小学教育质量的做法，束缚了学生的手脚，阻碍了素质教育的实施。中小学教育质量评价改革的突破口在哪里？

近年来，各地围绕评价改革所开展的一系列探索和实践，为实施“绿色评价”、推进中小学教育质量综合评价改革提供了有益经验。上海市提出的学业质量绿色指标就是一个范例。其核心理念在于：要从过度追求现实功利转向更加追求教育对人的发展的价值，要从过度注重学科知识成绩转向全面发展的评价。正是基于这样的认识，上海市的学业质量绿色指标，包括了学生学业水平、学生学习动力、学生学业负担等 10 方面的指数，每个方面包含若干个具体指标、观测点和评价方法。上海的教育质量评价改革，使得教育质量观和评价观正在转变，完善的质量评价体系正在形成，评价的导向改进功能正在凸现。前不久，教育部颁布的《关于推进中小学教育质量综合评价改革的意见》，提出了实施“绿色评价”的新思路，就是要通过建立健全综合评价体系，不断完善保障机制，来推进教育质量综合评价改革。

1. 在实施“绿色评价”过程中，建立健全综合评价体系是基础

指标体系的构建、评价标准的健全、评价方式方法的改进、评价结果的科

学运用，构成了综合评价体系的核心内容。其中，指标体系的构建无疑是基础中的基础。相对于以往单一化的评价内容和指标，综合评价指标体系的内容更加全面，指标更加细化、可测，也更利于对中小学教育质量做出全面客观的评价。这样的改革思路，对于引领中小学教育教学改革、提升学校教育质量、促进学生全面发展势必产生重要影响。具体而言，在构建指标体系过程中，除了传统的学业发展水平这一指标，还应当包括学生的品德发展水平、身心发展水平、兴趣特长养成和学业负担状况等内容，而在不同内容下又可细分出若干可测量的关键指标。由不同层面、若干关键指标构建而成的这样一种综合评价指标体系，为推进综合评价改革奠定了重要基础。

从总体上看，综合评价既要看学生的学业水平，也要看学生的品德修养和身心健康状况；既要看全面发展，也要看个性特长发展；既要看学习的结果，也要看学习的过程和效率。要通过评价改革，扭转长期以来单一以考试成绩衡量学生发展、以升学率评价教育质量的倾向，引导社会和学校树立科学的教育质量观，引导政府树立正确的教育政绩观，为实施素质教育创造良好的环境。

2. 在实施“绿色评价”过程中，不断完善保障机制是关键

综合评价体系的建立健全固然重要，但有了好的评价体系，并不意味着综合评价改革就能顺利推进，只有不断完善保障机制，才能真正为改革保驾护航。一方面，要协同推进配套改革。推进综合评价改革，是促进中小学内涵发展、质量提升的重要保障手段，但如果仅仅为了评价而评价、为了改革而改革，而不能致力于当前教育领域深层次矛盾和问题的解决，综合评价改革便很可能流于形式。当前，深化基础教育课程改革，强化实践育人功能，改进和完善教学方法，推进考试招生制度改革，都是教育领域面临的紧迫任务。这些改革与综合评价改革相辅相成、互相促进，需要不断深化。

3. 在实施“绿色评价”过程中，专业能力建设是保障

应当承认，综合评价体系的实施、综合评价改革的推进具有很高的专业技术性，评价者专业技术水平的高低将会直接影响评价效果。也正因如此，依托有条件的高等院校、教育科研、教研部门建立中小学教育质量专业评价、监测机构显得尤为必要。要逐步培养和建设一支具有先进评价理念、掌握评价专业技术、专兼职相结合的专业化评价队伍，真正为推进教育质量综合评价改革提供强有力的人力资源保障。此外，加大经费保障力度，加强综合评价的资源平台建设，同样是综合评价改革顺利推进的重要保障。

在今天的中小学教育实践中，“唯有学业发展水平才是教育质量的硬指标，促进学生学业发展才是学校的硬任务”，这种观念依然根深蒂固。如果不能立足于学校素质教育的全面实施，立足于促进学生的全面发展，综合评价改革将难以取得预期效果。从这个意义上讲，提高认识、转变观念，树立科学的教育质量观，是实施“绿色评价”、推进中小学教育质量综合评价改革的一个重要前提，应当给予足够重视。

三、不断深化考试招生制度改革

考试招生制度改革是教育领域综合改革的突破口，也是破除基础教育内涵发展瓶颈的重要途径。如何让考试招生这根“指挥棒”将基础教育引向内涵发展、科学发展的轨道，有效发挥其对中小学教育教学的正面引领和导向作用，是我们面临的一项重要而艰难的改革课题。

1. 巩固完善义务教育免试就近入学制度

按照《义务教育法》的基本原则，义务教育学校招生实行“免试就近入学”。但在实际招生中，各种“选拔”花样繁多，“择校”现象屡见不鲜。事实上，也正是由于“择校”需求的大量存在，才为实际招生中的各种“选拔”提供了土壤。促进义务教育均衡发展固然是破解这一难题的治本之策，但巩固完善义务教育免试就近入学制度也是必不可少的保障手段。

从今后的改革趋向看，一是要合理划分片区。应当适时改进划片办法，适度扩大划片范围，确保优质学校划片招生的数量，使学生在“免试就近入学”的制度下拥有更加公平的机会。二是要规范招生行为。应当严格禁止招生中的各种考试及变相考试，取缔以选拔生源为目的的各类培训班，切实规范义务教育学校招生秩序，营造良好的区域教育生态环境。三是要适度调配生源。基于一些特殊情况，跨片区招生还会在一定程度上存在，但要严格限定学校的招收比例。将部分优质高中招生指标合理分配到初中学校，有助于缓解小升初的“择校”压力，但这一政策需要有个逐步推进的过程。采取什么样的分配方式更科学，确定多大的分配比例更合理，应当立足于各地实际，并在改革探索中不断加以完善。

2. 不断深化中考和高考制度改革

中考和高考的改革方向，将会直接左右甚至决定着地方政府的政策抉择、学校的教育教学行为和学生的学习方式。从这个意义上讲，中考和高考改革有着牵一发而动全身的作用，应当积极稳妥有序推进。

中考改革如何寻求突破？近年来，潍坊市、南通市、武汉市、长沙市和云南省等地进行了一系列的探索与实践。这些改革的核心内容包括：实行统一的初中学业水平考试，开展考试成绩等级呈现的尝试，实施综合素质评价结果与普通高中招生不同程度的“挂钩”，扩大高中学校招生自主权，推进多元录取。[①]其中既有成功的经验，也有值得深入探讨的问题。事实上，经验也好，问题也罢，无疑都会对国家层面中考改革的制度设计提供借鉴和启示。

从今后的改革趋向看，高中阶段学校招生录取要以学生初中学业水平考试成绩为主要依据，结合学生综合素质评价结果择优录取。重点可在以下方面进行探索：一是推进初中毕业考试和高中招生考试合二为一，实行统一的初中学业水平考试；二是探索分数加等级的考试成绩呈现方式，部分科目还可用“合格”与“不合格”的方式呈现；三是完善学生综合素质评价办法，并将评价结果作为学生初中毕业与高中学校招生的重要依据，综合素质评价结果既可用等级呈现，也可用事实性材料、写实性评语等方式呈现；四是采取多元录取方式，既要推进录取方式的多元，更要推进录取标准的多元。应当全面考查学生综合发展情况，改变单纯以分数录取学生的做法。

高考改革如何寻求突破？结合深化普通高中课程改革，浙江省尝试建立了集学业水平考试、综合素质评价和统一选拔考试（高考）于一身的“三位一体”招生考试评价体系，把学业水平考试作为统一选拔考试的基础，由招生院校根据培养目标自主确定是否对相应学科的学业水平考试成绩提出等第要求。同时采取“弹性学制”，对那些“学有余力”且不到3年就可达到毕业条件的学生，学校可允许他们提前毕业，并参加高考。

逐步形成“分类考试、综合评价、多元录取”的考试招生制度，是今后高考改革的基本方向。在考试形式改革上，要逐步实施普通高等学校、高等职业学校和成人高等教育的分类入学考试。在考试内容改革上，要全面体现高中课程改革要求，把课程标准作为考试命题的基本依据，使考试与课程、评价统一起来并有效衔接，最大限度地发挥高考对高中教育教学的正面引领和导向作用。在招生录取方式改革上，要体现综合评价的理念，普通高等学校本科招生要以学生统一入学考试成绩、高中学业水平考试成绩为主要依据，结合综合素质评价结果择优录取。要完善多元录取机制，在统一录取基础上，逐步完善自主录

---

①马嘉宾．高中考试招生制度改革的问题与建议［J］．教育研究，2014，（7）．

取、推荐录取、定向录取和破格录取等多元录取模式。

四、积极推动普通高中多样化发展

如何更好地适应我国经济社会发展对人才多样化的客观要求，更好地满足学生多样化的教育需求，是当前普通高中改革发展面临的一个突出问题。正视并解决好这一问题，必须大力推动普通高中多样化发展，必须不断深化普通高中的全方位改革。应当说，“多样化”是普通高中内涵发展的必然要求。

1. 推动普通高中多样化发展，需要牢牢把握人才培养模式改革这一核心，不断深化课程、培养方式、评价和考试招生制度等一系列改革

一是要坚持以课程建设为核心，致力于构建多层次、多类型、可选择的课程体系。当务之急是要减少必修课，增加选修课，进一步提高课程的选择性，给学生更多自主发展的空间。作为全国高中课程改革试点地区之一，浙江省为了进一步深化普通高中课程改革，推动普通高中多样化和特色化发展，专门制定了《浙江省深化普通高中课程改革方案》，力求为每个学生提供适合的教育，满足不同潜质学生的发展需求。其核心内容是“调结构、减总量、优方法、改评价、创条件”，明确提出了“减必修、增选修”的目标，必修的学分从 116 降为 96，选修的学分从 28 增为 48。①

二是要不断创新培养方式，通过落实选修制度，积极推进走班制和学分管理，满足学生个性化的课程学习需求。同时，要加强创新人才的协同培养和对学习困难学生的扶持帮助。

三是要深入推进评价和考试招生制度改革。高中学校是否真正促进了学生的健康成长，高中学生是否真正实现了全面发展，需要有一个科学的评判标准，当前要切实改变单纯以升学率、考试成绩来评价学校和学生的做法。同时，要深入推进中考和高考制度改革，完善学业水平考试和综合素质评价制度，为高中学校和高等学校招生录取提供更加科学的依据。改革要有利于具有学科特长和创新潜质的学生脱颖而出。

2. 推动普通高中多样化发展，需要进一步深化办学体制改革，不断增强办学活力

通过促进民办高中的发展，通过公办学校的联合办学、委托管理等探索试验，扩大优质教育资源，增强办学活力。同时，要进一步加强普职融通，发展

---

①浙江教改“选择”破题［N］．中国教育报，2015－12－22．

综合高中，探索普通高中与中等职业学校学生双向流动的机制。进一步完善相关政策，支持有条件的普通高中学校与国外知名高中的交流与合作，加强对高中中外合作办学、中外合作办学项目以及国际课程引进的规范管理，以利于更好地适应和满足学生的多样化需求。

推动普通高中多样化发展，需要加强学校特色建设，实现以特色促发展。对于不同的学校而言，一定要办出自身的个性与特色，也就是说必须要注重学校的特色建设。从显性层面看，传统意义上的特色，如外语、音乐、体育、美术等，仍然应当鼓励，以满足人民群众的需求；从隐性层面看，应当注重以课程多样化促进学校特色建设，进而实现学校的“规范＋特色”、学生的“合格＋特长”。特别需要强调的是，注重学校特色建设与传统的特色学校建设并不完全相同，传统的特色学校建设只是针对小部分学校而言，而鼓励学校办出个性与特色，则是对所有高中学校提出的要求。只有真正注重了学校的特色建设，当前普通高中的同质化现象才有望逐步得以解决。

3. 推动普通高中多样化发展，需要以制度和资源支持为依托，创设良好的改革环境

推动多样化发展对于经费投入、师资配备和资源整合等提出了更高的要求。因此，加大经费投入、加强师资队伍建设、加快教学资源平台建设等都是必不可少的保障手段。值得一提的是，进一步落实和扩大学校办学自主权，对于推动多样化发展尤为重要。当前，可先行支持一些学校结合自身实际和办学特色，有计划地整合国家课程和学校课程，自主开设课程。同时，鼓励普通高中学校探索自主制定招生录取工作方案，自主确定录取标准、自主选拔和录取学生的办法。

推动普通高中多样化发展，需要树立科学理念，谨防在改革实践中走入误区。一是推动多样化发展是手段而不是目的，不应为了多样化而多样化，防止因为追求形式多样而忽视内在改革；二是推动多样化发展的要求是针对所有学校而非个别学校，要鼓励所有学校立足自身实际办出特色，防止因为专注于个别特色学校的打造而忽视了大部分学校的发展；三是推动多样化发展是一项系统工程而非局部改革，需要日积月累稳步推进，防止因为急功近利而出现一些不切实际的做法。

（汪　明　撰稿）

2　推动职业教育的模式改革

2017年《国家教育事业发展“十三五”规划》明确指出“推行产教融合的职业教育模式”“推行校企一体化育人”。党的十九大报告进一步提出“完善职业教育和培训体系，深化产教融合、校企合作”的目标，可以说深化产教融合、校企合作是未来一段时期推进我国职业教育模式改革的主要内容。产教融合的内涵可以从三个不同的层面来理解：在宏观层面就是要将国家的产业结构需求与职业院校的结构供给改革深度融合；在中观层面就是要将行业的转型升级需求与职业院校的转型发展深度融合；在微观层面，就是要将企业的岗位能力需求与职业院校的课程内容深度融合。中观层面涉及职业教育办学模式，微观层面涉及职业教育人才培养模式。产教融合、校企合作是职业教育模式改革的方向，是培养高素质技能人才的内在要求，也是办好职业教育的关键所在。

一、推动职业教育模式改革的意义

1. 职业教育模式改革是办好人民满意职业教育的必然要求

习近平总书记强调“人民对美好生活的向往，就是我们的奋斗目标”。职业教育已成为广大人民群众就业圆梦、生活美好的康庄大道。而职业教育人才培养质量的提高，需要通过深化产教融合、校企合作才能实现。① 职业教育是人们通往成功成才大门的重要途径，是保障所有劳动者在成长和职业生涯发展不同阶段都有机会获得所需的职业能力、帮助人们获得体面工作的重要一环。从人才培养过程来看，产教融合是提升人才培养质量的关键所在。通过产教深度融合，可以有针对性地进行特定技能的培养，为学生获得最新的职业能力提供可能。通过产教融合、校企合作，职业院校可以对职业岗位群的职业能力进行动态的调整，以适应职业的变化，培养学生职业迁移能力，提高就业能力及可持续发展能力。受教育者才能更好地应对未来，增强职业获得感。

2. 职业教育模式改革是供给侧改革的新要求

从职业教育发展历史来看，职业教育“以供应为目标”的办学模式适应了计划经济体制的需要，为我国尽快恢复和发展国民经济提供了必需的技术人才。

---

①陈昌智．深化产教融合、校企合作亟待解决的问题——在2018中华职业教育社专家委员会会议上的讲话摘编［J］．中国职业技术教育，2018，(13)．

然而随着我国逐渐向市场经济体制转型，以对人才需求进行预测的模式进行办学已经越来越不适应经济社会发展的需要。随着供给侧结构改革的展开，许多产业链将面临改良或重组。为适应产业改革，必然需要劳动者思想观念的转变和职业技能的提升，这就要求职业教育以行业、企业人才需求为导向，根据劳动力市场对人才数量和规格的需要，对专业设置和课程内容等进行及时调整，以适应产业转型升级及新兴产业发展需求，培养高素质技能人才。

3. 职业教育模式改革是促进产业转型升级的必经之路

当前，我国正处于转变发展方式、产业升级转换的关键阶段，迫切需要大量的工程师、高级技工和高素质职业人才。新的行业、新的职业不断涌现，人才培养方式也需要不断更新换代。通过深化产教融合、校企合作，促进职业教育优化专业结构，提升人才培养的适用性和针对性，可以不断培养适应新产业需要的人才，改善技能人才和应用型人才的供给，增强职业教育服务经济社会发展的能力。满足产业对职业人才的多层次需求，提高劳动者素质、推动产业升级转型。

二、 职业教育主体改革的特点

1. 学校由封闭走向开放

产教融合对学校教育提出了增加开放性的要求。学校要主动做好校企合作、工学结合。在传统模式下，学校是人才培养的供给侧，企业是人才的需求侧。在产教融合背景下，职业教育要以终身教育的理念引领，增加开放性，积极主动创造条件促使企业参与学校的人才培养。首先，学校要开放课程与专业标准，根据就业市场需求，与企业合作设置专业、研发专业标准，开发课程体系、教学标准以及教材、教学辅助产品，开展专业建设。其次，学校要开放与企业人员的交流与互动。与企业合作制定人才培养或职工培训方案，实现人员互相兼职，相互为学生实习实训、教师实践、学生就业创业、员工培训、企业技术和产品研发、成果转移转化等提供支持。第三，开展学徒制合作。根据企业工作岗位需求，联合招收学员，按照工学结合模式，实行校企双主体育人。第四，以多种形式合作办学，合作创建并共同管理教学和科研机构，建设实习实训基地、技术工艺和产品开发中心及学生创新创业、员工培训、技能鉴定等机构。

2. 激活企业的主体责任

激发企业承担学徒培训和参与职业教育的社会责任意识。企业应树立产教融合的战略发展理念，主动参与技术技能型人才的培养。充分发挥企业办学主体作用，企业可以用独资、合资、合作等方式依法参与举办职业教育、高等教育。支持引导企业深度参与职业学校、高等学校教育教学改革，多种方式参与学校专业规划、教材开发、教学设计、课程设置、实习实训，促进企业需求融入人才培养环节。企业为学生提供生产性实习实训条件，与学校共建共享生产性实训基地。支持各地依托学校建设行业或区域性实训基地，带动中小微企业参与校企合作。以企业为主体推进协同创新和成果转化。支持企业、学校、科研院所围绕产业关键技术、核心工艺和共性问题开展协同创新，加快基础研究成果向产业技术转化。引导高校将企业生产一线实际需求作为工程技术研究选题的重要来源。

3. 发挥政府主导作用

建立产教融合长效机制离不开政府的政策导向，政府层面要牢固确立职业教育在国家人才培养体系中的重要位置。在产教融合过程中，必须发挥政府主导作用，强化顶层制度设计，增强统筹能力，充分发挥政府的主导推动作用，将校方、企业方、科研机构及行业协会组织在一起，共同促进产教融合发展。政府要制定职业资格标准和职业准入制度，明确职业院校专业设置调整的基本准则，扩大职业院校在专业设置和调整、人事管理、教师评聘、收入分配等方面的办学自主权。在产教融合、校企合作过程中，政府的角色也要随之发生转变。一方面政府应探索多样化的市场引导机制，比如“资本合作”“购买服务”等，拓展政府支持校企合作的形式。另一方面允许社会资本、金融机构进入校企合作，激发其参与的积极性。进一步完善产教融合的法治环境，从制度架构层面理顺技能人才培养过程中的责、权、利关系，让学校与企业明确其在人才培养中应该承担的责任和义务，能够支配的资源有哪些，尤其让企业知道能够获得什么具体的收益，从根本上调动校企双方协同育人的积极性。

三、 职业教育模式改革的重点

1. 搭建产教融合的利益平衡机制

深化产教融合的核心问题是要构建促进职业教育与产业深度互动的动力机制，只有建立起平衡各方利益的机制，才能激发各主体的活力，形成产教一体、良性互动、持续发展的局面。要想实现产教融合利益相关者的共同治理，必须结合不同利益相关者的实际情况，比如，学校的主要目标是育人，企业的主要目标是盈利，合作双方的目标并不完全一致。再如，在产教融合的实际运营过程中，一线教师和派遣的企业员工往往承担着较重的任务，投入的时间、精力等成本都较高，这就会造成不同利益相关者之间的承受能力不对等问题。要解决上述问题，必须构建并实施产教融合的利益驱动机制。建立完善的成本补偿机制，用财政补贴、税收优惠、设立校企合作基金、建立以奖代补等机制，吸引和鼓励企业深度参与职业教育，调动产业和企业积极性。职业院校可以不参与利润分配，但可以获得相关的知识产权或荣誉，保留与企业分享的权力。只有将不同利益相关者的切身利益纳入产教融合的整体运行机制中才能真正实现共同治理目标，激发产教融合的内生动力。

2. 完善法律保障机制

为保障产教融合、校企合作的有效实施，首先要明确学校、企业、行业组织以及教育和经济管理部门等在人才培养中的相互关系和职责分工，并以法律法规的形式对其责权利关系进行规范，以保障学校和企业双主体作用的充分发挥。通过立法规范学校、行业企业、社会等共同参与校企合作的基本形式和各主体的基本权利义务，以弥补产教融合中政府管理和市场作用的不足。我国《职业教育法》虽然也有涉及企业、行业办学的条款，但是没有明确学校、企业、各类行业协会以及管理部门等在人才培养中的相互关系和责任义务，不具有约束力。要加快修订、完善《职业教育法》，促使产教融合、校企合作有法可依、有章可循。职业教育的成功之处在于以完善的立法和政策规范来保障职业教育健康有序发展。①

3. 建立与产教融合相适应的评价机制

在深化职业教育模式改革的过程中，还要充分发挥评价机制的导向作用，将职业教育的办学模式更好地引导到产教融合、校企合作上。第一，支持社会第三方机构开展产教融合、校企合作效能评价。第二，建立产教融合、校企合作的过程管理和绩效评价制度，定期对合作成效进行总结，共同解决合作中的问题，不断提高合作水平，拓展合作领域。第三，各级教育、人力资源社会保障部门应当将校企合作情况作为职业学校办学业绩和水平评价、工作目标考核的重要内容。行业主管部门和行业组织应当充分发挥作用，根据行业特点和发展需要，参与校企合作绩效评价，并提供相应支持和服务。第四，职业学校应当将参与校企合作作为教师业绩考核的内容，具有相关企业或生产经营管理一线工作经历的专业教师在评聘和晋升职务（职称）、评优表彰等方面，同等条件

①潘陆益．我国职业教育产教融合动力机制的构建研究［J］．中国农业教育，2015，(3)．

下优先对待。

四、完善支撑体系，构建良好的职业教育发展生态

1. 全面转变人才观

建立基于能力的人才评价标准，从学历社会走向能力社会。引导人们以能力为核心来规划职业选择和事业发展，选择适合的教育，重视自身能力的提高，实现人人皆可成才、人人尽展其才的目标。重点通过国家资格框架的建立，使先前学习成果和通过实践获得的职业能力与正规教育之间得到认证和转换，实现个人资历和职业生涯的不断提升。在全社会确立尊重劳动、尊重能力的观念，形成“崇尚一技之长、不唯学历凭能力”的良好氛围。

2. 将职业启蒙与职业生涯教育融入教育全过程

普遍开展中小学职业启蒙教育，增强学生对职业的了解，培养职业兴趣，树立正确的劳动观、职业观和人生观。将动手实践内容纳入中小学相关课程和学生综合素质评价，鼓励职业学校实训基地向中小学开放。在高中阶段开设职业指导课程及配备职业指导教师，帮助学生逐步发现其能力所长、潜能所在，促进每个学生选择最适合个人发展的职业路径。职业院校和高等院校应加强学生核心素养和通用能力的培养，促进教育人才培养供给侧和产业需求侧结构要素柔性对接。注重学生的自主学习能力、解决问题和决策能力、科技运用能力、获取信息并利用信息能力、创新创业能力及团队合作能力等的培养，让学生在掌握通用能力基础上发展职业能力，以应对未来社会快速变化的工作更替，提升职业教育学生的适应能力和可持续发展能力，拓宽就业机会。注重学生社会责任感和担当精神的培养，弘扬现代工匠精神。把提高职业能力和培养职业精神高度融合，牢固树立敬业守信、勇于创新、精益求精等职业精神，为社会主义现代化强国建设提供坚实人才保障。

3. 构建面向终身学习的职业教育体系

建立具备更强吸引力、更具创新性、更高质量、更加灵活开放、更有利于实现终身学习的职业教育与培训体系，使全体公民在劳动生涯的全过程都能享有学习劳动技能的机会，为全体劳动者掌握及更新职业技能提供支撑。建立普通高中和中等职业教育互通机制，鼓励普通高中多样化、有特色发展，探索举办附设职教班的综合高中。发展多样化的中等职业教育，满足学生就业与升学需要。推进中等和高等职业教育在培养目标、专业设置、教学过程等方面的衔接，形成对接紧密、特色鲜明、动态调整的职业教育课程体系。大力发展基于

工作场所的学习、实践社群等学习模式，为在职人员提供更多学习机会。搭建工学交替、终身学习的“立交桥”，形成所有公民都有机会通过直接升学、先就业再升学、边就业边学习等多元化人才成长渠道。

4. 建立围绕技能开发的保障体系

建立以法治为基础的多方合作办学制度。统筹发挥政府和市场作用，发挥行业、企业、学校和社会各方面的积极作用，探索更加适应市场需求的治理模式，激发职业教育办学活力。完善经费稳定投入机制，建立与职业教育办学规模和培养要求相适应的政府财政投入制度，加大地方人民政府经费统筹力度，加大对农村和贫困地区职业教育支持力度，健全社会力量投入的激励政策。打造信息服务平台，运用云计算、大数据等信息技术建设市场化、专业化、开放共享的职业教育信息公共服务平台，汇聚人才供需、校企合作、课程开发、项目研发、技术服务等各类供求信息，向相关主体提供信息发布、检索、推荐和相关增值服务。

最终通过各方努力形成学校主动服务经济社会发展、企业重视“投资于人”的普遍共识，深化职业教育模式改革，提升人民对职业教育的满意度，积极营造全社会充分理解、积极支持、主动参与职业教育的良好氛围。

（王　蕊　撰稿）

3　实现高等教育的多样化育人

当前，中国特色社会主义进入新时代，高等教育正经历着由大众化迈向普及化的急剧转换。新时代的教育必将更加聚焦于人的成长，而普及化的高等教育需要更加多样化。多样化发展是合理的未来，选择性增强代表着进步，但也可能引发大家的错乱和焦虑。人才培养是高等教育的核心功能和高等学校的主要任务，在多样中有没有一成不变的、基本的东西？答案是肯定的，因为基本的规格是存在的，特性中需要蕴含着共性，特性是以共性为基础的，否则就不能统称为高等教育了。我们的任务就是把这个基本的、共同的规律找出来。

一、从哪里寻找出路

高等教育的改革，必须遵循办学和育人的基本规律，因此有着守正的问题。改革与守正，是事物发展的不同方面，动静结合，在变动中找永恒、在多样中谋共识。守正从哪来？须从科学、经验中找规律，需借鉴理论研究的成果和实践形成的模式。

首先，从心理学找答案。心理学是教育学的重要基础，心理学有三个共识值得教育学参考：一是智力结构，如格式塔心理学、多元智能理论、思维的三棱结构。[①] 智力是一个较难穷尽组合的多元结构，思维是智力的核心，智力结构是智力领域的核心问题。二是教育目标分类学，该理论旨在对构成教育目标的能力进行分类分解，如最著名的以布卢姆为首的委员会所做的认知领域、情感领域和技能领域的目标分类，认知领域的教育目标从低到高分为六个层次。三是迁移理论，迁移是一种基本的学习现象，是教育的基本目标。形式训练说认为可通过训练一般的心理官能而产生广泛的迁移，共同要素说强调能通过训练具体行为而在具体情景中产生迁移，格式塔心理学强调通过训练普通技能可以迁移于具体的任务，认知心理学则强调元认知训练才是决定迁移能力的核心要素。由此看来，人的智力结构怎么搭建、怎么培养、怎么提高迁移能力可能会有不同的流派，但人有智力结构、教育目标可以分解分类实现、人的能力是可以迁移的则是有着广泛的共识基础的。

其次，从过去的经验找答案。中华人民共和国的大学教育，早期学习了苏

---

①林崇德．思维心理学研究的几点回顾［J］．北京师范大学学报：社会科学版，2006，(5)．

联，强调“螺丝钉”精神，学以致用，注重专业教育，因此也就关注知识结构和专业深度；改革开放后，开始向西方发达国家学习，强调发展的“后劲”，注重通识教育，关注知识面和灵活性。结构化的教学安排是我国高等教育的基本经验，如基本的专业规格和标准，基础课、专业基础课、专业课的课程架构，理论教学、实习实验、毕业设计（论文）的环节搭配，以及专业面宽窄、课程多寡和覆盖面的改革调整等。这期间，受教育理念及大学规模的影响，对于专业设置、课程安排、教学内容、授课形式、选课弹性、实践训练等有不同认识和实践，但知识的结构化总是能通过教学计划得以体现。今后，需要考虑的是对结构设计的科学化及对结构化概念的强化。

再次，从国外模式找答案。发达国家走到今天，高等教育经历过扩大就学机会、加强质量保障、鼓励终身学习等政策主导时期，其学科面比我们相对宽一些、课程选择灵活一些、学生个性化更强一些。欧美体系下大学生学习专业一般称为某学科方向的课程组合（program），按学分制进行选课，为规避掉学生因没经验或取巧而导致的乱选现象，很多大学实行模块制选课或实现主修(major)，以此来保证育人的“结构性”。当然，普遍重视学生的自主性、选择性和能力提升，也是其可资借鉴的经验。①

最后，从未来需求找答案。面向未来，人才需求必然更加多样。面对科技革命的浪潮飞卷，创新永不停息，人工智能影响深远，前景难以预测。在市场经济起决定作用的资源配置中，特色是需求满足的方向。而特色、创新、多样，又都以质量为基础，有着基本的规格要求。

因此，智力和能力的结构化是人才培养的必须，学业的深度代表着人才培养的专业性。二者是可以分解搭建和逐步培养的，搭建得好、培养得深，就有利于迁移力的增强。

二、培养什么人——高级专门人才

《高等教育法》规定：高等学校应当以培养人才为中心，教师应当以教学和培养人才为中心做好本职工作，学生应当掌握较高的科学文化知识和专业技能，高等教育的任务是培养具有社会责任感、创新精神和实践能力的高级专门人才。当今我们倡导创新创业教育，对创新定位的高度前所未有，创业成为国家发展的活力之源。但不管怎么说，高级专门人才应当是高等教育任务的核心词，其

①马陆亭.“双一流”建设不能缺失本科教育［J］. 中国大学教学，2016，(5).

他的都是修饰词或说是定语。

1. 从家庭走向社会

高等学校是学生从家庭走向社会的过渡地带。在家里，学生是父母的宝贝孩子，可以饭来张口衣来伸手，可以撒娇和任性，而走向社会则不行。学生走向社会，不仅需要自食其力，与他人和谐相处，更需要尽社会的责任，成为社会主义的建设者和接班人。高等教育要帮助学生实现这一转换，因此是学生从家庭人成为社会人的中间转换器。

根据《高等教育法》规定的定义推理，对高级专门人才的培养应该是专业教育。后来我们讲拓宽基础、增加后劲，开始加强通识教育，并进一步上升到素质教育的高度。现在国家又开始建立现代职业教育体系，推动部分地方本科院校向应用型转型发展，而这又归属到了职业教育范畴。当前，在高等教育的具体实践中，上述多种教育思想是并存的。

教育是人社会化和现代化的基本手段。社会化即适应社会的问题，现代化是自我完善的问题。根据我国现行的教育学制，高等教育的基本对象为 18 岁以上青年，为成年人。基础教育顾名思义重在基础，包括思想道德、个性特征、品格、价值观的初步形成，但受升学压力和应试教育的影响，我们基础教育的基础工作没有做牢，还需要高等教育补补课。高等教育要成就学生的社会化及适应社会，还要进一步地教会学生改造社会的能力，提高社会的文明程度。

所以，不管各高等学校遵循着专业教育、通识教育、职业教育中的哪种教育思想办学，学生都将走向社会。当然，也还有部分继续深造的，但这不过是延缓了他们进入社会的时间。当今社会，从理论上讲，基础教育的毕业生是不应该直接进入到劳动力行列里的，高等教育、职业教育也就担负起了向社会提供合格劳动力的重任。

2. 知识、技能、思维

学生融入社会的能力，由知识、技能和思维构成。这既是高等教育的实质意义，也是《高等教育法》赋予的使命要求。三者是能力的基本要素，相对独立，呈三足鼎立之态。即是说，高等教育要培养大学生的能力，而这种能力由这三个要素构成，是结构化的。对不同的人而言，这个结构可能不同，但结构化则是必须的。每个人要有自己的能力结构，结构搭建得越合理、越科学，能力就越强。

首先是知识。知识是人们在社会实践中获得的认识和经验①，是人才成长和能力获得的基础。上大学不学知识不行，可光学知识也不行。知识的作用一是作为专门人才需要具备一定的基础知识和专业知识，二是知识可以训练思维，是培养思维力的元素或媒介。所以，高等学校的专业设置应该着力构建结构化的知识体系，对知识的选择主要考虑以上两个因素。基础知识、专业知识和方法论知识搭配的结构化程度越高，越有助于学生成为高级专门人才，这其实是课程安排的有序性问题。

其次是技能。技能是掌握和运用专门技术的能力②，指完成某项任务的操作和心智活动方式，是知识外化的工具，也是能力表现的手段。比如说，游泳、开车是一种技能，光有理论知识是不行的，需要实际训练，不经过实践就不可能学会；再比如，工程图是工程师的语言，是形成工程表达能力的重要手段。通常说的心灵手巧就是心智技能和操作技能结合和统一的结果。高级专门人才需要有专业技能，进一步推广为《高等教育法》所指的实践能力，这些都需要在专业实践和社会实践中得到锻炼和培养。

再者是思维。思维是在表象、概念的基础上进行分析、综合、判断、推理等认知活动的过程③，是人类具有新质的心理活动形式，也是高等教育人才培养的最高境界。思维虽然是以感觉为基础的，但却可以超越直观反映的局限，获得对物质世界和精神世界各种属性、本质、规律的理性认识。恩格斯说“思维是地球上最美的花朵”“一个民族想要站在科学的最高峰，就一刻也不能没有理论思维”，爱因斯坦说“整个科学不过是日常思维的一种提炼”，《高等教育法》所提到的创新精神也主要体现在思维层面。思维力是人类一种特有的精神活动本领，可以渗透到各种能力之中，如学习能力、发现和解决问题能力、人际交往能力等，是能力培养、开发的主要标志。

我们当前高等学校的育人问题，主要就是把知识的传授和记忆当成了一切，很多课程的考核最后都成为对知识点的死记硬背，重视知识学习而忽略了其他。学知识、考知识，学生出现高分低能情况，高等学校难以达成高等教育的育人目标。为什么呢？因为知识、技能、思维教授和获得的方式不同，教育不能用学知识的一种规律来代替其他两个重要要素获得的规律。

---

①中国社会科学院语言研究所词典编辑室．现代汉语词典［M］．北京：商务印书馆，2012：1668.

②中国社会科学院语言研究所词典编辑室．现代汉语词典［M］．北京：商务印书馆，2012：613.

③中国社会科学院语言研究所词典编辑室．现代汉语词典［M］．北京：商务印书馆，2012：1230.

进一步地分析，知识通过传授学习和记忆获得，技能通过培训指导和练习获得，思维通过逻辑训练和心智开发形成。它们各自的规律不同，均衡发展才能组合出理想的智能结构。当然，知识学习的理解过程也是思维开发的训练过程，结构化的知识体系安排有助于学生思维力的提升。过去我们在知识学习过程中无意识地开发了思维，今后应该有意识地进行。高等学校需要思考，如何在既尊重一般规律、又兼顾学生个性特点来搭建学生的专业结构，即智能结构，并如何通过合理的教学安排来实现。

3. 知识、能力、素质

“知识、能力、素质是培养人的三要素”①，三者呈包容关系，后者涵盖前者，即能力包括知识，素质包括能力。前文所谈的知识、技能、思维是这里“能力”里的要素。

按照《现代汉语词典》的定义，素质包括三方面的含义：一是指事物本来的性质；二是指素养；三是指心理学上人的神经系统和感觉器官上的先天的特点。② 由此看，素质教育中的素质主要在第二个含义上。而《新华字典》中的一个定义也极有道理，即素质是指“完成某类活动所必须的基本条件”③。因此，二者的结合似乎更为贴切。素质教育是以提高人才素质作为重要内容和目的的教育，融传授知识、培养能力、提高素质为一体。④

除能力之外的素质要素主要体现在“做人”上，而知识、能力主要体现在“做事”上。因此，从人的社会化角度看，能力是谋生和发展的基础，而发展得好不好，与社会责任感等做人素养方面的素质因素密切相关。后者其实也是人类自身完善的内容，素质教育也就更加贴近教育的本质，更能促进人类社会的文明。

三、如何育人——结构化培养

高等学校培养学生什么？前面已给出答案——知识、技能、思维和知识、能力、素质。那么如何培养呢？答案是通过课程和活动，即理论学习和实践活动。课程的安排是结构化的，以培养高级专门人才的能力为核心设计；活动旨

①周远清. 我的素质教育情怀［J］. 中国高教研究，2015，(4).

②中国社会科学院语言研究所词典编辑室. 现代汉语词典［M］. 北京：商务印书馆，2012：1241.

③商务印书馆辞书研究中心. 新华字典［M］. 北京：商务印书馆，2001：938.

④周远清. 素质·素质教育·文化素质教育——关于高等教育思想观念改革的再思考［J］. 中国大学教学，2000，(8).

在锻炼学生的实际能力，实现素质养成。

1. 核心思想

高等学校遵循什么教育思想育人，是各高校首先需要思考和必须做出选择的。各校可以并应该有所不同，这样才能形成特色，避免千校一面、模式趋同现象。校内各专业也可以略有区别，但要与本校的整体风格相适应。选择的依据主要沿着以下两个方面思考：

其一，通识教育和专业教育之间光谱点的确定。通识教育和专业教育是两种相互对立的教育思想，在各国的教育实践中一直存在着争议。20 世纪我们强调专业教育，21 世纪以来又偏向了通识教育，但从《高等教育法》的规定来看，似乎还应该是专业教育。其实，二者之间是可以和谐共处的，那就是各校不走极端，而在中间的光谱地带进行选择。具体偏向哪一方，由各学校依据自己的特色和未来发展愿景决定。首先，我国高等教育的基调是专业教育，这是由现阶段高等教育的社会需求特征决定的，因此由《高等教育法》所规定的“高级专门人才”来限定。但是，我们需要倡导通识教育，具体由大部分高校以专业教育为基础拓宽知识面、一批高校推行主辅修专业、少量高校努力实现文理贯通等多渠道来实施。在思想上，我们最终的走向是素质教育。

其二，理论教学和实践教学比重的安排。科学是用概念体系阐述的，现代技术需要科学原理的支撑，创新是发展出符合科学规范的新的概念体系，因此高等教育必须进行理论教学；现代科学又是建立在先进设备和社会需求基础之上的，技术只能是习得的，创新创业与实践密不可分，因此高等教育还需要程度不同的科学实验和社会实践。所以，理论教学和实践训练构成了高等教育最基本的育人方式，但不同学校的搭配比重不同。各高等学校要对此做出安排，就有了所谓的特色。这种安排是科学的而不是随意的，需要经过论证，执行过程也不能偷工减料。

2. 核心课程

学生成长为高级专门人才需要一个严谨培养、勤奋学习的师生互动过程，这个过程由结构性的课程体系和实践环节保证，即我们所谓的专业。专业一说是学习苏联做法，比较刚性。欧美有叫 major 的，也有叫 program 的，柔性较大。无论是哪种做法，这个课程体系的知识不是罗列上去的，而是结构化的设计，即知识是有序的而不是堆加的。有序的知识才有助于思维的训练，人才需要结构化成长。唯有此，才能培养出高级专门人才所需要的知识、技能、思维规格要求。

大体而言，在本科教育的课程结构中，与专业密切相关的知识、既与专业相关又对思维训练有用的知识，以及扩展性知识大致各占 1/3。教学改革的重点是思维训练的内容如何得到加强，扩展性知识如何选择及其深度要求等。这些，最终都聚焦在课程的安排上，“专业”其实就是课程的发展和组合问题。我们的问题是课程数量少，甚至陈旧，学生的选择性也就少。试想，当今的学生如果与十年前学得大体相同，那么认知的水平也就是一样的，起点就没有进步。目前许多学校的教学计划只安排规模大的课程，而拒绝小型的前沿课程，就是个大问题。课程的结构要注重知识的深度与宽度平衡，注重理论教学和实践教学的平衡，特别是注重有助于思维力提升的知识内容和方法的选择。当然，搭建课程结构的方法有很多种，如模块式、主辅修制、不同的学分制，还有基础课、方法论、专业课、实验课、通识课，等等，需要各校进行自己的探讨。在课程的深度与广度、文理交融性、理论性与实践性的侧重上，都有很多探讨的空间。①

根据对知识传授、技能训练和思维开发的特点分析，可以看出：技能有具体表现，需要分项训练；思维则是一种一般能力，可以贯穿于整个课程体系中，但各门课程的作用可能不同。据此，对知识、技能和思维的培养应区别对待：知识传授应重点思考课程结构的内容，配以有效的教学方法，使学生具有合理的知识结构；技能训练需运用掌握学习理论，把不同的技能分配到不同的课程和实验实践环节，分门别类地培养和训练；思维开发可贯穿于全面课程之中，但考虑到课时约束条件的限制，可依据能力需求度②选出核心课程，增加该课程课时以强化思维开发。

因此，对于大部分高等学校本科生教育的课程安排，应该是以专业教育内容为骨干、兼顾通识教育内容。具体分为四级：一级课程为核心课程，要熟练掌握运用，此类课程除专业知识需求因素外，更重要的是加大思维量和思维训练的深度及难度，旨在提高学生的思维层次，需要适当扩展学时；二级课程为重点课程，为本专业的必需课程，对培养学生的思维力也有一定帮助，基本遵循现行教学计划；三级课程为本专业的外围相关课程，内容要求一般性掌握，对比现行教学计划可适当减少课时；四级课程为选修课，系进一步扩展基础和

---

①马陆亭．大学的专业发展［J］．科学中国人，2010，(4)．

②马陆亭．工科大学生能力的培养［D］．北京航空航天大学，1990．

扩大知识面的内容。

3. 核心模式

课堂教学是学校教育传统和基本的教学方式，其主要功效是传授知识、启迪思维。切忌的是只有知识学习，而无思维开发，结果“学而不思则罔”。高等学校的课堂教学应该是针对高级专门人才的系统设计。

实践活动是当代高等学校人才培养的另一个基本方式，包括教学计划内的专业实践和课外的社会实践及创新创业活动。我们常说知识就是力量，过去是，现在不一定是，因为知识已不再是稀缺资源，很容易获取。现在讲创新、创业，讲满足社会和市场需求。人不能把精力都用在坐而论道上，更需要身体力行。实践活动可以锻炼人的能力，以及展示、挖掘自己的能力，把隐形的潜能转化、显现为实际的能力。社会实践还有助于学生了解社会需求，推动全面发展，提高个人的素质。

校园文化是学生个性养成的土壤，不同学校的毕业生总会打上这所学校特色的烙印。教育其实最早就是文化的组成部分，我们过去常讲的“潜移默化、熏陶”等就与文化环境相关。

因此，高等学校基本的育人模式是：专业课堂＋实践活动＋文化环境。任何其他模式都是以此模式为基础之后的变异。课堂帮人育智，培育人的学识、专业和理性；活动给人练力，锻炼人的活力、毅力和能力；环境使人养心，养成人的气质、才艺和思想。[①] 高校需要围绕这三方面做好文章，每所高校还要注重形成自己的模式风格。

（马陆亭　撰稿）

①马陆亭．大众化本科教育的有效模式——对郑州大学西亚斯国际学院教育模式的剖析［J］．中国高教研究，2014，(5)．

4　民办教育要为改善民生服务

民生是指民众的基本生存和生活状态，民众的基本发展机会、基本发展能力和基本权益状况等。作为社会发展与人提升的重要元素，教育与民生有着不可分割的内在联系，民办教育是教育的重要组成部分，民办教育不但能够促进国家发展，还能够提高社会民生水平，民办教育要为改善民生服务。

一、民办教育是民生的重要内容

改革开放以来，伴随着我国经济社会的迅速发展，我国逐渐进入了推进民众物质文化生活领域全面发展的民生时代，民生成为我国政府和人民关注的重要主题，而教育则被纳入民生的一部分，这一点在我国是逐渐实现的。从我国对教育的定位看，党的十二大、十五大和十六大将教育列为文化建设的内容，党的十三大将教育列为经济发展战略的内容，党的十四大则将教育纳入到经济建设的部分。党的十七大、十八大和十九大都将教育与就业、收入、社会保障等一道列为民生的重大内容，教育已经成为民生的重要组成部分。而我国相关法律明确规定民办教育是社会主义教育事业的组成部分，《中华人民共和国民办教育促进法》（以下简称《民办教育促进法》）规定“民办教育事业属于公益性事业，是社会主义教育事业的组成部分”“民办学校与公办学校具有同等的法律地位”。作为我国教育事业一部分的民办教育，在我国整体的教育被定位为民生一部分的情况下，民办教育自然也是我国民生的一部分。改革开放以来，民办教育逐步恢复发展起来，经过 30 多年的发展，民办教育发展成为一个规模巨大的体系，2016 年全国共有各级各类民办学校 17.10 万所，招生 1 640.28 万人，各类教育在校生达 4 825.47 万人，民办教育已经成为我国教育体系的重要组成部分，民办教育也是我国民生的重要组成部分。

二、民办教育是推进民生改善的重要力量

改善民生是一个系统工程，主要的因素包括由谁来改善、通过什么手段改善和为谁来改善三个基本问题。从这三个基本问题来看，民办教育都是推进民生改善的重要力量。

首先，民办教育是推进民生改善的重要主体之一。我国是实行社会主义市场经济的国家，社会力量是推动我国民生改善的重要力量。教育是我国民生的

一部分，教育既包括公办教育，也包括民办教育，民办教育已经成为推动我国民生改善的重要力量。我国的民办教育覆盖了各级各类教育，既有大量的学前教育、小学教育、初中教育、高中教育和高等教育等学历教育，也有继续教育和培训等非学历教育。既提供低端廉价的教育产品，也提供高端高价的教育产品。既在东部沿海等发达地区提供教育，也在西部落后地区提供教育。总之，民办教育为我国民众提供了更加多元、更加丰富的教育机会，与公办教育一起，满足了民众对教育这种重要民生产品的需求，是推进民生改善的主体之一。

其次，民办教育是推进民生改善的重要手段。教育除了自身就是民生的重要指标外，教育还是改善其他民生的重要手段。从国际标准来看，民生一般包括健康、就业、收入、教育、家庭、住房、医疗等指标。从党的十九大报告的内容来看，我国的民生主要有教育、就业、收入、社会保障体系、健康、扶贫、社会治理、国家安全等八项内容。无论从国际指标还是国内指标来看，民办教育都是推进民生改善的重要手段。一是民办教育有利于促进社会的就业。民办教育的大量举办，除了本身就吸收了大量人才促进就业外，还能够在很大程度上提高社会的就业率。在当今社会，随着社会所需要知识和技能水平的增加，社会需要人才的层次在逐渐提高，具有的知识和技能水平越高，则越容易就业，民办教育的大量举办，能够促进人才知识和能力的培养，从而在很大程度上提高社会的就业，而且本身就能够吸纳大量的就业，从而促进民生的改善。二是民办教育能够提升社会的收入水平。民办教育能够促进人才的培养，提高社会整体的知识和能力水平。而收入水平是和教育层次成正比例的，民办教育的举办，无疑能够提高社会的教育层次，从而提高整个社会的收入水平。三是民办教育能够提高社会的保障水平。民办教育能够提高个体的教育层次，提高社会民众的收入能力，从而直接提高社会的保障水平。此外，在社会民众收入水平提高之后，社会的税收也将增加，这也将提高社会的保障水平。四是民办教育能够提高民众的健康水平。根据相关研究，受教育层次越高的人，掌握知识越多的人，则更容易健康。民办教育能够提高民众的受教育层次，更能够提高民众的健康水平，从而改善健康这个重要的民生指标。五是民办教育能够减少贫困人口的数量。虽然政府在扶贫方面做了大量的工作，但是由于我国人口基数巨大，我国依然存在着大量的贫困人口，而民办教育在这方面可以发挥积极的作用。许多贫困人口之所以产生，很大程度上是因为受教育的程度不够，不能够适应社会的需求，民办教育的举办可以在很大程度上提高民众的受教育层次，从而减少贫困人口的产生。六是民办教育的举办能够提高社会的治理水平。社会治理水平的提高很大程度上取决于人的素质，教育的一项重要任务是立德树人，教育水平的提高能够提高整体人口的道德水准，从而在很大的程度上提高社会的治理水平。七是民办教育能够提高国家的安全水平。教育能够提高社会民众的道德水准，这将直接提升国家的安全水平。总之，民办教育的举办不但能够直接提升作为民生重要指标的教育的总体水平，还能够提升其他的民生指标，民办教育是推进民生改善的重要手段。

第三，民办教育服务于民众民生水平的提升。民办教育是由国家财政以外的社会力量举办的教育，这种特点决定了民办教育是直接服务于民众的教育，直接服务于民众的民生。我国民办教育的类型复杂多样，按照是否营利的标准，可以划分为营利性民办教育和非营利性民办教育。营利性民办教育是指以营利为目的举办的教育。非营利性民办教育是指不以营利为目的举办的教育。现实中，我国大量的民办教育是存在着营利性动机的，也有少量民办教育是捐赠办学，不以营利为目的的。但是无论是营利性民办教育，还是非营利性民办教育都能够直接服务于民众民生的水平的提升。现实中，我国不少学者认为营利性教育是以赚钱为目的的，不是为了服务于民众。从经济学的角度看，这其实是对营利性民办教育的一种误解。我国实行的社会主义市场经济，市场经济运行的基础是把人看成理性经济人，理性经济人的一个特点在很多时候是为自己的利益而考虑的，但是只要国家建立起恰当的法律框架，理性经济人在为自己利益而努力的同时也就服务了社会利益，《国富论》的作者亚当·斯密在几百年前已经很清楚地阐释了这个问题。虽然我国许多民办学校存在着营利性动机，实际中也通过各种手段分配着经营教育的利润，但是这些营利性教育的举办者在满足自己的利益同时，也满足了社会对教育产品的需求，自己的理性经济行为带来了整个社会利益的提升，从而提高了整个社会的民生水平。而非营利性教育则是捐资办学举办的教育机构，捐资办学的目的不是为了营利，而是为了社会的公益事业，直接为了社会民众的利益，为了给社会民众提供更好的教育产品，这直接服务于社会民众的民生水平。概而括之，我国营利性民办教育的举办者在服务于自己理性利益的同时，间接服务于社会的公共利益，服务于社会民生的提高，而非营利性民办教育的举办者直接服务于社会的公共利益，服务于社会的民生。总之，民办教育服务于民众民生水平的提升。

三、 国家要构建民生导向的民办教育政策

在我国，民办教育不但是民生的重要组成部分，也是改善民生的重要力量，为此国家需要在制定民办教育政策时重视民生，构建以民生为导向的教育政策，促进我国民生的改善。

第一，要积极出台扩大民办教育规模的政策。随着中国特色社会主义进入新时代，我国社会主要矛盾已经转化为人民日益增长的美好生活需要和不平衡不充分的发展之间的矛盾。这个主要矛盾在教育领域的体现就是人民群众日益增长的对教育的需要与教育发展不平衡不充分之间的矛盾。何为不平衡？就是指教育的发展水平在不同的群体之间、在不同的区域之间、在城乡之间的差距。何为不充分？就是指教育的质量与人民群众的期望之间存在着很大的差距。为了解决这个主要矛盾，需要教育规模大发展，民办教育与公办教育一样，都是我国教育事业的组成部分，民办教育规模的扩大在解决人民群众日益增长的对教育的需要与教育发展不平衡不充分之间的矛盾中起着重要的作用。民办教育规模的发展可以促进教育发展不平衡的缩小，弥补教育发展不平衡的差距。民办教育规模的扩大必然使得整体教育规模扩大，根据经济学原理，在教育需求既定的情况下，教育供给的扩大必然使得教育服务的整体价格下降，这必然能够使得弱势群体有机会获得更多的优质教育资源，从而缩小不同群体之间的教育差距。而教育规模的扩大也可以促进教育资源在更广阔的区域分布，这必然使得不同区域之间的教育差距缩小，从而使得区域之间教育发展不平衡的矛盾得以减轻。同样的道理，民办教育规模的扩大也可以缩小城乡之间教育发展的差距。所以要促进民办教育为改善民生服务，首先的任务是积极出台大力促进民办教育规模发展的政策，民办教育规模的扩大能够带来民生的改善。为此，首先要吸引更多的社会资金进入民办教育领域，在我国《民办教育促进法》将我国的教育分为营利性民办教育和非营利性民办教育的情况下，既要吸引捐赠性资金，也要吸引投资性资金，为民办教育的发展注入足够的动力，这是促进民办教育规模发展的前提，也是发挥民办教育民生改善作用的基石。其次要进一步降低民办教育准入的门槛，使得民办教育举办者举办民办教育的门槛进一步降低，吸引更多的社会力量举办教育。最后，要进一步加大对民办教育的支持力度。有效的正面激励能够吸引更多的社会力量举办民办教育，能够促进民办教育更快更好地发展，《民办教育促进法》及其配套文件中已经出台了一系列扶持民办教育优惠的措施，这无疑非常有利于我国民办教育的发展，促进民办

教育体量的增大，各级政府部门应该积极加以落实。但是另外一方面，这些扶持民办教育的优惠政策很多是“软性”条款，即各级政府部门可以做，也可以不做的条款，这并不利于促进民办教育的大发展。因此，各级地方政府在出台地方政策时，可以使得这些政策进一步明晰，使得这些“软性”条款变得“硬性”起来，从而促进民办教育规模的大发展，更好地发挥民办教育的民生改善作用。

第二，要出台能够提升民办教育质量的政策。民办教育规模的发展对于改善民生具有重要的作用，但是如果只有规模，没有质量，单纯的规模是不足够的，是不能够满足人民群众教育需要的，也不能够很好地促进人民群众民生的改善。正如前述，我国主要矛盾在教育领域的体现就是人民群众日益增长的对教育的需要与教育发展不平衡不充分之间的矛盾，不充分就是教育质量有待提升，这也包括民办教育质量有待提升，这也是要积极出台能够提升民办教育质量的教育政策原因。提升民办教育质量的政策应该主要包括三个方面：首先，要建构一个能够规范民办教育质量提升的监管框架。一个社会的任何领域都必须建立起相应的规则，才能够有秩序，才能够带来发展。民办教育领域也不例外，要想提升民办教育的质量，必须建立起相应的规则来，建立起一个民办教育质量提升的框架。这个框架包括民办教育的准入门槛、退出方式等，只有这样，民办教育的发展才能够进退有序，民办教育质量提升才有基础。应该说，我国新修订的《民办教育促进法》及配套文件已经建立起了相应的监管框架，但是在很多方面还有待完善，特别是建构起营利性民办学校和非营利性民办学校办学的监管框架方面。即将出台的《中华人民共和国民办教育促进法实施条例》要对此进一步地加以完善，各级地方政府在出台实施办法时，也要进一步细化对营利性民办学校和非营利性民办学校办学的监管框架。其次，要对违法办学、质量低劣的民办学校进行相应的惩罚。我国民办教育对于民生的改善有着重要的作用，但总有一些民办学校的举办者为了谋取更多的利润，不惜违背法律的规定，通过欺诈、提供劣质的教育服务等方式损害社会的利益，这不但不利于民生的改善，反而会形成极大的负面作用，损害社会的公共利益，损害人民群众的利益，所以为了提升民办教育的质量，必须对这些害群之马加以惩处，维护民办学校办学的秩序，促进民办教育质量的提升，更好地发挥民办教育在改善民生中的作用。最后，要积极扶持办学质量高的民办教育机构。奖惩是公共政策最重要的激励机制，除了对一些害群之马进行必要的惩罚之外，对办学质量高、信誉好、能够带来很好社会效益的民办教育机构要及时地进行鼓励和奖励，以此树立民办教育机构的标杆，带动整个民办教育办学质量的提升。

第三，要引导民办教育为民生服务。从党的十九大报告的内容来看，我国的民生主要有教育、就业、收入、社会保障体系、健康、扶贫、社会治理、国家安全等八项内容。民办教育除了自身就是民生的重要内容外，还有助于其他民生内容的提升，对于就业、收入、社会保障体系、健康、扶贫、社会治理、国家安全等的提升有着重要的作用。除了要扩大民办教育的规模，提升民办教育的质量外，我国的教育政策要积极引导民办教育为其他的民生内容服务，引导我国民办教育为扩大就业，增加收入，提高社会保障水平，提升人民群众的健康水平，减少贫困，提高社会治理，增强国家安全服务。在这些方面出台积极的政策引导民办教育为民生服务。

四、 民办教育的举办者要树立教育的民生价值观

民办教育要为民生服务，既需要宏观层面上国家构建民生导向的民办教育政策，也需要微观层面上民办教育的举办者有所作为，其中最重要的是民办教育的举办者要树立教育的民生价值观。教育的价值观是如何看待教育的本质问题和教育为谁服务的根本理念问题。从分类上讲，教育的价值观有国家本位的价值观、社会本位的价值观和个体本位的价值观三种基本的划分。国家本位的价值观即将教育看成是国家意志的体现和教育应该服务于国家目标的一种价值理念。社会本位的价值观是将教育看成是社会生活的一部分和教育应该服务于社会的一种价值理念。个体本位的价值观是将教育看成是个人成长的一部分和教育应该服务于个人的一种价值理念。教育的民生价值观是教育社会价值观的一种类型，即将教育看成是民生的重要组成部分和教育应该服务于民生的价值理念。我国民办教育的举办者既要心系国家，要树立教育为国家服务的理念，也要心系学生，教育要服务于学生的成长。同时，民办教育的举办者也要树立教育的民生价值观，为社会的发展服务，这是教育价值观的重要组成部分，但是同时也是容易被忽略的一部分，这种缺失使得民办学校要么处处以国家为本位，处处要为国家服务，要么处处以学生为本位，处处为学生的发展服务，从而忽略了民办教育的另外一个重要价值——教育应该为社会的发展服务，应该为民生的改善服务。在实践的办学中，教育的举办者应该树立起教育的民生价值观，为民生的改善服务。

第一，捐资办学的民办学校的举办者要树立起民办教育为民生发展服务的

理念。捐资办学的举办者是基于各种目的而设立的，有些是为了国家的发展，有些是为了实现人生的夙愿，有些是为了服务于特定的人群，有些是为了实现其他目的。但是无论基于何种目的，捐资办学所建立的学校都要为社会的公共利益服务，捐资办学的过程一旦完成，捐资办学的财产即成为社会化的财产，属于整个社会，而不属于任何个人所有。而民生是社会公共利益的重要组成部分，因此捐资办学的举办者应该将民生作为重要的服务对象，积极服务于社会就业、收入、社会保障体系、健康、扶贫、社会治理、国家安全等方面，为社会的公共利益服务。

第二，投资办学的举办者也应该将民生作为其办学的一个重要方面。投资办学的一个重要目的是为了营利，但是营利的前提是为社会提供相应的教育产品和教育服务，即为学生和家长提供有价值的教育产品和教育服务，既要服务于投资者的利益，也要服务于学生和家长的利益。同时，投资办学也应该将民生作为其办学的一个重要方面，原因有三：首先，作为一个营利性组织应该承担起相应的社会责任。投资办学的民办学校本质上是一个企业，企业作为社会的一个成员，也义不容辞需要承担起社会责任，社会责任的一个重要方面就是民生，作为企业的营利性民办学校理当为民生服务。其次，营利性民办学校是一个特殊的企业，更需要为民生服务。营利性民办学校提供的是教育产品和教育服务，而教育产品和教育服务具有更多的社会属性，具有很强的外部性，所以营利性民办学校是一类公共性很强的企业，更应该承担起社会责任，为民生的发展服务。最后，服务于民生的营利性民办学校能够获得更好的社会信誉度，获得更好的发展。自古以来，教育都是一件有着“神圣”色彩的事业，大部分国家的大部分学校都是非营利性的，只是近一百年来，营利性教育才在一些国家发展起来。如果一个营利性民办学校只关注于营利，则与人们心目中教育事业的“神圣性”有着极大的背离，这样的教育企业也很难赢得社会的信任，很难获得很好的发展。而在营利的同时，将社会的公共利益作为企业使命的一部分的营利性民办学校则能够实现更好的发展。

（鞠光宇　撰稿）

5　加快建设学习型社会

由于科学技术高速发展、知识经济兴起与全球化进程加速，构建学习型社会已经成为当今世界各国教育改革与发展的客观趋势和必然选择。我国正在进入全面建设小康社会、加快推进社会主义现代化的新阶段。这既是我国迅速崛起的重要战略机遇期，又是经济和社会发生深刻转型和变革、各类发展矛盾凸显的挑战期。在促进发展和变革的各种因素中，人力资本的增长以及建立适应这种增长需求的、以终身学习思想为指导的学习型社会建设，既是中国经济、社会发展以及提升国际竞争力的重要基础和动力，更是满足人民对教育美好期盼的重要方面和依托。必须从厘清内涵、明确意义、解决关键问题入手加快推进新时代我国学习型社会的建设。

一、 学习型社会的内涵

学习型社会与终身学习理念的兴起密不可分。现代终身学习的思想兴起于20世纪六七十年代，是在人类社会从工业经济向知识经济转变的大背景下，在传统学校教育已经不能适应人类社会变革的基础上提出并不断发展的。随着科学技术革命的发展，特别是20世纪90年代信息技术的高速发展，终身学习已经从一种思潮或者观念，发展成为教育改革的实践和现实的社会活动。

1. 终身学习理念的内涵

终身学习理念强调从教育向学习的转变。① 这个转变具有非常重要的意义，表明推动终身学习、建设学习型社会是为了人的全面发展，关注的重心从强调教育向强调学习的主体——学习者的需求转变，也就是强调人是学习的核心，教育的发展要适应学习者的需求，做到学习者可以根据自身发展和社会需求选择学习内容、学习方法和组织形式。随着时代发展，越来越多的国家和学者对终身学习的内涵有了更多共识，主要有以下几个方面。

学习对象：

终身学习注重“人人皆学”。“人人”指学习的主体是每一个人，“皆”更进

①“终身教育”强调国家和社会要在满足社会成员对终身学习需求方面发挥积极作用，即从教育制度、教育体系、教育内容、教育方法、培养模式、学习环境和组织等方面为社会成员终其一生的学习提供服务；“终身学习”则从学习者的角度，强调学习者根据社会发展和自身需求，加强自身学习自觉性、学习兴趣、学习习惯和自主学习能力的培养，并通过国家和社会所提供的各种支持和途径，促进自身在思想道德品质、知识能力和身心健康等方面全面发展，充分发挥自身潜能和实现人生价值。终身教育和终身学习切入角度不同，活动主体、责任主体也有所不同，但在强调人人学习、终身学习的基本精神方面是一致的。

一步强调了学习的普遍性。这不仅是人类自身发展的要求，也是历史发展的必然。在农业社会时代，学习只是少数贵族、官员和知识分子的事。在当时生产力水平非常落后的情况下，许多人依靠祖辈传下来的生产技术、生活经验，通过劳动也可以生存。人类进入工业社会，开创了以机器代替手工劳动的时代，对劳动者通过学习掌握一定的知识和生产技术技能提出了新的要求，通过现代学校制度的建立发展和基础教育阶段义务教育制度的推行，掌握知识的人群大大增加。随着人类进入后工业化社会和知识社会，由于社会发展日新月异，学习不仅成为每个公民生存和发展不可缺少的重要权利和必要条件，而且日益成为决定一个国家、民族、地区、组织可持续发展的关键因素。

学习时段：

终身学习涵盖整个生命周期。这是对传统学校教育观念的颠覆。长期以来人们认为学习主要是在学校教育阶段进行的，人生也自然而然被划分为学习期和工作期。在人类进入知识社会的新形势下，人们不仅需要接受更加良好的学校教育，更重要的是在人一生各个阶段，都要坚持不断地学习各种新的知识、新的技能，提高自己的学习力和创造力，才能适应时代发展和自身发展的要求。

学习内容：

在人类从工业社会向知识社会转变的进程中，不仅要求人们通过终身学习掌握知识，而且需要增强各方面能力，还需要在思想道德素质等方面得到提升，特别是对国家、社会的高度责任心以及与自然环境和谐相处的素质。经济合作与发展组织在“能力的定义和选择”研究项目中将人的能力分为三类（见下表），可以为我们理解以个人为视角增强终身学习能力提供很好的参考。

OECD 提出的三类关键能力

A. 有效使用工具的能力	B. 与他人沟通的能力	C. 自我管理能力
有效使用语言、符号、文字的能力	与他人能友好相处	面临所处大环境能自主应对和决策
灵活运用知识和信息的能力	团队合作能力	能够为自身发展和工作项目制订和执行计划
应用现代信息技术的能力	管理、解决分歧和冲突的能力	能够捍卫和主张自身的权利、利益和需求

学习形式：

终身学习可以通过多种途径、方式，在不同场合进行，包括正规学习，也包括非正规、非正式（也叫无一定形式或无定式）学习。接受学校教育是人们最重要的正规学习形式，是学习者终身学习的基础。同时，还应看到人在一生中所获得的知识和各种能力，大部分需要通过非正规或非正式学习途径，如家庭教育以及工作以后的继续学习和老年学习等等。非正规学习主要指未被国家正规教育体系所承认的有组织的教育，如学徒实习培训项目和有组织的在岗培训等，对于那些缺乏正规学习机会的人而言，非正规学习也是一种重要学习形式。非正式学习是一种无组织的学习，如阅读、听广播、看电视、与他人对话、参加各种会议，以及通过互联网学习、在生产和社会实践中学习、从事研究和创新的学习等，这种学习虽然没有课程、没有老师、没有考试，但也是获得知识、增强能力的重要途径，是终身学习的重要形式。联合国教科文组织等国际组织以及许多国家均强调终身学习是正规学习、非正规学习和非正式学习的总和。①

2. 学习型社会

终身学习和学习型社会两者密不可分，既有联系，又有区别。终身学习是一种学习形态，是学习型社会的基础；学习型社会则是属于社会形态范畴内的概念，是终身学习影响并促进社会发展的结果。学习型社会的概念源于美国著名教育家哈钦斯在1968年出版的《学习社会》，他认为，在学习型社会中，学习不是为了适应社会生存而进行的被动学习，而是人类为了追求自我完善和发展的生活方式，学习型社会的所有机构或制度都以这一目的为指向。哈钦斯等学者提出的这一理想，代表了人类社会的一种发展愿景。这些年来学习型社会在理论和实践上又有了新的丰富和发展，成为一种新的社会发展观，它从社会发展角度，突出强调保障所有人的学习权益，使教育和学习从传统的学校扩展到社会的各个层面、各个组织和所有的人。学习型社会理念赋予社会以新的特征，即学习将成为未来社会形态的重要内容，表现在社会生活中学习活动的普遍性、学习机会的充分性、学习对象的广泛性、学习内容的丰富性等。通过学习，不仅促进人的全面发展，充分发挥人的潜能和实现人生的价值，而且增强社会和社会各个组织内在的发展力和创造力，这是社会极其深刻的变革，也是社会进步的重要标志。

①郝克明．让学习伴随终身［M］．北京：高等教育出版社，2017：27—30．

二、 加快建设学习型社会的重大意义

加快建设学习型社会既是我国面临新形势，提升国家竞争力和实现社会主义现代化的重大战略任务，又是促进社会和谐发展以及在更高层面上满足人民日益增长的个性化、终身化的学习需求的重要依托。

1. 提升我国国际竞争力的必然选择

今天的中国，已经进入新时代，面临国际激烈竞争的挑战。在这个时代，随着知识爆炸与科技发展加速，科学技术、生产方式及社会各个领域正在经历急剧变革，劳动者掌握、运用和创造知识的能力正在取代土地与资本等传统生产要素，成为经济和社会发展最重要的动力，成为各国在当代综合国力激烈竞争中形成核心竞争能力的第一资源。据世界银行的有关分析资料，经济发展与合作组织主要国家国内生产总值的一半归因于知识的创造与运用。特别是信息技术的高速发展和国际互联网的建立，使得那些在知识的传播、加工、创造和应用等方面占优势的国家在竞争中居于最有利的地位。① 当今世界发展趋势表明，那些在知识的创造、学习和应用方面占优势的个人、地区、城市和国家，在激烈的世界竞争中必然居于最有利的地位，而那些不善于学习的个人、民族，那些教育和学习体系跟不上时代潮流的国家、地区和城市，在世界新的发展过程中，将会被抛在历史进程的后面。促进全民学习和终身学习的学习型社会建设成为国家提升国际竞争力的关键战略抉择。

2. 服务和推动我国经济社会持续发展的关键路径

我国已经站在新的历史起点，这个新起点，是增加经济社会发展新动力的新起点，是适应经济发展新常态、转变经济发展方式的新起点。在新的历史起点上，推进我国经济社会可持续发展，必须大力提升人力资源开发水平，深入挖掘人口红利；必须全面提高国民素质，培养大批有文化修养、有人文关怀、有责任担当的人。历史经验表明，培养这样的人光靠传统的学校教育是不够的，必须通过发展各种形式的终身学习，把我们的社会建设成一个全民学习和终身学习的学习型社会。唯此，才能源源不断地培养党和国家事业发展所需的各类人才，才能不断提高全体国民的素质以及学习、运用和创造新知识新技术的能力，使我国丰富的人力资源真正成为推动经济社会可持续发展的不竭动力。

---

①郝克明. 让学习伴随终身［M］. 北京：高等教育出版社，2017：5.

3. 促进社会和谐的基础保障

实现国家富强、民族振兴，不仅需要发达的经济基础作为保障，还需要整个社会的和谐发展。当前，我国社会所面临的最突出的问题是地区之间、城乡之间发展的不平衡以及社会成员收入差距扩大。贫富差距、城乡差距和地区差距，其突出表现为“知识差距”“教育差距”。农村和贫困地区、贫困人群最缺乏的是获得教育的机会，最稀缺的资源是知识资源。因此，通过构建学习型社会，加大对终身学习的基础设施和不利群体、贫困地区的投资，是对贫困地区和人群最重要、最有效率的投资，也是缩小城乡、地区、群体知识差距，建立和谐社会的重要保障。

4. 个人全面发展的迫切需求

随着经济发展和人民生活水平的提高，学习正在成为人们谋求生存和发展机会、提高生活质量、丰富精神生活的重要方式。1978 年以来，我国城乡居民家庭恩格尔系数分别从 57.5%和 67.7%降低到 2017 年的 28.6%和 31.2%①，进入相对富裕阶段。人们在衣食需求得到基本满足后，对教育的需求和购买力也在迅速上升。相应的，人民日益增长的学习需求正呈现日趋多样化、个性化的趋势。建设学习型社会，为学习者一生发展提供更多更好更多元的终身学习机会，已经成为广大社会成员的迫切需求。

三、 加快建设学习型社会需要关注的关键问题

1. 学习型社会建设离不开学校教育体系

学校教育体系是学习型社会建设的核心和基础。因为培养具有高度的学习自觉性和学习能力的新一代学习者，是建成学习型社会最重要的因素，而学校教育在人的培养过程中起决定性作用。经济合作与发展组织成员国的许多研究表明，正规学校教育是终身学习的先决条件；那些缺乏必要的科学文化知识基础和学习能力的成人，几乎无法从工作中学习或从继续培训中受益，也无法抵

①恩格尔系数指食品支出总额占个人消费支出总额的比重，常用来衡量一个国家和地区人民生活水平。数据来源：（1）系列报告之四：城乡居民生活从贫困向全面小康迈进［EB/OL］．［2009－09－10］．http：//www.stats. gov. cn/ztjc/ztfx/qzxzgcl60zn/200909/t20090910_68636. html.（2）中华人民共和国 2017 年国民经济和社会发展统计公报［EB/OL］．［2018－02－08］．www. stats. gov. cn/tjsj/zxfb/201802/t20180228_1585631. html.

御被以知识为基础的社会淘汰的风险。[①] 各国在制定终身学习和学习型社会的指标体系时，都把国民教育体系的水平，如平均受教育年限、义务教育普及率、高等教育毛入学率等，作为重要指标。“受教育程度越高，继续教育参与率越高”的理论，几乎受到所有国家实证调查结果的支撑。[②] 当前，我国学校教育中存在的“应试教育”的弊端，在相当程度上影响甚至扼杀了学习者对学习的兴趣、积极性与主动性，不利于形成正确的学习态度和良好的学习能力、学习习惯。学校教育体系要在学习型社会建设中发挥基础性作用，不仅需要得到进一步发展和加强，而且需要以终身学习理念为指导，从教育思想、教育功能、教育内容、教育模式和方法、教学制度等方面进行深刻变革，特别是加强对学习者学习的主动性、积极性、自主学习能力、创造精神以及团队合作精神和能力等的培养，帮助学习者适应终身学习时代以及学习型社会建设的要求。在传统教育与终身教育的不同体系中，学校教育的某些区别如下表：[③]

传统教育与终身教育体系中学校教育的某些区别

传统教育体系	终身教育体系
学校的主要任务是传授知识	学校不仅传授知识，更重要的是培养学生对学习的兴趣，帮助学生学会学习
学习者主要向教师学习知识	学习者不仅向教师学习知识，而且还从各种途径学习知识
教师是学生掌握知识的主要来源	教师是学生学习的指导者
用考试来评价学生并决定其继续学习的资格	评价主要被用来调整学习者学习策略和继续学习的路径
对学习者的要求和标准比较单一	尊重不同学习者的个性、兴趣、爱好，充分发挥不同类型学习者的潜能
只有学习成绩好的部分学生才能继续升学	所有愿意继续学习的人都有终身学习机会

2. 建设学习型社会是对传统教育理念和体系的重大变革和创新

建设学习型社会必须以终身学习理念为指导，突破和超越传统教育理念和

①郝克明. 跨进学习社会——建设终身学习体系和学习型社会的研究［M］. 北京：高等教育出版社，2006：134－135.

②经济合作与发展组织教育研究与革新中心. 经济合作与发展组织教育要览（1997）［M］. 教育部发展规划司，北京市教育科学研究院，译. 北京：人民教育出版社，2000：159－161.

③郝克明. 让学习伴随终身［M］. 北京：高等教育出版社，2017：54.

体系，实现教育内容、方法、培养模式和教育体系的革命性转型。终身学习（教育）所包含的不仅仅是学习（教育）在时间和空间上的拓展，它是一种全新的教育理念。在终身学习（教育）制度下，教育的概念被极大拓展和深耕。终身学习体系的构建是教育发展史上一场深刻的革命，是继奴隶社会的古代学校、工业革命的近代学校之后人类教育的第三次飞跃。有些学者甚至认为，它可以与哥白尼学说带来的革命相媲美，是教育史上最惊人的事件之一。这种变革的深刻性，表现在教育观念、教育性质、培养目标和学校以及各类教育机构的功能的变化上；表现在教育内容、方法和教学过程、人才培养模式的探索和创新上；表现在教育结构体系的包容性、丰富性、沟通性和教育制度的弹性化、个性化、多样化等方面。在这一前所未有的深刻变革中，不仅要求教育者和学习者自身观念的变革、思想方法的变革、教育与学习行为的变革，还要求改变教育的时空形态、教育内外的边界及一系列关系。学习型社会的构建，更需要社会制度、经济、机构、组织、技术等多方面的变革与支持，以及社会各类组织的教育需求和潜能的开发。这是历史赋予我们教育工作者的新的光荣使命，也是一个需要不断推进和发展的历史过程，需要我们不断学习、探索、实践和创新。

3. 学习型社会建设要从我国实际出发

建设学习型社会，不仅要考虑我国经济、科技、社会和教育发展水平，而且与我国历史文化传统、自然和地理环境、人口状况也密切相关。研究我国学习型社会的建设，必须从我国国情出发。

改革开放以来，我国社会主义建设和教育事业发展所取得的巨大成就与宝贵经验，为进一步建设学习型社会提供了有利条件，进一步增强了国家、行业、部门和组织以及个人参与终身学习的意识和能力。我们要牢牢抓住当前推动我国学习型社会建设的战略机遇，重视和发扬我国发展教育的优良传统，进一步促进各级政府和全社会积极性的双轮驱动，加快我国学习型社会建设进程。

经济、社会发展对提高全体社会成员综合素质的需求，以及广大社会成员对终身学习的多元化需求，是我国建设学习型社会的巨大推动力。必须看到我国仍然是学习人口规模最大的发展中国家，终身学习需求和终身学习供给的矛盾是我们建设学习型社会面临的基本矛盾，经济发展水平和产业技术结构是影响终身学习需求和供给的基础性要素。我国正处于经济社会持续快速发展和产业结构、技术结构、城乡结构发生巨大变化的时期。我国经济和社会发展不仅要十分注意发展高技术产业，而且要努力提高农业和大量传统工业以及劳动密集型产业的知识含量，用机械化、自动化和高新技术改造各行各业，提高劳动生产效率和产品的竞争力。特别要注意发展劳动力相对密集的产业和高新科技产业中劳动力比较密集的产业区段，这是我们作为资金相对稀缺、劳动力资源非常丰富的发展中国家在当前世界综合国力竞争中的比较优势。我们研究、解决终身学习供需矛盾，建设学习型社会，要从我国经济发展和产业结构调整对人才的新需求出发，要从人民群众对满足终身学习的迫切要求出发，采取逐步推进的原则，统筹推进城乡社区教育发展、大力发展老年教育、深入开展行业企业职工继续教育、扎实推进学习型城市建设，这是我国学习型社会建设的重要特征和内容。

4. 建设学习型社会， 需要加强体制创新及现代信息技术手段创新

建设全民学习和终身学习的学习型社会，是一个涉及教育和社会各个领域的十分艰巨复杂的社会系统工程，其中体制创新和技术手段创新是加快建设学习型社会的必由之路。

第一，建立和完善学习型社会建设的体制和机制。由于终身学习涉及各部门、各领域广大社会成员，因此迫切需要为学习型社会建设提供系列制度保障，明确政府、学校、社会和个人在终身学习方面的权利和责任。要完成终身学习法规和制度建设、完善治理体制，优化政府对终身学习的统筹、协调和指导职能；要建立健全终身学习经费保障机制、优化经费分配机制和资助制度以及对重点人群和不利群体参与终身学习的倾斜支持力度；要建成各级各类教育纵向衔接、横向沟通、协调发展的人才成长“立交桥”，满足全民终身学习、全面发展的需求。

第二，有效利用互联网、人工智能、大数据分析等现代信息技术在学习型社会建设中的巨大潜力，推进学习型社会建设的跨越式发展。现代信息技术的飞速发展及其在学习中的应用，使优质学习资源在更低成本、更广范围内让更多的学习者共享。在这方面，我国既有乘势而上的机遇，也有被甩得更远的危险。在建设学习型社会的进程中，我们要充分认识和高度重视现代信息技术的高速发展为我国利用后发优势、构建终身学习体系所带来的前所未有的发展机遇，这也是我国在教育资源相对短缺的条件下建设学习型社会的重要手段。我们要紧紧抓住这个机遇，通过深度开发现代信息技术在终身学习领域应用的潜力，形成“互联网＋人工智能＋终身学习”的叠加效应、聚合效应、倍增效应，努力为全体社会成员提供不受时空限制、多元化、广覆盖的高质量的终身学习服务。

总之，学习型社会是社会发展的必然形态和趋势，加快建成人人皆学、处处能学、时时可学、人人乐学的学习型社会不仅是加快我国教育现代化建设和建成教育强国的必由之路，而且是满足广大社会成员多层次、多样化终身学习需求的必然选择。

（卢海弘　撰稿）

下　篇

人民满意的教育：怎么办

一　如何落实新时代教育优先发展的战略地位

1　如何理解建设教育强国是中华民族伟大复兴的基础工程

党的十九大报告提出：“建设教育强国是中华民族伟大复兴的基础工程”。“建设教育强国”第一次在党代会报告中被明确提出，充分显示出党中央对教育事业的高度重视。关于教育强国的论述是习近平新时代中国特色社会主义思想的重要内容，其本质特征是，通过优先发展教育，建设一个教育综合实力和服务能力强大的国家，构建全体人民普遍享受优质基本公共教育服务的教育制度和具有中国特色、世界水平的现代教育，实现教育强国富民，为社会主义现代化国家提供强有力的人才和智力支撑。

民族复兴，教育奠基。教育是立德树人的事业，传承文明和知识，以文化人，延续民族之命脉。邓小平同志指出：“教育是一个民族最根本的事业。”中国特色社会主义进入新时代，意味着近代以来久经磨难的中华民族迎来了从站起来、富起来到强起来的伟大飞跃，迎来了中华民族伟大复兴的光明前景。习近平总书记指出：“教育是民族振兴、社会进步的重要基石，是功在当代、利在千秋的德政工程，对提高人民综合素质、促进人的全面发展、增强中华民族创新创造活力、实现中华民族伟大复兴具有决定性意义。”培养担当民族复兴大任的时代新人，培育和践行社会主义核心价值观，发展中国特色社会主义文化，建设中华民族共同精神家园，最大限度激发全体人民投身民族复兴伟大事业的信心和热情，汇聚起团结奋进的磅礴力量，教育重任在肩。

教育兴则国兴，教育强则国强。教育强国是社会主义现代化强国的题中应有之义，引领和支撑着社会主义现代化强国建设。一个国家是否强大，不仅取决于其经济总量、领土面积和人口规模，更取决于它的创新能力。人才是创新的根基，是创新的核心要素，培养各类人才，提高创新能力，根本要依靠教育。习近平总书记指出："时代越是向前，知识和人才的重要性就愈发突出，教育的地位和作用就愈发凸显。我国正处于历史上发展最好的时期，但要实现'两个一百年'奋斗目标、实现中华民族伟大复兴的中国梦，必须更加重视教育，努力培养出更多更好能够满足党、国家、人民、时代需要的人才。"在支撑和构成我国现代化强国建设的一系列战略目标，如制造强国、科技强国、质量强国、航天强国、网络强国、交通强国、海洋强国、文化强国以及创新型国家、法治国家、数字中国、美丽中国、健康中国和智慧社会建设中，都跟教育发展有着直接或间接的密切关系。强国须由教育奠基，教育助力强国建设。推进教育强国建设进而推进人才强国、创新驱动发展等重大战略的实施，为建成社会主义现代化强国、实现中华民族复兴的伟大中国梦奠定坚实的基础。

国之命脉，端在教育。当今世界，综合国力竞争日趋激烈，一个国家发展能否在竞争中占据优势、抢得先机、赢得主动、赢得优势、赢得未来，关键在人才，基础在教育，教育发展水平决定一个国家的核心竞争力。习近平总书记指出："当今世界的综合国力竞争，说到底是人才竞争，人才越来越成为推动经济社会发展的战略性资源，教育的基础性、先导性、全局性地位和作用更加突显。'两个一百年'奋斗目标的实现、中华民族伟大复兴中国梦的实现，归根到底靠人才、靠教育。源源不断的人才资源是我国在激烈的国际竞争中的重要潜在力量和后发优势。""中国这么多人，教育上去了，将来人才就会像井喷一样涌现出来。这是最有竞争力的。"基于此，以习近平同志为核心的党中央正是以优先发展教育为主要路径，将建设教育强国作为增强国家核心竞争力、跻身世界强国行列、为构建人类命运共同体做出更大贡献的基础性工程。

（王　建　撰稿）

2　如何理解教育事业位居保障和改善民生之首

党的十九大报告把教育放在“提高保障和改善民生水平，加强和创新社会治理”的首位，提出“优先发展教育事业”，强调要“办好人民满意的教育”，充分体现了党中央对保障和改善民生的重大关切，对优先发展教育和推进教育公平的高度重视。

教育涉及千家万户，惠及子孙后代，是人民群众最关注的民生问题，是创造美好生活的根本途径。党的十九大报告明确指出：“中国特色社会主义进入新时代，我国社会主要矛盾已经转化为人民日益增长的美好生活需要和不平衡不充分的发展之间的矛盾。”人民对美好生活的需要内容非常丰富，教育是其中的重要方面，而且教育是促进人的全面发展的主要途径，是创造美好生活的根本途径。习近平总书记指出：“教育是人类传承文明和知识、培养年轻一代、创造美好生活的根本途径。”随着经济社会发展，受教育程度逐渐成为影响个人职业、收入待遇乃至生活质量的重要因素。习近平总书记强调：“努力让每个孩子享有受教育的机会，努力让13亿人民享有更好更公平的教育，获得发展自身、奉献社会、造福人民的能力。”习近平总书记将更好的教育列为人民群众的期盼之首，让所有的人通过接受教育拥有人生出彩的机会，有实现抱负和梦想的机会。

教育乃民生之基，属于基本民生，是保障和改善民生的基础性事业。教育对于人民幸福生活的助推是通过培养人、提高人的素质和能力实现的，在促进经济增长、提高就业质量和收入水平、调节收入分配、改善卫生健康、应对老龄化社会和构建和谐社会等许多方面发挥着基础性作用。就业是民生之本，加大投资于人的力度，全面加强教育事业，推行终身职业技能培训，可以推动实现更高质量和更充分就业。教育通过培养认知、社交和情感技能，促进公民养成健康的生活方式，建立良好的人际关系，促进公民和社会参与，凝聚社会。教育是孩子成长的起点，教育公平具有人生起点公平的意义，保障教育公平就是保障社会起点的公平，推进教育扶贫脱贫是拔穷根、阻断贫困代际传递的重要途径。习近平总书记指出：“到2020年全面建成小康社会，最艰巨的任务在贫困地区，我们必须补上这个短板。扶贫必扶智。让贫困地区的孩子们接受良好教育，是扶贫开发的重要任务，也是阻断贫困代际传递的重要途径。”消除贫困，坚决打赢脱贫攻坚战，把贫困地区孩子培养出来，才是根本的扶贫之策。

教育是国计，也是民生，民生连着民心，民心牵系国运。中国共产党人的初心和使命，就是为中国人民谋幸福，为中华民族谋复兴。以习近平同志为核心的党中央，自始至终把人民对美好生活的向往，作为中国共产党的奋斗目标，将更好的教育列为人民群众的期盼之首，优先发展教育，在幼有所育、学有所教方面不断取得新进展，是落实以人民为中心的发展思想，不断实现好、维护好、发展好最广大人民根本利益，做到发展为了人民、发展依靠人民、发展成果由人民共享的重要体现。回顾改革开放以来党的历次代表大会报告有关教育的表述，从教育作为“经济发展的战略重点”（党的十二大报告），“坚持教育为现代化建设服务的方针”（党的十三大报告），“实现我国现代化的根本大计”（党的十四大报告），“文化建设的基础工程”（党的十五大报告），“教育是发展科学技术和培养人才的基础”，首次提出“坚持教育为人民服务”（党的十六大报告），到纳入以民生为重点的社会建设范畴，明确提出“办好人民满意的教育”（党的十七大报告），“努力办好人民满意的教育”（党的十八大报告），“办好人民满意的教育”（党的十九大报告），充分反映了党和国家对教育功用的认识从“教育工具论”到“教育民生论”的重大转变。办好人民满意的教育，就是始终把人民放在心中最高位置，把人民是否满意作为检验教育工作是否成功的最高标准，解决好人民关心的重点难点问题，实现好、维护好、发展好最广大人民的根本利益，使人民的获得感、幸福感、安全感更加充分、更有保障、更可持续。

（王　建　撰稿）

3　如何有效解决人民日益增长的更好更公平教育需要和不平衡不充分教育发展之间的矛盾

社会主要矛盾的变化，对教育改革与发展提出了许多新要求。要实现教育强国目标，就必须着力解决人民日益增长的更好更公平教育需要和不平衡不充分教育发展之间的矛盾。这是新时代教育发展的新特征，也是新时代教育改革的新使命。

一要解决好教育区域发展中的不平衡问题。党的十八大以来，中西部教育和农村教育得到明显增强，但与东部地区和城市地区相比，仍然存在差距。在一些已经完成均衡督导评估的县区，在一些教育发展指标上，区域之间的差距仍然存在，中西部和农村地区仍有提升空间。在我国全面决胜小康社会的关键阶段，教育不但承担自身系统的全面提升，还承载着如何在贫困地区“扶智”“扶志”、有效实现“精准扶贫”的基础攻坚任务。也就是说，教育是解决好贫困地区社会经济快速发展、补齐短板和可持续发展的重要基础。在新时代，基本公共教育资源应继续实行倾斜政策，逐步缩小区域、城乡、校际之间的发展差距，抬高底部、夯实基础，让每一所学校办出特色、办出水平。

二要解决好教育质量提升中的不充分问题。在教育领域，质量性矛盾体现为人们对“有学上”到“上好学”的需要转变，“择校”问题、“大班额”、随迁子女就学问题都与人们对优质教育的需要紧密关联。党的十八大以来，教育中的难点热点问题被逐步解决，义务教育质量整体提高，让家门口就有好学校，努力从根本上解决“择校热”问题；随迁子女异地就学障碍逐步消除，留守儿童关爱服务体系初步建立，特殊教育体系初步形成。但从人们对优质教育的获得感和幸福感看，优质教育资源仍显得不充分、教育质量仍需不断提升。这就要着重在质量上下功夫，把质量做强，更好地满足人们日益增长的教育需要。2017 年，教育部制定了《县域义务教育优质均衡发展督导评估办法》，开展区域内义务教育优质均衡发展县（市、区）的督导评估工作，引导有条件的地方在实现县域内义务教育基本均衡后，逐步扩大均衡发展范围，巩固基本均衡发展成果，进一步实现优质均衡发展。启动优质均衡发展督导评估成为未来一段时期内推进义务教育均衡发展的新标杆，不仅要求扩大优质教育资源的覆盖面，更要求把工作重点摆在全面提高教育质量上，关注学校管理、课程教学改革，满足人民群众多样化的教育需求。

三要解决好满足人们多样化教育需要中的不充分问题。由于学生不同特征和家长多样的需要特征，如何让每一个孩子在获得机会公平的同时，让每一个孩子获得适合自身的教育成为未来教育改革发展中的重点。未来课堂不是校园、教室、教师的简单组合空间，固定地点、固定时间、固定教材的传统教育和学习模式正在逐步发生变化，处处可学、灵活时间、自定学习进度和内容的现代学习方式正在逐步形成。比如，一些学校和地方探索的选课走班模式、移动终端课堂、智慧课堂等等。从机会公平到教育获得感的公平，就要求教育体系中的学校和课程丰富、多元，课堂组织和形式多样，满足学习者个性化和多样化的学习需求，真正做到让每一个孩子成才，不让一个孩子掉队。多样化、个性化的课堂除了组织形式上的变革之外，还有一个重大变革就是教师角色。教师不再是传统的课程讲授者，而是将工作重点放在与学生情感互动、创新互动以及其他综合互动之中，在学习过程中更体现为一位协助者。同时，教师还是落实立德树人根本任务的重要枢纽和榜样。

在新时代，让每个孩子都能享有公平而有质量的教育，需要各方积极努力，形成合力，共同推进。

（安雪慧　撰稿）

4　如何更好满足人民群众日益增长的个性化、特色化教育需求

当前中小学办学特色不够鲜明，既难以满足人民群众日益增长的个性化、特色化教育需求，又难以满足社会多样化的人才需求，已经成为我国基础教育发展面临的一大难题。推动中小学校特色发展，正是致力于从源头上扭转中小学“千校一面”的境况，为全面推进素质教育，不断提高教育质量，促进学生全面而有个性的发展奠定基础。

办学特色可以源自学校教学与管理的不同层面，学校的办学理念、管理模式、教育环境、课程体系、培养方式、教育评价等都有可能成为办学特色的重要内容。当前推动中小学校特色发展，创新育人模式将是一个重要突破口，基础教育课程和教育教学改革需要不断深化。

深化课程改革是推动中小学校特色发展的一条重要途径。课程是最重要的教育载体，学生有差异、个性化的发展主要通过学习丰富多彩的课程来实现。推动学校特色发展，需要进一步深化课程改革，优化课程结构。以高中为例，要合理确定必修、选修课程比例，增强课程的选择性，为学生提供更多自主发展的空间。而深化教育教学改革同样也是推动中小学校特色发展的一个重要环节。在正视学生之间存在事实上差异的基础上，通过落实选修制度，积极推进走班制、学分制和导师制，满足学生个性化的课程学习需求。近年来，北京市十一学校在实施新课程过程中，探索让学生全部选课走班的方式值得关注。没有了传统模式下的固定教室，取而代之的是，学生按照自己选择的课程表，携带学习资料和用品，按时到相应的学科教室上课。实行全面走班制，是一项富有挑战且意义深远的改革尝试。

推动中小学校特色发展，需要有一个良好的外部环境。从政府管理的角度看，要给予学校在办学模式、育人模式和课程设置等方面更多自主权，允许并鼓励地方和学校积极开展特色办学的改革实验。同时，要逐步建立多样化的中小学办学水平评估办法，突出对学校特色的评价，引导学校从单纯追求升学率转向努力办出特色。

推动中小学校特色发展，需要防范简单化倾向。特色就是要创造适合每个学生发展的教育，特色发展的目标应当牢牢锁定学生，不可过分专注于学校品牌打造而忽视学生发展需求。特别需要指出的是，推动中小学校特色发展，并不意味着要让所有学校都成为特色学校，特色发展与创建特色学校不能简单地画等号。对于一些传统的艺术类、外语类特色学校固然应当鼓励，但特色发展远不止于此，当前尤其要注重以课程多样化促进学校的特色发展，实现学校的“规范＋特色”，学生的“合格＋特长”。虽然不能寄希望所有学校都成为特色学校，但应当鼓励所有学校都能大胆追求自身的办学特色。

推动普通中小学校特色发展，需要防范急躁化情绪。办学特色的形成是一个渐进的过程，不可能一蹴而就。办学特色是学校在相应理念引导下长期实践的结果，因此，找寻学校特色发展的路径，必须强化实践探索，也只有在实践中才能不断丰富并发展特色的内涵。寄希望在短时间内打造出学校特色品牌，并过度依赖行政力量推动，都不免有点简单化。可以看到，推动中小学校特色发展，是一项长期任务而非短期行为，是一项系统工程而非局部改革，需要从长计议、科学谋划，防止因为急功近利而采取一些不切实际的做法。

（汪　明　撰稿）

5　如何看待未来教育的全面普及工作

党的十九大确立的习近平新时代中国特色社会主义思想，一个重要内容就是“新时代我国社会主要矛盾是人民日益增长的美好生活需要和不平衡不充分的发展之间的矛盾，必须坚持以人民为中心的发展思想，不断促进人的全面发展、全体人民共同富裕”，努力在幼有所育、学有所教、劳有所得、病有所医、老有所养、住有所居、弱有所扶上不断取得新进展，适应人民对美好生活日益多样化、多层次、多方面的需要。在新时代，我国将坚定实施科教兴国战略，始终把教育摆在优先发展的战略位置，努力让每个孩子享有受教育的机会，努力让13亿人民享有更好更公平的教育。

一是加快中西部教育发展，推动城乡义务教育一体化发展。党的十八大以来，中西部教育和农村教育得到明显增强，但与东部地区和城市地区相比，仍然存在差距。在义务教育阶段，截至2017年底，全国已有2 379个县通过义务教育均衡发展国家督导评估，占全国总数的81%，有11个省（市）整体通过认定。但仍有约1/4的县没有实现县域内义务教育均衡，其中，中、西部地区分别有16.3%、29.1%的县尚未认定，将是攻坚难点地区。高度重视农村义务教育，加强农村地区控辍保学，是努力让每个孩子都能享有公平而有质量的教育的基本要求，也是健全城乡发展一体化体制机制、推进基本公共服务均等化的关键环节。

二是加快普及学前教育和高中阶段教育。党的十八大以来，各级教育事业快速发展，但从各教育层级看，学前教育和高中阶段教育仍然是教育体系中的短板和弱项。婴幼儿看护和学前教育是决定未来儿童认知水平、情感发展、创新能力和创新精神的关键基础。高中阶段教育是提升未来劳动力素养和建设人力资源强国的关键基础。目前我国高中阶段教育的全面普及正在经历一个高原期，问题的关键在于高中阶段教育在办学模式上还没有成为面向人人的普及教育，特别是普通高中的办学模式仍在沿袭传统的、以升学预备教育为主要内容的精英教育、应试教育模式。高中阶段教育的普及，使绝大多数城乡新增劳动力接受高中阶段教育，这是新时代大力提高国民素质、增强综合国力和国际竞争力的客观需要，也是紧扣我国社会主要矛盾变化，在“人口红利”趋弱形势下发挥人力资源优势的关键举措。

三是让每一个学习者都得到充分发展。党的十八大以来，在“一个都不能少”“人人都出彩”的战略布局下，国家出台了一系列政策来关注不同群体之间的教育平衡发展。儿童就学环境改善，各类儿童的教育参与率持续缩小。但由于多种原因，现实中不同群体间的教育水平差距仍然存在。有些农村青年由于前期没有接受到有质量的义务教育，文化程度低，缺乏继续培训的基础，不能很好适应现代农业、现代制造业、现代服务业的多样化需求，在阻断贫困代际传递方面也会遇到很大障碍。不同职业群体对继续学习的参与率也存在较大差距。针对学习困难和特殊儿童的关注度仍然需要加强。寄宿制学生的健康发展还需进一步关注，学生成长和发展需要学校、家长和社区共同关爱。

四是办好网络教育、继续教育，加快建设学习型社会。党的十九大报告明确提出要办好网络教育，就是对新技术下的新课堂提出了新要求。网络课堂不是简单地接入互联网，而是实实在在的课堂革命，网络教育应超越基于互联网的在线学习，教育全领域都需运用广义的网络方式，加强传统技术与高新技术的融合，协调虚拟网络与实体平台的运作，涵盖以往的广播电视函授教育、新近的在线教育和移动学习以及人工智能相助的学习新生态，为各种各样的学习者提供更为便捷有效的教育与学习条件，确保当今的教育与学习更好地顺应未来人的谋生和发展需要，更加适应为实现“两个一百年”奋斗目标深度开发人力资源的要求。

（安雪慧　撰稿）

6　如何深入推进教育领域综合改革

改革是社会结构和功能进行调适和再造的过程，“是社会主义制度的自我完善”，也是“一场革命，改的是体制机制，动的是既得利益，不真刀真枪干是不行的”。《国家中长期教育改革和发展规划纲要（2010—2020年）》提出“统筹推进教育综合改革”。

2013年十八届三中全会《中共中央关于全面深化改革若干重大问题的决定》就推进教育领域综合改革做出部署，要求“必须更加注重改革的系统性、整体性、协同性”。综合改革的内涵，主要体现在三个方面：一是综合相关部门行政力量，协同推进；二是综合相关层次类型教育，整体推进；三是综合国家各项制度改革需要，如经济建设、政治建设、文化建设、社会建设、生态文明建设，系统推进。为统筹推进教育领域综合改革，教育部成立综合改革司。

教育治理理念、治理体系、治理方式、治理能力滞后，政府、学校、社会之间的关系没有理顺，相互之间存在“缺位”“越位”“错位”的问题，这是当前教育问题的总根源。综合改革的总目标是完善和发展中国特色社会主义教育制度、推进国家教育治理体系和治理能力现代化。管办评分离是综合改革的重点内容。《教育部关于深入推进教育管办评分离促进政府职能转变的若干意见》（教政法〔2015〕5号）提出，到2020年，基本形成政府依法管理、学校依法自主办学、社会各界依法参与和监督的教育公共治理新格局，为基本实现教育现代化提供重要制度保障。

全面提高教育质量，促进教育公平是推进教育综合改革的两条主线。全面提高教育质量，一要“把加强教师队伍建设作为提高教育质量最重要的基础工作来抓”；二要推进国家教育标准体系建设，以标准建设和标准提高促进教育发展和质量提高；三要以教育信息化为引擎推动教育创新。通过教育综合改革“努力让13亿人民享有更好更公平的教育，获得发展自身、奉献社会、造福人民的能力”。同时，把扶持最贫困地区、帮扶最困难群体、加强最薄弱环节作为促进教育公平的首要任务，不断缩小城乡、区域、校际、群体的教育差距。

推进综合改革的基本思路是让依法治教与综合改革如鸟之两翼、车之双轮，协同推进。要更加重视法律、制度、规则的建立与完善，注重落实法治的原则与要求，运用法治思维和法治方式，引领和推动教育领域综合改革。依法治教的前提是完善教育法律和制度规则体系，关键是依法行政，落脚点是依法治校。

教育综合改革的推进策略是“从时间表倒排最急迫事项改起，从老百姓最期盼的领域改起，从制约经济社会发展最突出的问题改起，从社会各界能够达成共识的环节改起”“加紧建设对保障社会公平正义具有重大作用的制度”，加快推进考试招生制度改革。

（涂端午　撰稿）

7　如何保证全面贯彻党的教育方针

办好人民满意的教育，必须全面贯彻党的教育方针，落实立德树人根本任务，培养德智体美劳全面发展的社会主义建设者和接班人。而这，是整个教育体系、管理制度、办学保障和社会环境协同作用的结果。其中，教育体系的完整性、通畅性、与社会的契合性及自身的活力是现代化教育的重要基础，成熟、健康、稳定的教育制度是中国特色社会主义教育的根本保证，办学所需要的各种保障条件是教育质量的重要基础，家庭、学校、社会深度融合的教育共同体是人才健康成长的有机土壤。

首先，中国特色、世界水平的现代教育需要以先进思想为先导来统领，全面服务中华民族的伟大复兴和人的全面发展。习近平新时代中国特色社会主义思想是指引中国特色教育现代化建设实践的理论和行动指南，为教育现代化建设提供了强大的精神动力，必须长期坚持、不断丰富发展，必须在各项建设工作中全面准确贯彻落实。教育战线要坚持党对教育工作的全面领导，自觉在思想上、政治上、行动上同党中央保持高度一致，坚持党确定的稳中求进工作总基调，确保党把方向、谋大局、定政策、促改革的领导核心作用，坚持党总揽全局、协调各方。

其次，从教育本身的支撑保障上看，我们需要在一流体系建设、现代化制度设计、充足的条件保障、社会的积极参与等方面做好工作。围绕立德树人根本任务，遵循教育的内外部规律，确立教育教学主要环节相互配套、协调一致的人才培养体系、体制、机制，形成多方参与、齐心协力、互相配合的育人格局。系统推进育人方式、办学模式、管理体制、保障机制改革，加强教材体系建设。建立促进学生身心健康、全面发展的长效机制，注重培养支撑学生终身发展、适应时代要求的关键能力，强化学生认知能力、合作能力、创新能力和职业能力提升。

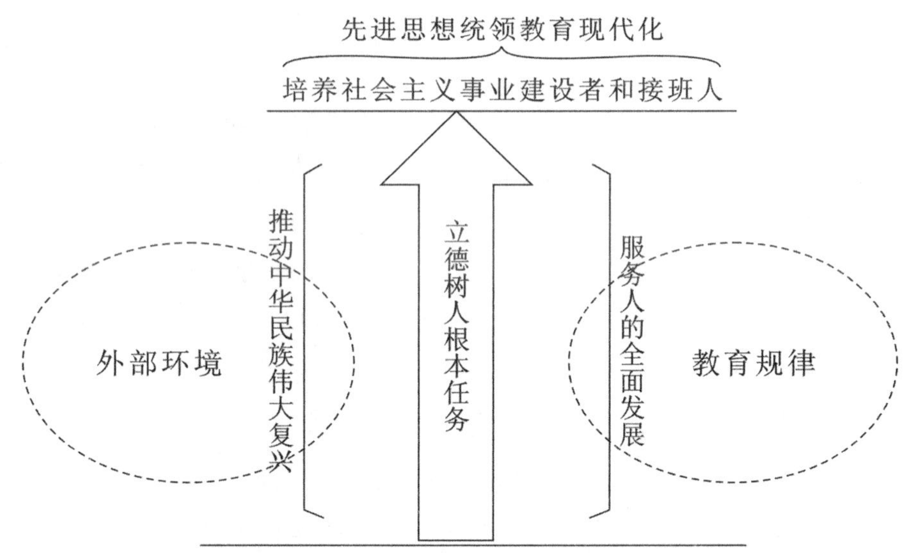

全面贯彻党的教育方针，落实立德树人根本任务的思想引领、规律遵循和支撑保障的总体示意图如上。

总之，一定要强化教育引导、实践养成，发挥社会主义核心价值观的引领作用，广泛开展理想信念教育，深化中国特色社会主义和实现伟大中国梦的宣传教育，弘扬民族精神和时代精神。坚持德育为先，始终坚持正确政治方向，培育和践行社会主义核心价值观，坚持教育为人民服务、为中国特色社会主义服务、为改革开放和社会主义现代化建设服务；坚持以人为本，使学生具有中华文化底蕴，自觉把个人理想融入国家和民族的事业中，自觉提高服务社会的能力。

（马陆亭　撰稿）

8　如何加强党对教育工作的全面领导

中国共产党是中国特色社会主义事业的领导核心，处在总揽全局、协调各方的地位。这从根本上决定了我们的教育事业是党领导下的教育事业，是中国特色社会主义教育事业；我们的学校是党领导下的学校，是中国特色社会主义学校。党的领导是引领中国特色社会主义教育事业不断前进的最大政治优势，是办好人民满意的教育，办好中国特色、世界水平的现代教育的根本政治保证。

全面加强党对教育工作的领导，必须坚持把教育放在优先发展的战略位置。教育既是国计，更是民生。站在新的历史方位，中国已前所未有地接近中华民族伟大复兴目标、前所未有地走近世界舞台中央，必须着眼于完成决胜全面建成小康社会、夺取中国特色社会主义伟大胜利这样的历史使命来强调教育的重要战略地位。在当下日趋激烈的综合国力竞争中，人才越来越成为推动经济社会发展的战略性资源，教育的基础性、先导性、全局性地位和作用更加凸显，只有坚持科教兴国战略和人才强国战略，中国才会有可持续的竞争力。这就决定了：全面加强党对教育工作的领导，必须坚持把教育放在优先发展的战略地位，必须以实现好、维护好、发展好最广大人民根本利益为出发点来全面深化教育领域综合改革，这就需要重点推动政府职能转变，从越位点撤离，把缺失面补全，在供给侧发力，特别是要继续把促进教育公平置于突出位置，视教育为民生之基，以教育扶贫来阻断贫困代际传递，让每个孩子都能赢在起跑线上。

全面加强党对教育工作的领导，必须全面贯彻党的教育方针，始终坚持社会主义办学方向。我们的学校是党领导下的学校，是中国特色社会主义学校。办好我们的学校，必须坚持把政治建设摆在首位，以思想建设作为根基，以马克思主义为指导，全面贯彻党的教育方针，坚定不移地走中国特色社会主义教育发展道路。一所学校一旦在办学方向上走错了，在培养人的问题上必定会走偏。因此，加强党对教育工作的领导，最重要的就是在事关办学方向的问题上站稳立场，这是事关我国教育发展方向的根本问题，是事关能否满足人民对教育的美好期待的根本问题。各级各类学校是重要的教育阵地和思想文化阵地，要确保学校始终成为“坚持党的领导的坚强阵地”和“培养社会主义事业建设者和接班人的坚强阵地”。而要成为这两个“坚强阵地”，关键在于牢牢掌握学校意识形态工作的领导权，将强化思想引领与价值塑造作为牢牢掌握党对学校工作领导权的核心抓手，确保学校党建和思想政治工作全覆盖。我们既要对各种错误思潮保持警惕、有效防范，防止其以各种形式在学校抢滩登陆，同我们争夺阵地、争夺师生、争夺人心；又要加强对课堂、讲座、论坛、报告会、研讨会以及境外非政府组织在学校活动的管理，有效防范校园传教，防范敌对势力渗透，确保学校和谐稳定；还要联系学生思想实际，有针对性地回答一些学生感到困惑的综合性、深层次理论认识问题。

全面加强党对教育工作的领导，必须紧扣“培养什么样的人”这个根本问题，打造中华民族“梦之队”。“理想指引人生方向，信念决定事业成败。”青少年的价值取向决定了未来整个社会的价值取向，而青少年又处在价值观形成和确立的时期。实现中华民族伟大复兴的中国梦必须着力培养青少年学生牢固树立远大理想，打造一支中华民族“梦之队”，为实现中国梦增添强大青春能量。教育系统各级党组织要扎实落实立德树人的根本任务，积极引导广大青少年“把理想信念建立在对科学理论的理性认同上，建立在对历史规律的正确认识上，建立在对基本国情的准确把握上”。要用社会主义核心价值观扣好青少年学生人生的第一粒纽扣，积极培育和践行社会主义核心价值观，加快构建大中小幼一体化德育体系，强化教育引导、实践养成、制度保障，让社会主义核心价值观的种子在青少年心中生根发芽，结合开展理想信念教育、爱国主义教育、中华优秀传统文化教育和革命传统教育，促使学生将社会主义核心价值观内化为精神追求、外化为行动自觉。各级各类学校都要推动社会主义核心价值观进教材、进课堂、进学生头脑，提升思想政治教育的亲和力和针对性。广大教师作为打造中华民族“梦之队”的筑梦人，是学生锤炼品格的引路人、学生学习知识的引路人、学生创新思维的引路人、学生奉献祖国的引路人。广大教师必须有理想信念、有道德情操、有扎实学识、有仁爱之心。各级党委、政府特别是学校各级党组织要尊重教育规律和教师成长发展规律，通过深入细致的思想政治教育和扎实有效的服务工作，建设一支党和人民满意的高素质专业化创新型教师队伍，引导广大教师认清肩负的使命和责任，自觉做中国特色社会主义的坚定信仰者和忠实实践者，自觉做先进思想文化的传播者、党执政的坚定支持者，坚持把党的教育方针贯彻到教学管理工作全过程。

全面加强党对教育工作的领导，必须从制度上确保把全面从严治党的要求落到实处。教育领域要成为坚持党的领导的坚强阵地，首先要完善党对教育工作的领导体制和工作机制。比如，在高校，必须准确理解和贯彻党委领导下的校长负责制。高校领导班子要以党委为坚强核心，成为坚持社会主义办学方向、善于领导高校科学发展、团结奋进的坚强领导集体。高校重要干部任免、重要人才使用、重要阵地建设、重大发展规划等，都要经党委集体研究决定。高校党委书记和校长都应当成为讲政治的教育家、办教育的政治家、办学治校的管理专家。坚持和完善党的领导同勇于自我革命、从严管党治党是相统一的，对于教育战线来说，党要管党，才能管好党，才能发展社会主义教育事业；从严治党，才能治好党，才能办好中国特色社会主义学校。教育战线要层层落实党风廉政建设的“两个责任”，用好党内监督“利器”，发挥巡视“利剑”作用，建立有力的督查督办制度，做到有责必问、有责必查、有责必究。加强党对教育工作的领导，推进教育战线的全面从严治党，还要同加强学校基层党组织建设和党员队伍建设结合起来，同全面提升教育系统党的建设科学化水平结合起来。坚持把党支部建在教研团队上、建在班级课堂上、建在学生社区上、建在学生社团上，充分发挥党支部的战斗堡垒作用，厚植学校党建基础，以党建促校建，把党对教育的领导落实到办学治校全过程，为办好中国特色社会主义学校提供坚强组织保证。

（卢海弘　撰稿）

二　如何发展素质教育

1　如何落实立德树人根本任务

新时代要落实立德树人这一根本任务，首先必须回答好“培养什么样的人、如何培养人”这个教育的根本问题。对这个问题的回答，直接决定着我国教育能否保持正确的政治方向和办学方向。

在党的十九大报告中，习近平总书记强调要全面贯彻党的教育方针，深化新时代教育综合改革，要以培养担当民族复兴大任的时代新人为着眼点，加快健全立德树人系统化落实机制。

2016 年教师节前夕，习近平总书记在北京市八一学校考察时强调指出：基础教育是立德树人的事业，要旗帜鲜明加强思想政治教育、品德教育，加强社会主义核心价值观教育，引导学生自尊、自信、自立、自强。2016 年底，习近平总书记在全国高校思想政治工作会议上指出，高校立身之本在于立德树人。

落实立德树人根本任务，首先要坚持以人为本、德育为先，始终坚持正确政治方向，培育和践行社会主义核心价值观，引导学生扣好人生的第一粒扣子。要引导学生坚定理想信念、坚守正确的价值追求，加快构建以社会主义核心价值观为引领的大中小幼一体化德育体系，针对不同年龄学生合理设计德育内容、途径、方法，推动社会主义核心价值观内化于心、外化于行。要始终坚持以德为先，把理想信念教育放在首位，不断增强广大青少年对中国特色社会主义的政治认同、情感认同、价值认同，引导广大师生做社会主义核心价值观的坚定信仰者、积极传播者、模范践行者，把自己的人生追求同国家发展进步、人民伟大实践紧密结合起来。

要从培养支撑学生终身发展、适应时代要求的关键能力出发，在培养学生基础知识和基本技能过程中，更加注重培养学生自我提升的认知能力、与人交往的合作能力、面向未来的创新能力、奉献社会的职业能力，帮助学生迈好人生的每一步。

要创新人才培养模式，强化创新创业实践。当今时代，新一轮科技革命和产业革命正在孕育兴起，一些重大颠覆性技术创新正在创造新产业新业态，大数据、云计算、移动互联网等新一代信息技术同机器人和智能制造技术相互融合步伐加快。这不仅深刻改变着人类的思维方式，也对教育内容方式、形态模式和学习方式方法产生了革命性影响。

要从促进学生身心健康、全面发展出发推进素质教育，健全德育抓方向、智育重能力、体育推普及、美育多形式、劳动教育重习惯的体制机制，使德育、智育、体育、美育和劳动教育相互渗透、协调发展。

总之，落实立德树人根本任务，是一项系统工程，也是一项艰巨任务。正如习近平总书记明确指出的：教育是“全社会的事业”，办好教育不仅是党委和政府的事情，也迫切“需要学校、家庭、社会密切配合”。其中，“党委要抓好政治领导和思想领导”“保证高校正确办学方向”，同时要“掌握高校思想政治工作主导权”“保证高校始终成为培养社会主义事业建设者和接班人的坚强阵地”“学校要担负主体责任，对学生负责，对学生家庭负责”“家长要尊重学校教育安排，尊敬老师创造发挥，配合学校搞好孩子的学习教育，同时要培育良好家风，给孩子以示范引导”；而组织、宣传、教育、文化、科技、体育等各相关单位和社会各界，则要各负其责、齐抓共管，包括支持学校抓好“第二课堂”建设，为学生参与社会实践创造更多机会和舞台。因此要营造健康的教育生态，促进学校教育、家庭教育、社会教育有机融合，形成全员育人、全过程育人、全方位育人、全社会育人的强大合力。

（王晓燕　撰稿）

2　发展素质教育的实施途径有哪些

以人为本、发展素质教育是新时代我国教育改革发展的战略主题。全面贯彻党的教育方针，全面提高教育质量，必然呼唤素质教育。素质教育从本质上说就是以提高全民族素质为根本宗旨的教育，着眼于人民群众美好生活需要和经济社会发展需求，坚持以学生发展为本，以面向全体学生、全面提高学生的基本素质为根本目的，尊重学生的个性差异，开发学生的智慧潜能，发展学生的精神力量，促进学生德智体美劳主动地、生动地发展。

众所周知，教育需要两个过程，一个是认知发展和概念建构的过程，另一个是集体形成思维实践的过程。从发展素质教育的方向看，教育必须处理好学习知识和社会实践的关系。人们越来越深刻地认识到，仅有书本知识的学习，不是真正的完整的教育，当今时代孩子们欠缺的不是知识、不是技能，而是创新精神和实践能力。与学校教育以系统知识为基本内容、以学生获取知识与培养基本能力为主要目标、以学科教学为主要途径相比，社会教育更突出实践性，可以让少年儿童在实践中、在体验中受教育。另外，现代社会教育组织形式和知识系统的开放性、前沿性为少年儿童提供了更大的交往空间和更新的知识源泉，可以促进人的社会化过程。社会对于学生而言，是培养社会责任感、创新精神和实践能力的最好的大课堂。教育必须与生产劳动和社会实践相结合，这不仅是马克思主义的基本原理，也是我国社会主义教育的基本原则。但是，长期以来，这一原则在我们的学校教育中并没有得到很好贯彻，学校教育普遍存在着与社会脱节、认知与实践分离、知与行分离的倾向。在人才培养方式上，重知识传授、轻实践养成、实践教育环节薄弱甚至缺失，已成为我国中小学发展素质教育、改革人才培养模式的主要瓶颈。面向未来，为“全面贯彻党的教育方针，落实立德树人根本任务，发展素质教育”，要促进人才培养方式的创新，实现育人方式的重点突破，必须切实发挥社会教育的重要价值，强化社会实践对学生的引领作用。党的十八大以来，这一教育理念已经在一系列政策文件中反复强调。例如，2017 年 9 月，中共中央办公厅、国务院办公厅印发《关于深化教育体制机制改革的意见》中明确指出：“学校应充分调动一切积极力量，激活外部教育资源，服务于学生。让学生参与社会实践活动，在实践体验中优化内在素质。”

新时代发展素质教育，要通过细化学生德智体美劳全面发展总体要求，理顺各学段育人目标和学生发展核心素养体系，明确学生应具备的适应终身发展和社会发展需要的必备品格和关键能力。其主要实施途径可以概括为以下几点：

第一，把立德树人作为根本任务，筑牢社会主义核心价值观这一凝心聚魄、强基固本的基础工程，深入开展理想信念教育、爱国主义教育、中华优秀传统文化教育和革命传统教育，帮助学生“扣好人生的第一粒扣子”，从小培养“革命理想高于天”的崇高追求，增强做中国人的骨气和底气。第二，加强青少年法治教育，将法治教育纳入国民教育体系，促进青少年“德法兼修”。第三，重视加强劳动教育，促进教育与生产劳动和社会实践紧密结合，让青少年一代体会劳动艰辛，增强劳动意识，掌握劳动技能，分享劳动喜悦。第四，开展勤工俭学、志愿服务、生产实习、研学旅行等实践教育活动，以知促行、以行促知，学以致用。第五，健全学校体育政策体系和条件保障，社会支持学校体育的氛围更加浓厚。第六，全面推进艺术教育，积淀学生艺术底蕴，提升学生审美素养，铸就学生美丽心灵。

（王晓燕　撰稿）

3　如何以人才成长为核心开展教育标准建设

习近平总书记强调要把人民对美好生活的向往作为工作的方向。面向未来的教育需要内化于心，更加深入教育本质，聚焦人自身的健康成长。过去，受外部条件制约，我们是穷国办大教育，由此较多地瞄向了教育发展的资源条件和统一标准。这是发展阶段的必然，因为只有这样才能使社会各界更加重视教育、实现优先发展，据此我们完成了教育大业立柱架梁的重任。而进入新时代，随着社会和教育主要矛盾的转换，教育关注的重心和焦点需要适时调整，需由外部条件保障进入教育本质内涵，更加关注人自身的健康成长。

质量是教育的生命线，是人民群众对教育的关注点，是新时代教育的中心工作。如何看待质量、优质和美好？答案是必须符合青少年身心发育和成长规律，符合教育规律，在总体框架下满足个性差异的需求。孩子的成长就像一棵果树，从幼苗开始，浇水、施肥、修剪、防虫环环相扣，该用力时不用力不行，不该用力时瞎用力也不对，要在正确的时候做正确的事情。这里面有科学依据，用对了力、做对了事才能结出丰硕的成果，恰到好处才能事半功倍。

人生的扣子应当从规矩开始。新征程开启于教育改革发展的“四梁八柱”搭建完成之际，下一步的“全面施工内部装修”将更加精细化，需要从标准做起。教育的标准反映着对教育规律的掌握和把握程度，不同标准之间要有一定的逻辑联系，上位决定下位。制定标准的原则是宏观有序、微观搞活，体系内要相互衔接，否则大家都强调自身的重要性，会造成畸形发展，会不断产生新的不平衡不充分问题。按照教育标准的逻辑递进关系看，重要的有成长标准、学校标准、学业或专业标准、课程标准。

成长标准。学生分级分段的成长标准是一切教育标准的基础，要以各年龄段、各学业段儿童青少年身心发育成长为基础制定，循序渐进而非揠苗助长。孩子们的受教育阶段，也正是其身体、心智逐步发育长成的过程，绝不能以损害孩子身心健康为代价单纯、超时、非理性灌输知识。例如，该 10 岁时学的东西，你让他 7 岁学了，事倍功半且不说，还极有可能影响孩子正常的身心发育，抑制孩子的好奇心、形象思维、创新力等。看似超前，其实是好心办坏事。因此，成长标准是基础性工程，必须严格遵循生理、心理、教育科学的规律，真正发展素质教育，推动实现德智体美劳全面发展。现行教育与成长标准不相符的地方，就是今后的改革内容。

学校标准。学校建设标准一定要依据学生成长标准制定，按本阶段教育活动开展的需求制定。孩子的成长，在每个年龄、教育阶段发展的重点是不同的，因此教育活动安排和教育内容模式也就不同。例如，在不同阶段需要有不同的户外活动场所设施、动手操作需要的制作工具及实验设备等，还要有不同教育活动的时间配比安排。各级各类教育在不同阶段有自己的目标，不同学校有自己的使命定位。党和国家对人才培养的一系列要求，如立德树人根本任务、社会责任感、创新精神和实践能力培养，要分布在不同成长阶段、不同学校全贯通培养，是久久为功而非一蹴而就的事业。各级各类学校要有针对性地抓各学段的育人重点，各项教育活动都要跟上，学校标准需要配套。

学业或专业标准。学业标准反映着基础教育某大类课程的培养要求，专业标准体现着职业教育、高等教育的专业规格。它们不一定是越高越好，因为学业标准盲目追高追快有可能违背规律，专业标准过于追高追细有可能会损害特色，均需要以科学严谨的态度认真对待。在凝聚共性的基础上，学业标准一定要适合、贴切，专业标准要为特色发展留出空间。学业或专业标准还需要突出每一阶段的发展重点，在认知能力、身心发展、合作意识、社会责任等方面提出相应要求，对知识、技能、思维力的结构搭建和关键能力培养要前后连贯。

课程标准。它体现着每一门具体课程的内容、方式、目标等要求，是学业或专业中的一环，但不能脱离具体的成长阶段。其制定一是要考虑课程之间的联系，二是要考虑本课程与其他教育活动之间的关系，三是需确定本课程涉及的知识点、技能点、能力点与培养方式。

（马陆亭　撰稿）

4　如何建构有利于创新人才成长的育人环境

如果说创新是引领发展的第一动力，那么人才就是创新的第一资源。当今世界，综合国力竞争日趋激烈，新一轮科技革命和产业革命正在孕育兴起，变革突破的能量正在不断积聚。面向未来，大力培养创新人才，已成为各国赢得国际竞争优势的战略性选择。创新人才的培养，离不开良好的育人环境。

建构创新人才成长的育人环境，文化是灵魂。文化是民族的灵魂。一要加强校园文化建设。校园文化是学校教育的重要组成部分，是培养创新人才的优质土壤。要以建设优良的校风、教风、学风为核心，以优化、美化校园文化环境为重点，以丰富多彩、具有创造性的校园文化活动为载体，形成富有创新精神、文化底蕴丰厚、精神品质卓越的，具有良好育人氛围的校园文化积淀。二要加强家庭文化建设。家庭是孩子的第一课堂，父母是孩子的第一任老师。家庭教育工作的开展情况，关系到孩子的终身发展，关系到千家万户的切身利益，关系到国家和民族的未来。要进一步明确家长在家庭教育中的主体责任，通过家庭文化建设，提升家长素质，提高育人水平，加快形成家庭教育社会支持网络，推动家庭、学校、社会协同育人，共同建设好有利于促进创新人才成长的育人环境。三要树立科学的人才评价观念，营造鼓励创新的文化氛围。摒弃单纯以学业成绩和升学指标论英雄的片面发展观，改进对人才的考核评价方法，既看显绩又看潜绩，既看基础又看发展，改革应试教育的育人模式，走出象牙塔式教育的模式，走出重知识、轻能力的教育模式，建立以品德、能力和业绩为导向的科学化、社会化人才评价发现机制，营造人人皆可成才、人人尽展其才的良好社会文化氛围。

建构创新人才成长的育人环境，制度是保障。鼓励创新、保护创新的制度，是一个国家能被称之为创新型国家的关键要素。鼓励创新的制度完善了，创新人才就会如鱼得水，创新热情也会得到充分激发。一要按照人才成长规律改进人才培养机制。构建尊重个性发展、强化兴趣爱好和创造性思维培养的创新型人才培养机制。二要按照人才培养类型构建合理的学科专业结构。重点优化应用型、复合型、技能型的人才培养专业，实现人才培养与社会需求的合理衔接。以支撑创新驱动发展战略、服务经济社会为导向，进一步提升我国高等教育综合实力和国际竞争力。三要搭建人才成长“立交桥”。促进大中小学联合培养人才，各级各类教育纵向衔接、横向沟通，提供多次选择机会，满足个人多样化的学习和发展需要。

建构创新人才成长的育人环境，物质是基础。一要坚持以标准建设和标准提高促进教育发展和质量提高。全面改善贫困地区薄弱学校办学条件，制定国家和地方各类办学条件基本标准。各地根据办学条件基本标准和教育教学基本需要，制定并逐步提高区域内各级学校学生人均经费基本标准和学生人均财政拨款基本标准。二要积极拓宽财政性教育经费来源渠道。统筹各项收入，探索政府收入统筹用于支持教育的办法。通过完善教育费附加和地方教育附加制度、统筹相关政府性基金收入用于教育等措施，增加财政性教育经费。三要鼓励引导社会力量兴办教育。

（王晓燕　撰稿）

5　为什么要维护校园安全稳定

一是校园安全稳定关系到青少年的健康成长。青少年的健康成长关系到民族和国家的未来，青少年的教育是青少年健康成长的重要一环，而作为有组织、有目的、有计划的正规教育大部分是在校园里进行，只有一个安全稳定的校园环境，才能够保障教育教学活动的正常进行，才能够保障青少年的健康成长。

二是校园安全稳定关系到千家万户的幸福。青少年是每一个家庭的希望，尤其由于我国长期实行计划生育政策，许多家庭都是独生子女家庭，孩子更是许多家庭的支撑和希望，青少年的健康成长关系到许多家庭的幸福，只有在一个安全稳定的校园环境里，青少年才能够健康成长，才能够保障千家万户的幸福。

三是校园安全稳定关系到社会的和谐。青少年的健康成长不但关系到千家万户的幸福，也关系到整个社会的和谐，一旦校园失去安全稳定，则使得青少年失去了一个健康成长的环境，影响到青少年的方方面面，不但影响到青少年的学习，也容易影响到青少年的心理健康，而这是影响青少年一生的问题，也极有可能伴随着青少年的一生，成为影响社会和谐的严重问题，所以为了整个社会的和谐，必须维护校园的安全稳定。

四是校园安全稳定问题依然突出。校园是社会的一片净土，但是近年来，随着校园社会化进程的加速，在各种因素的作用下，校园安全问题开始凸显：2010年“3·23南平校园惨案”“王永来案”等重大恶性伤人事件；2014年昆明发生的踩踏事件，6名小学生遇难；2015年江苏多所学校“有毒塑胶跑道”事件；2016年上海吊车与校车发生刮蹭事件、重庆女孩遭毒打侮辱事件。校园的安全受到了极大的威胁，不断发生的校园安全事故给青少年带来极大的身心痛苦，给家庭带来了沉重的经济和精神负担，影响了学校的正常教学秩序，成为影响社会和谐的严重社会问题。

五是校园安全监控法规有待完善。经过多年的努力，我国初步建立起了维护校园安全的法律法规，有效地减少了校园安全事故的发生，维护了校园的安全稳定，但是从我国目前建立的校园安全规定来看，我国校园的安全规定还处于“大框架”状态，大多数规定只是大方向的指导性规定，细节规定明显不够，缺乏对于实践的有效指导作用。总结我国校园安全事故的原因，针对性提出治理校园安全事故的方案预案，解决好处理校园安全事故的细节问题，才能够有效地遏止校园安全事故的发生。

总之，校园安全稳定不但关系到青少年的健康成长，关系到千家万户的幸福，也关系到社会的和谐，但是当前我国校园安全稳定问题依然突出，校园安全监控法规有待完善。因此，必须下大力气解决当前影响校园安全稳定的问题，完善校园安全监控法规，维护校园的安全稳定，保障青少年的健康成长。

（鞠光宇　撰稿）

6　如何进一步提高教育质量

提高教育质量是教育改革发展的永恒主题，是全球教育政策的共同价值取向。党的十九大报告强调，努力让每个孩子都能享有公平而有质量的教育。老百姓对教育的新期待核心是质量和公平，不追求质量的公平是假公平，不看重质量的改革是伪改革。提高教育质量，是贯彻落实党中央重大决策、回应人民对美好生活期盼的必然选择，提高教育质量很有必要廓清相关主体的行动逻辑。

首先，政府承担提高教育质量的保障责任。一是树立全面系统可持续的质量观。党的十八大以来，全面系统可持续的教育质量观正在形成，不能以教育发展替代教育质量，也不能以教育投入替代教育质量，更不能以局部亮点代替整体质量。全面系统可持续的教育质量观，既要重视培养中小学学生的社会责任感、创新精神和实践能力，也要培养大学生创业创新创意能力，重点是立德树人；既要着力提高高校拔尖创新型人才的培养质量，也要努力提高各级各类学校人才的培养质量，重点是提高技术技能型人才契合社会需求的程度。二是确定教育改革与发展的优先项目。提高教育质量还原教育立德树人的核心价值，根据轻重缓急精选优先项目。优先顺序影响着教育经费的使用效益，决定着学习者能否从教育中更多受益。对于教育质量而言，第一要素是教师队伍质量的优劣，其次是学校管理水平的高低，再次是基础设施是否完备。要把主要精力和重点资源用于提高教师职业吸引力，促进校长和教师专业化发展，破除影响教育质量的体制机制性障碍等核心问题。三是推进学校教育绿色评价。科学的教育评价制度是提高教育质量的关键环节，不能让教育行政化将学校异化为行政衍生机构，也不能让学校公司化将学校异化为商业性公司。绿色评价已经成为教育质量评价风向标，上海市等 30 个地区被确定为国家级“绿色评价”改革试点。政府可以试行学校发展档案袋制度，综合学校发展重要指标，包括学生考试成绩、教师发展状况、学校管理水平等，持续收集学校发展大数据，对学校教育质量进行终结性评价、过程性评价和增值性评价。

其次，学校承担提高教育质量的主体责任。一是从封闭到开放。信息时代、知识经济时代和终身学习时代，学校教育应更清醒地认识到自身的局限性。学习者的个体性、终身性、全民性教育需求，不可能全部在学校得到满足，更多的学习发生在社会活动和工作实践当中。学校必须面向外部世界开门办学，充分利用校内校外、国内国外不同场域为学生增长才干。二是从重教到重学。提升能力的主要途径是学，自主的学远胜被动的教，重心应从教师活动转向学生活动，力推以学习者为中心的人才培养模式。让学生在学习过程中找到兴趣，帮助学生找到持久的快乐，让学生保持好奇心和探索欲是教师教学和学生学习的最佳成果。三是从标准化到多样化。多样性中的统一性才是教育质量的本质属性。学生千姿百态、学校特色鲜明，才能构成丰富多彩的教育生态。学生群体拥有不同家庭经济文化背景，以统一课程、统一教材、统一标准、统一进度的工业化办学思维无法满足学生个性化学习需求。学校必须研究学生个性特征，为学生提供宽松、宽容、自主、自在的学习环境。

最后，学生承担提高教育质量的行动责任。一是从被动学习到主动探索。学生是教育质量的直接体验者和最终受益人，学习者应从他控走向自控，发现并保持自己的兴趣，做学习的真正主人，学会选择职业和人生发展方向。积极寻找机会在实践中学习，在生活中学习，把知识内化为能力。把终身学习作为首选的生活方式，不仅做知识的消费者和传播者，更要做知识的探索者和创造者。二是从分数竞争到共同成长。学习改变自我，学习改变世界。文凭学历只是生活的装饰品，而不是生活的必需品。考试分数远不等于学生综合素质，单靠考试分数无法应对人生进退起伏。学习的目的不是淘汰他人成就自己，而是相互促进共同成长，因此团队精神、小组学习、合作性学习更值得提倡。

（张家勇　撰稿）

7　如何构建人才培养“立交桥”

构建人才培养“立交桥”是全面深化教育改革，全面推进人才成长模式转变的关键举措。当前面对全球范围内新一轮科学技术的飞速发展和产业革命，面对我国经济社会发展呈现的速度变化、方式转变、结构调整、动力转换的新常态，构建人才培养“立交桥”是实现教育结构体系优化、满足经济社会发展所需要的多样化人才的根本途径。教育是人才培养的基础，实践是人才培养的途径。构建人才培养“立交桥”，客观上必然要求协调学校教育和继续教育发展，促进相互衔接沟通，承载人才多样化学习的需要。

推动城乡义务教育一体化发展，高度重视农村义务教育，筑牢人才培养“立交桥”的根基。2016 年，我国学前教育毛入园率 77.4%、九年义务教育巩固率 93.4%、高中阶段毛入学率 87.5%、高等教育毛入学率 42.7%。这些教育发展指标，从总体上看我国已经达到或部分超过中高收入国家平均水平。但是，我国教育发展不平衡不充分的问题依然存在，尤其在农村地区，不仅存在“超大班额”问题，而且每年依然有部分义务教育阶段的学生辍学直接进入社会，严重影响其未来继续学习的机会。义务教育阶段的学习，意味着在国家提供的基本知识和技能的有无之间，正在形成一种新的两极分化，那些高质量完成九年义务教育并掌握基本知识和技能的人群，能够适应未来就业市场变化的需要重新进行学习，而未能接受有质量义务教育阶段的学生，则可能被抛在社会发展的后面，面临着日益边缘化的命运，影响社会的和谐。

普及高中阶段教育，努力让每个孩子都能享有公平而有质量的教育，是搭建人才培养“立交桥”的重要支柱。一个人进入劳动力市场的知识和能力，决定着其终身学习和培训的机会。美国原教育部长佩林斯 2005 年 4 月在参议院的报告中指出：任何针对 20 岁以上的成年人教育培训项目，都不能弥补 5～18 岁教育质量的不足。他指出，在当今信息时代，80%新出现的工作，都需要高中后的教育和培训。目前，我国高中阶段毛入学率比高收入国家低 10 个百分点，我国劳动年龄人口和新增劳动力平均受教育年限，分别为 10.4 年和 13.3 年，无论是数量还是质量，我国同发达国家相比，仍有差距。高中阶段教育发展，对整个教育结构体系具有瓶颈制约作用。

学分认定、累计和转换制度，是构建人才培养“立交桥”的运行机制和关键纽带。长期以来，我国教育结构体系一定程度地存在着“重普通教育，轻职业教育；重传统学校教育，轻广播电视教育；重学历文凭教育，轻职业技能培训”的现象，抑制了学习机会的扩大和学习者的热情，不利于建设“人人皆学、时时能学、处处可学”的学习型社会。党的十八大以来，适应产业结构优化升级以及由此引发的劳动力供求结构的剧烈变化，按照“四个全面”战略布局，落实创新、协调、绿色、开放、共享发展理念，以满足人民群众多样化学习和发展为目的，建立学分认定、累计与转换制度，提供更多的学习机会，构建各级各类教育纵向衔接，横向沟通现代教育结构体系。我国启动了开放大学和国家自学考试制度改革，改革了中央广播电视大学的办学体制，先后成立了国家开放大学、北京开放大学、上海开放大学、江苏开放大学、广东开放大学、云南开放大学，拉开了我国开放大学人才培养模式改革的序幕。目前六所开放大学设置本科专业 49 个，在校生 117 万人；专科专业 161 个，在校生 275 万人。同时，开展非学历培训项目 56 个，注册在学人数 369 万人，开发非学历教育资源 240 多万学时，开展线下培训 38 多万人次，六所开放大学建设取得显著进展。但是，开放大学本专科教育与日趋多样化的培训活动之间尚没有建立有效的联系，零散的学习培训与系统的学历教育过程缺乏有机的沟通和联系，短期培训与系统学习没有建立起相互协调、相互促进的循环，甚至在一定程度上相互制约和抑制。因此，教育部于 2016 年下达了《关于推进高等教育学分认定和转换工作的意见》，探索建立个人学习账号与学分累计制度试点。目前六所开放大学在自主自愿的基础上，经国家授权选择一个专业、开展一定规模数量的学生进行个人学习账号与学分累计制度试点，鼓励更多的人能够根据岗位变化和职业生涯目标，以开放大学为主体，把系统的学习和零散的培训活动结合起来，由开放大学认可学习者各种不同的学习活动，对开放大学系统的课程设置与教学活动进行评价考核，认定学分，吸引更多的社会人员参加到各种形式和类型的开放大学教学活动中来，大力推进全民终身学习局面的形成与发展。同时，建立个人学习账号和学分累计制度，要结合国家自学考试制度改革，筹建国家课程学习评价机构，开展本专科层次的课程评价中心，将传统的本专科系统的专业学习分解到灵活的课程学习中，面向学习者开展课程学习评估与学分认定，努力使个别课程纳入开放大学和成人高等教育体系的专业学习之中，使开放大学和自学考试成为建立个人学习账号和学分累计制度的主体。

（窦现金　撰稿）

8　如何加强创新创业教育

我国高校创新创业教育已经走过了近 20 年的发展历程，对推动毕业生创业就业、服务国家现代化建设发挥了重要作用。但由于受到各种因素的影响，发展仍然相对缓慢，也存在创新创业教育理念滞后、与专业教育结合不紧、与实践脱节等突出问题，并不能完全满足经济社会发展的要求。1998 年，联合国教科文组织在法国巴黎召开首届世界高等教育大会，会议通过《21 世纪高等教育宣言：展望与行动》，提出“高等教育应主要关心培养创业技能与主动精神；毕业生将越来越不再仅仅是求职者，而首先将成为工作岗位的创造者”。从长远看，高校培养出来的人才是否具有创新创业意识和能力，决定了整个社会的创新程度。近年来，党中央、国务院对加强创新创业教育提出明确要求，对创新创业人才培养做出重要部署。国务院办公厅《关于深化高等学校创新创业教育改革的实施意见》（国办发〔2015〕36号）明确指出：“深化高等学校创新创业教育改革，是国家实施创新驱动发展战略、促进经济提质增效升级的迫切需要，是推进高等教育综合改革、促进高校毕业生更高质量创业就业的重要举措。”进入新时代，国际竞争新优势越来越体现在创新能力上，以新思想、新理念为指导，加强高校创新创业教育，是社会发展的必然要求。

一是着重培养大学生的创新创业意识和精神。在任何工作岗位上想要做出成绩，都必须具备创新创业意识和精神。由于主客观条件的局限，当前我国大部分高校虽也建有大学生创新创业园和平台，但大部分还是形式多于内容。真正从事创新创业的学生，无论数量上还是质量上都还不够，大部分学生的创新创业意识还相对淡薄，创新创业精神并没有确立，传统的学习观和就业观仍占据主导地位。在高等学校开展创新创业教育，要重在意识和精神的培育，为将来真正从事创新创业打下基础。在同各界优秀青年代表座谈时，习近平总书记就提出，广大青年要立足本职，埋头苦干，“要勇于创业、敢闯敢干，努力在改革开放中闯新路、创新业，不断开辟事业发展新天地”。创新创业意识，主要指创业欲望、机遇意识、独立意识、竞争意识和风险意识等。其中，创业欲望是创业最大的源动力。创新创业精神，主要指敢闯敢干、积极进取、艰苦奋斗、坚韧不拔以及持之以恒的精神。这些精神，是任何一个成功人士的必备品格。高校创新创业教育，若能抓住这两大方面，就等于抓住了创新创业教育的核心和灵魂。

二是构建创新创业教育课程体系，创新人才培养机制。构建专门的创新创业课程体系，无论是作为必修课还是选修课，其目的就是提供全方位的创新创业教育平台，既满足面向全体学生进行创新创业教育的要求，同时，对于那些有着强烈创新创业欲望的学生，又达到了全面系统的创新创业教育的供给。教师要在所授课程中探索挖掘创新创业教育元素，并结合创业项目、创业大赛、创业任务、创新发明诠释所授知识的用途，指明知识对于职业、创业、创新的作用，将本学科最前沿和最新的发展动态引入到教学过程中。高等学校要以提高人才培养质量为核心，促进高等教育与科技、经济、社会紧密结合，努力深化创新创业教育改革，创新人才培养机制。创业实践是创新创业教育的重要延伸，是丰富创新知识和体验的重要途径。要营造创新创业的氛围，为学生的兴趣和特长提供良好的生长土壤，将创新创业实践纳入学分考评体系，强化学生树立创新创业意识，由外向内地激发学生的创新精神和创业热情，并注意挖掘创新创业人才。

三是鼓励多渠道创业，以创业带动就业。创新创业教育开设之初，从国家层面而言，除了科技创新外，解决和缓解高校大学生就业问题是重要因素。自20世纪90年代开始，大学生就业分配政策进行改革，自主择业代替统一分配，创业问题就被提上议事日程，我国创业教育从此应运而生。尤其是1999年高校扩招以来，我国高等教育进入大众化发展的快车道，普通高校毕业生逐年增加，2018年普通高校毕业生更是突破800万，就业形势十分严峻。在此背景下，鼓励大学生创业，以创业带动就业就成为国家和各高校的重要举措。《教育部关于大力推进高等学校创新创业教育和大学生自主创业工作的意见》（教办〔2010〕3号）指出，“创新创业教育是适应经济社会和国家发展战略需要而产生的一种教学理念与模式”，明确了创新创业教育是一项面向全体学生的教育，要结合专业教育，融入整个人才培养过程。习近平总书记在2014年与北京大学师生座谈时，提出各级党委和政府要“不断激发广大青年的活力和创造力。要强化就业创业服务体系建设，支持帮助学生们迈好走向社会的第一步”。党的十九大报告强调要“鼓励创业带动就业”，为大学生创业提供全方位服务，促进高校毕业生多渠道就业创业。这既是国家战略，又体现了当前大学生的内在需求。

（刘承波　撰稿）

9　如何建设新时代民族信仰

“人民有信仰，民族有希望，国家有力量。”这一重要论断是习近平总书记站在历史与民族未来的高度，在总结国内外正反两方面历史经验的基础上，建立起的一个有内涵、有功能、有路径的理论体系，体现了强烈的忧患意识和辩证思维力量。“人民有信仰”的理论体系对于实现民族复兴具有重大意义，深刻领会、精准把握理论的精髓，是今后在中国特色社会主义道路上顺利开展人民信仰工程建设的基础和关键。“人民有信仰”理论体系包含四个维度，博大精深，其中习近平总书记提出的“中华美学精神”是坚定文化自信，建设民族信仰的重要基础。

坚定文化自信，是“人民有信仰”理论体系的第四个维度。信仰，简单地说，就是信而仰之。信是基础，最终会上升为对一种理念的坚持和坚守，并奉为行为准则和活动指南，成为人生观、价值观、世界观的选择和持有。“人民有信仰，民族有希望，国家有力量”，中华民族要实现伟大复兴，不仅物质财富要极大丰富，精神财富也必须极大丰富。2016 年 7 月 1 日，习近平总书记在庆祝中国共产党成立 95 周年大会上明确提出，中国共产党人“坚持不忘初心、继续前进”，就要坚持“四个自信”，即“中国特色社会主义道路自信、理论自信、制度自信、文化自信”。从“三个自信”到“四个自信”，最终确立了新时代民族信仰的四个维度。坚定文化自信，极大丰富和健全了“人民有信仰”理论体系。文化是一个国家、一个民族的灵魂。文化自信，是更基础、更广泛、更深厚的自信。一个抛弃或者背叛了自己历史文化的民族，不仅不能发展，还会上演历史悲剧。

用“中华美学精神”滋养青年一代，建立起新时代民族信仰。在全国高校思想政治工作会议上，习近平总书记指出，我国高等教育肩负着培养德智体美劳全面发展的社会主义事业建设者和接班人的重大任务，必须坚持正确政治方向。高校立身之本在于立德树人。党的十九大再次强调立德树人根本任务，这是教育系统坚持和发展中国特色社会主义核心所在。习近平总书记的多次讲话，只要提到“德育、智育、体育”，就从来没有忽视过“美育”。美育在立德树人、建立信仰中，手段更柔软，更能内化于心，具有不可替代的重要作用。自鸦片战争以来，“西学东进”，面对民族自信心的丧失，怎样重新建立起中华民族的精神家园，王国维、蔡元培都曾提出以美育代宗教之说。“中华美学精神”作为习近平总书记在文艺工作座谈会重要讲话中提出的一个重大命题，把文化自信和美学精神两个概念放在一起来讲，互为一体。中华优秀传统文化是中华民族的精神命脉，是涵养社会主义核心价值观的重要源泉，也是我们在世界文化激荡中站稳脚跟的坚实根基。

深入学习研究习近平总书记提出的“中华美学精神”，传承和弘扬中华美学，帮助青年一代正确认识历史规律，准确把握基本国情，保持民族精神独立，发现中国特色社会主义道路、理论、制度、文化之美，成为“四个自信”的坚定信仰者。

（张　伟　撰稿）

三 如何办好基础教育

1 如何加快发展学前教育，解决“入园难”“放心园”等热点和难点问题

学前教育是国民教育体系的重要组成部分，是关系千家万户的民生工程。但是，由于底子薄、基础弱，目前学前教育仍是我国教育体系中的薄弱环节，普惠性资源不足、公办园占比较低、学前教育成本分担机制尚不健全，学前教育公益普惠程度不高，严重影响了人民群众的获得感。

党中央、国务院高度重视学前教育。《国家中长期教育改革和发展规划纲要(2010—2020年)》提出到2020年基本普及学前教育的目标。《国务院关于当前发展学前教育的若干意见》明确提出坚持公益性、普惠性，构建覆盖城乡、布局合理的学前教育公共服务体系。2010年以来，国家陆续出台一系列强有力的政策措施，实施重大学前教育项目，各地以县为单位连续实施两期《学前教育三年行动计划》，加快学前教育改革发展，着力缓解“入园难”“入园贵”的难题。一是多种形式扩大普惠性学前教育资源。大力发展公办园，国家实施学前教育重大项目，中央财政六年累计投入1 023亿元，重点扶持中西部农村地区新建、改扩建幼儿园，利用农村小学增设附属幼儿园，扶持企事业单位、集体办

园，鼓励和支持民办园提供普惠性服务。二是加大财政投入。全国学前教育财政投入从 2010 年的 244 亿元增长到 2016 年的 1 325 亿元，增长了 4.4 倍，财政性学前教育投入占比从 1.5%提高到 4.2%。三是加强科学育儿宣传。自 2012 年起，将每年 5 月 20 日至 6 月 20 日定为全国学前教育宣传月，确定不同主题，通过公益宣传片、海报、宣传册、电视专家访谈节目等形式，组织开展社会宣传活动，普及科学育儿理念和育儿方法，解答家长的育儿困惑。

经过各级政府积极努力，学前教育取得跨越式的发展。截至 2016 年，全国共有幼儿园 24 万所，在园幼儿 4 414 万人，学前三年毛入园率达到 77.4%；与 2009 年相比，幼儿园数量增长了 74%，在园幼儿规模增长了 66%，毛入园率增加了 27%，人民群众关心的“入园难”问题得到明显缓解。但是由于底子薄、欠账多，学前教育仍是国民教育体系中的薄弱环节，资源不足和普惠不够依然是“十三五”期间的主要矛盾，加快发展学前教育，解决“入园难”“入园贵”问题仍是放在各级政府面前的重要任务。

2017 年，教育部会同国家发展改革委员会、财政部、人力资源和社会保障部联合印发了《关于实施第三期学前教育行动计划的意见》（以下简称《意见》），对“十三五”期间学前教育改革和发展做出了全面部署，提出到 2020 年全国学前三年毛入园率达到 85%、普惠性幼儿园覆盖率达到 80%左右的“双普”目标，要求在增加普惠性资源供给的同时，要将完善普惠性学前教育发展机制作为重点，着力解决长期制约学前教育发展投入、师资等瓶颈问题。

下一步，教育部将会同有关部门按照《意见》的部署要求，扎实推进实施《第三期学前教育行动计划》，围绕完善体制机制重点做好以下工作：一是健全学前教育成本分担机制。推动各地建立健全可持续发展的生均拨款、资助、收费一体化的学前教育经费投入机制。二是完善教师待遇保障机制。在核定教师编制，补足配齐公办园教师基础上，引导各地通过生均财政拨款、专项补助等多种方式提高公办园非在编教师待遇，逐步实现同工同酬。同时，引导和监督民办园依法配足配齐教职工并保障其工资待遇。推动幼儿园教职工依法全员纳入社保体系。三是加强幼儿园规范监管。落实县级政府对幼儿园和培训机构的监管责任，规范幼儿园办园行为，强化安全管理。推动各地建立幼儿园质量评估体系，完善质量监管机制，将各类幼儿园全部纳入质量评估范围。

（许海霞　撰稿）

2 为什么要优先发展农村义务教育

农村义务教育是教育事业发展的短板。截至2016年，农村教育是中国教育现代化不可或缺的重要组成部分，没有农村教育现代化就没有中国教育现代化。我国32%的初中、62%的小学在乡村，全国在9.2万个教学点就读学生402万人。从教育资源配置看，城乡学校差距依然存在。2016年全国小学生均仪器设备值为1 201元，农村小学相当于城市小学的65.7%；全国初中生均仪器设备值为2 010元，农村初中相当于城市初中的72.3%。2016年全国小学接入互联网的比例为92.5%，农村小学比城市小学低6.4个百分点；初中接入互联网的比例为98.4%，城乡间无明显差距。2016年全国小学、初中建立校园网的比例分别为56.1%、74.6%，农村小学、初中分别为51.8%和71.3%，分别比城市学校低28个和15个百分点。2016年全国小学专科及以上学历教师比例为93.7%，农村为91.8%，农村低6.2个百分点；全国初中本科及以上学历教师比例为82.5%，农村为78.6%，农村低11.7个百分点。全国城镇化比例为53%，而同期义务教育阶段学生城镇化比例为74%，“文字上移”和“资源上移”问题比较突出。全国很多地区，存在“城挤、乡弱、村空”的农村教育空心化现象，一些农村孩子面临“上学远、上学贵、上学难”的问题。

农村义务教育是打好脱贫攻坚战的基础性工程。全面建成小康社会，是我们党提出的第一个百年奋斗目标。从现在到2020年，是全面建成小康社会决胜期。让贫困人口和贫困地区同全国一道进入全面小康社会是我们党的庄严承诺，“让几千万农村贫困人口生活好起来”一直是习近平总书记心中的牵挂。党的十九大提出要打好脱贫攻坚战，脱贫攻坚已成为习近平总书记亲自带领省市县乡村五级书记一起抓的一把手工程。党的十八大以来，全国农村累计脱贫6 853万人，仍有3 046万人口贫困。扶贫要同扶志、扶智相结合，教育是精准扶贫、精准脱贫的基础性工程。脱贫攻坚战略提出“两不愁三保障”，义务教育是三大保障之一。农村义务教育是农村贫困人口脱真贫、真脱贫的基本前提，是实现可持续发展的重要保证。办好农村义务教育，是教育扶贫的重要内容，是为人民谋幸福的具体行动。

农村义务教育是实现乡村振兴战略的重要支撑。乡村振兴战略是习近平新时代中国特色社会主义思想的重要组成部分，是习近平总书记长期在农村工作实践和理性思考基础上提出的全新战略。习近平总书记指出，实施乡村振兴战略，是党的十九大做出的重大决策部署，是新时代做好“三农”工作的总抓手。乡村振兴靠人才，乡村振兴离不开乡村人才振兴。人才成长靠教育，乡村振兴靠教育。必须优先发展农村义务教育，提升新时代农村人口的社会责任感、创新精神和实践能力，让愿意留在乡村、建设家乡的人留得安心，让愿意上山下乡、回报乡村的人更有信心。农村义务教育是乡村振兴的根本性问题，是突破乡村振兴障碍的第一把钥匙，必须优先提上议事日程。办好农村义务教育，能够有效地提升乡村吸引力、集聚力和承载力，为乡村振兴战略提供人才支撑。

（张家勇　撰稿）

3　解决学生课外负担过重的出路在哪里

从减负工作的长期实践看，校内减负不能只依靠学校，如果没有社会和家长的配合，减负效果会大打折扣。同样，校外减负也不能单纯依靠社会和家长，需要学校的协同配合。当前围绕“解决学生课外负担过重”提出的一系列改革举措，既指向校外也指向校内，体现了多管齐下、综合施策的政策意图。

解决学生课外负担过重，要求进一步提高课堂教学质量。课外负担与课堂教学紧密相连，就当前减负而言，要着力解决“课内不讲课外补习”问题。这种现象虽然只存在于少数学校、发生在个别教师身上，并不具有普遍性，但对于这种加重学生负担的做法，必须加以纠正。要严格按照课程标准开展教学，提高教学针对性。同时，要着力解决“作业量大、作业时间长”的问题。经过近年来的不懈努力，特别是通过提高课堂教学质量，严格控制作业量和作业时间，这种现象已经有了明显改观，但并不意味着这一问题已经完全解决。合理设计学生作业内容与时间，提高作业的有效性，当前重申这一要求，仍然具有很强的现实针对性。

解决学生课外负担过重，要求进一步建立健全课后服务制度。很多小学生放学之后的课外补习，实际上是满足一种托管需求。对于孩子放学早、没时间接孩子的“三点半难题”，探索实行弹性离校时间，无疑是一种积极的做法。要鼓励各地各校根据学生身心发展特点和家长需求，探索实行弹性离校时间，提供丰富多样的课后服务。课后这段时间究竟让学生做什么？如果采取集体教学或补课，成为课堂教学的延伸，势必有进一步加重学生负担的风险。因此，明确课后服务内容非常必要，如安排学生做作业、自主阅读、体育、艺术、科普活动以及娱乐游戏、拓展训练、开展社团及兴趣小组活动等。

解决学生课外负担过重，要求进一步形成家校共同育人合力。只有让家长和学校共同担起责任，减负才能真正落到实处，“学校减负、家庭增负，校内减负、校外增负”现象也才能得以扭转。要进一步改善家庭教育，加强家庭教育指导服务，帮助家长树立正确的教育观念，合理安排孩子的学习、锻炼和休息时间。但需要指出的是，解决“家庭增负”“校外增负”问题，只是希望家长转变教育观念还远远不够，坚持素质教育导向，深入推进考试招生制度和教育质量评价制度改革，依然是一项重中之重的任务。

解决学生课外负担过重，要求进一步规范校外教育培训机构。针对校外教育培训机构良莠不齐，一些涉及学科的课外辅导班在教学内容上盲目拔高，还有一些校外教育培训机构暗中为公办学校选拔生源等问题，需要下大力气进行整治。要进一步规范校外教育培训机构，严格办学资质审查，规范培训范围和内容。当前，尤其要严查与学校挂钩招生、利益输送以及公办学校教师到校外教育培训机构任教行为。探索建立负面清单制度和联合监管机制。

解决学生课外负担过重，要求进一步营造健康教育生态。何谓健康教育生态？一是要有科学的教育理念；二是要有科学的教育质量评价标准。要大力宣传普及适合的教育才是最好的教育，才是落实全面发展、人人皆可成才、终身学习等科学教育理念。要把促进人的全面发展、适应社会需要作为衡量教育质量的根本标准，克服简单以升学率和考试分数评价教育质量的现象和做法。

“学校减负、家庭增负，校内减负、校外增负”，是近年来推进减负工作中出现的一个突出问题。面对中小学生课外负担过重的现实，政府、学校、家长和社会需要共同努力，为切实减轻学生过重课外负担尽一份责任。

（汪　明　撰稿）

4　如何推动城乡义务教育一体化发展

党的十九大报告指出："推动城乡义务教育一体化发展，高度重视农村义务教育。"这是党中央在中国特色社会主义新时代推进新型城镇化、实施乡村振兴战略做出的重大战略部署，是建立健全城乡融合发展体制机制、推动城乡发展一体化的关键环节。

义务教育是教育工作的重中之重，是国家必须保障的公益性事业，是必须优先发展的基本公共事业。当前，我国已进入全面建设小康社会的决胜阶段，正处于新型城镇化深入发展的关键时期，这对整体提升义务教育办学条件和教育质量提出了新要求。同时，户籍制度改革、计划生育政策调整、人口及学生流动给城乡义务教育学校规划布局和城镇学位供给带来了巨大挑战。在许多地方，城乡二元结构矛盾仍然突出，乡村优质教育资源紧缺，教育质量亟待提高；城镇教育资源配置不适应新型城镇化发展，"大班额"问题严重。统筹推进城乡义务教育一体化发展，是我国推进以人为核心的新型城镇化和实施乡村振兴战略的需要，是深入推进义务教育均衡发展、促进基本公共教育均等化的重要举措，是全面建成小康社会、实现中华民族伟大复兴中国梦的根本要求。

合理规划城乡义务教育学校布局，科学推进城乡义务教育公办学校标准化建设。根据国家新型城镇化总体部署和本地新型城镇化进程，与乡村振兴战略的布局融为一体，合理布局城乡义务教育学校，坚持城乡并重和软硬件并重，加快推进县域内城乡义务教育学校建设标准统一、教师编制标准统一、生均公用经费基准定额统一、基本装备配置标准统一，全面改善薄弱学校基本办学条件，完善寄宿制学校、乡村小规模学校办学标准。城镇学校按照国家规定班额标准，新建和改扩建校园校舍，加快消除现有"大班额"。

消除城乡二元结构壁垒，推动建立以城带乡、整体推进、城乡一体、均衡发展的义务教育发展机制。在实行"以县为主"管理体制基础上，进一步加强省级政府统筹，建立健全城乡统一、重在农村的义务教育经费保障机制；建立城乡义务教育学校教职工编制统筹配置机制和跨区域调整机制，确定县域统一的义务教育学校岗位结构比例，逐步推动县域内同学段学校岗位结构协调并向乡村适当倾斜，实现职称评审与岗位聘用制度的有效衔接，吸引优秀教师向农村流动。建立以居住证为主要依据的随迁子女入学政策，实行生均公用经费基准定额资金随学生流动可携带，依法保障随迁子女平等接受义务教育，实现常住人口基本公共教育服务全覆盖。

补齐乡村教育短板，提高乡村教育质量。各地要结合国家加快水电路气等基础设施向农村延伸，在交通便利、公共服务成型的农村地区合理布局义务教育学校。同时，办好必要的乡村小规模学校。因撤并学校造成学生就学困难的，通过建设乡镇寄宿制学校、增设公共交通线路、提供校车服务等方式，确保乡村适龄儿童不因上学不便而辍学。推动义务教育“两免一补”政策城乡全覆盖，加大对家庭经济困难学生的社会救助和教育资助力度，优先将建档立卡的贫困户家庭学生纳入资助范围。深入实施农村义务教育学生营养改善计划，提高营养膳食质量，改善学生营养状况。加强留守儿童关爱保护，农村寄宿制学校建设优先满足留守儿童住宿需求。深入实施乡村教师支持计划，推动县域内城镇优秀教师、校长向乡村学校、薄弱学校流动，实行乡村教师收入分配倾斜政策，大力提升乡村教师待遇。着力提升乡村教育质量，通过开展城乡对口帮扶和一体化办学、加强校长教师轮岗交流和乡村校长教师培训、利用信息技术共享优质资源、将优质高中招生分配指标向乡村初中倾斜等方式，推动优质学校辐射农村薄弱学校常态化，补齐乡村教育短板。

（王　建　撰稿）

5　如何实现加快普及高中阶段教育

普及高中阶段教育是党中央做出的战略部署，也是“十三五”时期我国教育事业发展的战略目标和重要任务。2016 年，我国高中阶段毛入学率为 87.5%，2020 年实现 90%的目标，全国层面只需增加 2.5 个百分点，并且目前全国 2/3 以上省（区、市）的高中阶段教育毛入学率已经达到 90%以上。在此背景下，如何实现加快普及高中阶段教育？2017 年教育部等四部门联合印发的关于《高中阶段教育普及攻坚计划（2017—2020 年）》（以下简称《攻坚计划》）对此做出了明确回答。

从当前高中阶段教育的发展现实看，亟须打好普及攻坚战。近年来我国高中阶段教育的普及水平不断提高，但高中阶段教育发展仍面临一些突出困难和问题。其中，有的属于共性问题，还有的则主要反映在部分地区和部分学校，在中西部贫困地区表现得尤为突出。如教育资源短缺，普及程度较低；普职结构不合理，中职发展滞后；学校师资短缺，教育质量不高；经费投入机制不健全，债务负担较重。这些困难和问题既直接影响普及目标的实现，也严重制约高中阶段教育的健康和可持续发展。如期实现普及高中阶段教育目标，并实现有质量的普及，亟须打好高中阶段教育普及攻坚战。

打好高中阶段教育普及攻坚战，要聚焦难点把握重点，做到精准发力。普及的难点就是攻坚的重点，打好高中阶段教育普及攻坚战需要牢牢把握重点，紧紧瞄准困难地区和特殊群体，提高困难地区普及水平，扩大特殊人群接受高中阶段教育的机会。《攻坚计划》明确将“教育基础薄弱、普及程度较低的地区，特别是集中连片特殊困难地区；家庭经济困难学生、残疾学生、进城务工人员随迁子女等特殊群体”作为普及攻坚的重点。

为了更好地体现全面、科学的普及观，真正实现有质量、有保障、可持续的普及，显然不能简单满足于追求数量和规模的增加，还应当着力解决普通高中“大班额”比例高、职业教育招生比例持续下降、学校运转困难等突出问题，这也是《攻坚计划》确定的攻坚重点。

打好高中阶段教育普及攻坚战，要立足现实着眼长远，进行整体谋划。到2020年实现普及高中阶段教育目标，需要从扩充教育资源、优化结构布局、提升教育质量、形成保障机制入手，进行整体谋划，为实现有质量、有保障、可持续的普及奠定扎实基础。

一是要扩充教育资源，让学生进得来、有学上。提高高中阶段教育普及水平，资源和条件保障必不可少。《攻坚计划》提出：职业教育比例较低的地区要重点扩大中等职业教育资源。在没有普通高中的县，根据人口变动趋势和实际情况，因地制宜新建或改扩建普通高中学校，方便学生在当地上学。有了资源和条件保障，学生才能进得来，这是普及的最基本要求，也是普及攻坚的一项重点任务。

二是要优化结构布局，让学生有选择、方便上。实施普及攻坚亟须优化高中阶段教育结构布局，为学生在接受普通教育和职业教育、民办教育和公办教育上提供充分选择机会，同时要为学生就读提供便利。《攻坚计划》提出，统筹普通高中和中等职业教育协调发展，提高中等职业教育招生比例。同时还要积极扶持民办教育，促进公办民办共同发展。要合理规划学校布局，有效利用高中教育资源，方便学生在县域内就学。

三是要提升教育质量，让学生愿意来、学得好。如何用更高的教育质量来吸引初中毕业生，让他们愿意接受高中阶段教育，还能够学得好，这是普及攻坚面临的一个重要课题，而提高教育质量，关键是要改革人才培养模式。《攻坚计划》提出，增强普通高中课程选择性，满足学生多样化需求。提高中等职业教育专业吸引力，加强技术技能培养和文化基础教育，实现就业有能力、升学有基础。

四是要形成保障机制，让发展更良性、可持续。实现高中阶段教育的可持续发展，制度和机制建设至关重要，要建立健全经费投入机制、教师补充机制、督导评估机制。当前，经费投入机制不健全是高中阶段教育面临的一个突出问题，抓紧建立完善中等职业学校生均拨款制度和普通高中生均拨款制度，事关高中阶段教育的可持续发展，需要给予高度重视。

（汪　明　撰稿）

6　解决随迁子女教育问题的根本出路在哪里

随迁子女教育问题，是我国传统农业社会向现代工业社会转型时期出现的阶段性教育问题。问题根源既有教育因素也有社会管理因素，涉及多方利益，社会敏感度高，政策性强。解决随迁子女教育问题的根本出路，在于完善相关政策，在于统筹协调综合施策，在于加强执行和督查。

首先，需要完善相关政策。目前，义务教育阶段，随迁子女异地受教育政策已经自成体系，可以概括为“以流入地政府为主、以公办学校为主接收随迁子女入学，将常住人口纳入区域教育发展规划、随迁子女教育纳入财政保障范围”两句话，简称“两为主、两纳入”政策。根据有关政策，相关教育经费随学生流动可携带，同时中央财政对随迁子女接受义务教育问题解决较好的省份给予适当奖励。学前教育和高中教育阶段，国家政策多是以具体条款形式散见于其他文件里。这些条款明确要求城镇幼儿园建设要充分考虑随迁子女接受学前教育的需求，各省、自治区、直辖市要因地制宜制定随迁子女升学考试具体政策，让符合条件的随迁子女在流入地参加中考和高考。从全国情况看，学前教育和高中教育阶段随迁子女教育保障力度偏低，对随迁子女异地参加升学考试的限制还比较多，相关政策需要进一步强化细化优化。

其次，需要统筹协调综合施策。解决随迁子女教育问题既需要加快教育体制改革，也需要其他社会管理制度创新的密切配合。彻底改革户籍管理制度，真正实现人口自由迁徙，或出台以学籍/居住证为依据的随迁子女入学政策，对于异地报考或异地入学学生，不在报考资格方面设置准入条件，而是在招生录取、收费等环节区别对待，从根本上瓦解随迁子女教育问题的制度羁绊。取消高等院校招生分省配额制，赋予高校招生自主权，由高校综合全国统一考试成绩及自设的面试或加试结果录取，打破当下教育地域垄断和地方利益依附格局。同时，出台奖励性政策和限定性政策，鼓励高校扩大高等教育参与面和受益面，招收一定比例老少边穷地区考生，让弱势群体及特殊人群得到相应的政策照顾。

此外，需要加强执行和督查。从相关统计看，2016 年全国义务教育阶段在校生中随迁子女共 1 394.77 万人（小学 1 036.71 万人，初中 358.06 万人），占在校生总人数的比例为 10%，其中在公办学校就读比例为 79.5%，19 个省（区、市）90%以上的随迁子女进入公办学校就读，政府购买民办学校学位 83.1 万个。2017 年 30 个省、区、市（西藏除外）15 万余名符合条件的随迁子女在当地报名参加高考，比 2016 年增加 22%。虽然义务教育阶段随迁子女教育保障水平较高，但也没有完全做到混合编班、统一管理和应保尽保。学前教育和高中教育阶段国家没有公布统计数据，基本判断是这两个阶段的大部分学龄人口没有实现在流入地入学，各地不尽合理的限制条件是导致这个结果的主因。亟须各级政府部门充分发挥教育事业发展、教育工作监管职能，加大人大执法检查、政协监督、政府教育督导、教育巡视工作等力度，切实做好随迁子女教育工作。

（张家勇　撰稿）

7　如何加强城镇居住区学校配套建设和管理

当前，我国已进入全面建成小康社会的决胜阶段，正处于新型城镇化深入发展的关键时期，户籍制度改革、计划生育政策调整、人口及学生流动给城乡义务教育学校规划布局和城镇学位供给带来了巨大挑战，教育资源总量不足的矛盾在城镇日益凸显，城镇中小学“大班额”问题突出。目前大多数城市居住区公共服务设施建设普遍采取“谁开发、谁配套、谁建设”的代建方式，由于涉及城镇居住区学校公建配套政策不健全、部门协调不力、建设监管不到位，出现了教育配套设施漏项、教育项目建设滞后及教育利益受损的现象。同时，配套学校建设落地还涉及城镇土地使用性质、建设资金来源等一系列问题。加强城镇居民区配套学校建设，是加强城镇义务教育公共服务供给，推进城镇基本公共服务常住人口全覆盖，满足适龄儿童就近接受教育的基本要求和重要举措。

抓好“规划关”，留足教育用地。各地要按照城镇化规划和常住人口规模编制城镇义务教育学校布局规划，根据学龄人口变化趋势、中小学建设标准，预留足够的义务教育学校用地，作为公共服务设施建设用地纳入城市、镇规划并严格实施，不得随意变更，确保城镇学校建设用地，切实做到学校布局规划与城镇规划、城镇土地利用规划“三规合一”。

抓好“建设关”，确保配套建设政策落地。根据《城市居住区规划设计规范GB50180－93（2016 年版）》和《城市普通中小学校校舍建设标准》（建标〔2002〕102 号），确定不同空间尺度、不同城区或片区地段所需配置的教育设施类型和建设标准，使学校建设与社区建设相协调，严格控制教育用地周边地块用途，避免将一些不利于学生健康的设施毗邻教育设施。依法落实城镇新建居住区配套标准化学校建设，由开发商配建或代建的，配套学校建设用地规模、建设规模、建设期限、投资来源、移交方式和条件等要在土地出让方案中予以明确，学校建设方案应征得同级教育行政部门同意。老城区改造配套学校建设不足和未达到配建学校标准的小规模居住区，由当地政府统筹新建或改扩建配套学校，确保足够的学位供给，满足学生就近入学需要。

抓好“监督关”，实施“交钥匙”工程。政府相关部门必须加强监管，确保配套学校建设要与住宅建设首期项目同步规划、同步建设、同步交付使用，学校竣工验收合格并移交当地教育行政部门管理，其产权依法属于政府所有，按要求组织开办中小学。

（王　建　撰稿）

8　办好特殊教育有哪些具体措施

我国特殊教育的政策体系可以分为三个层次：以《宪法》《教育法》《残疾人保障法》《义务教育法》《残疾人教育条例》《特殊教育学校暂行规程》为总的政策体系；以《国家中长期教育改革和发展规划纲要（2010—2020年）》《中国残疾人事业“十二五”发展纲要》《关于进一步加快特殊教育事业发展意见》《关于加强特殊教育教师队伍建设的意见》为实施安排的基本政策结构；以教育部发布的《关于开展残疾儿童少年随班就读工作的试行办法》《特殊教育提升计划（2014—2016年）》《第二期特殊教育提升计划（2017—2020年）》等为主的具体政策体系。最新的《第二期特殊教育提升计划（2017—2020年）》主要规定了六项发展特殊教育的举措：

一是提高残疾儿童少年义务教育普及水平。此方面主要的举措有：通过特殊教育学校就读、普通学校就读、儿童福利机构（含未成年人救助保护机构）特教班就读、送教上门等多种方式，落实“一人一案”，做好教育安置；优先采用普通学校随班就读的方式，就近安排适龄残疾儿童少年接受义务教育；到2020年，基本实现市（地）和30万人口以上、残疾儿童少年较多的县（市）都有一所特殊教育学校；对不能到校就读、需要专人护理的适龄残疾儿童少年，采取送教进社区、进儿童福利机构、进家庭的方式实施教育。

二是加快发展非义务教育阶段特殊教育。此方面主要的举措有：支持普通幼儿园接收残疾儿童。在有条件的地区设置专门招收残疾孩子的特殊幼儿园；普通高中和中等职业学校通过随班就读、举办特教班等扩大招收残疾学生的规模；普通高等学校积极招收符合录取标准的残疾考生，进行必要的无障碍环境改造，给予残疾学生学业、生活上的支持和帮助；支持普通高校、开放大学、成人高校等面向残疾学生开展继续教育，支持各种职业教育培训机构加强残疾人职业技能培训，拓宽和完善残疾人终身学习通道。

三是健全特殊教育经费投入机制。此方面主要的举措有：在落实义务教育阶段特殊教育学校生均公用经费6 000元补助标准基础上，有条件的地区可以根据学校招收重度、多重残疾学生的比例，适当增加年度预算；义务教育阶段在“两免一补”的基础上，针对残疾学生特殊需要，统筹资源倾斜支持残疾学生，提高补助水平。对家庭经济困难的残疾学生实行高中阶段免费教育。学前教育和高等教育阶段优先资助残疾学生，逐步加大资助力度；鼓励和引导社会力量兴办特殊教育学校，支持符合条件的非营利性社会福利机构向残疾人提供特殊教育。

四是健全特殊教育专业支撑体系。此方面主要的举措有：区县建立由教育、心理、康复、社会工作等方面专家组成的残疾人教育专家委员会；支持特殊教育学校建立特殊教育资源中心，提供特殊教育指导和支持服务；各级教研机构配备专职和兼职特殊教育教研员。

五是加强专业化特殊教育教师队伍建设。此方面主要的举措有：支持师范类院校和其他高校扩大特殊教育专业招生规模，提高培养质量；普通师范院校和综合性院校的师范专业普遍开设特教课程；到 2020 年，所有从事特殊教育的专任教师均应取得教师资格证，非特殊教育专业毕业的教师还应经过省级教育行政部门组织的特殊教育专业培训并考核合格；加大培训力度，对特殊教育教师实行 5 年一周期不少于 360 学时的全员培训；落实并完善特殊教育津贴等工资倾斜政策，核定绩效工资总量时适当倾斜。

六是大力推进特殊教育课程教学改革。此方面主要的举措有：依据盲、聋和培智三类特殊教育学校义务教育阶段课程标准（2016 年版），编写完成中小学各科教材；研制多重残疾、孤独症等学生的课程指南；创新随班就读教育教学与管理模式，建立全面的质量保障体系。完善特殊教育质量监测制度，探索适合残疾学生发展的考试评价体系。

（鞠光宇　撰稿）

9　如何将生涯规划教育融入高中教育

生涯规划教育是高中教育的有机组成部分。普通高中教育的任务是促进学生全面而有个性的发展，为学生适应社会生活、高等教育和职业发展做准备，为学生的终身发展奠定基础，要求学生具备相应的生涯规划意识和能力。

新修订的高中课程方案，进一步增强课程的选择性。在保证每个学生达到共同基础的前提下，充分考虑学生不同的发展需求，结合学科特点，遵循学习科学的基本原理，分类分层设计可选择的课程内容，引导学生形成个性化的学习方案，促进学生的自主发展。高考综合改革也在遵循学生个体差异和因材施教的原则的基础上，通过考试次数、选考科目、考试时间三个选择维度的叠加，赋予学生学习选择权，让关注与促进每一位学生的发展逐渐成为普通高中教育发展的共识。

当前高中学生生涯规划意识和能力相对欠缺，在选课程、选考试、选专业、选高校中均存在一定“功利性”“盲目性”，生涯规划缺乏专业指导。在高中课程改革和高考综合改革的新形势下，进一步增强学生的生涯规划意识和能力，让学生由被动选择走向主动选择，系统推进高中学生生涯规划教育，具有十分重要的意义。

加强对普通高中生涯规划教育的组织领导。教育行政部门要高度重视普通高中生涯规划教育工作，规划与指导学校有计划、有步骤地开展生涯规划教育。要积极开拓生涯规划体验场所，以区域为单位建立生涯体验基地群。要完善相关教学资源的建设，积极探索建立一站式生涯规划指导中心。学校成立以校长为组长的生涯规划教育工作小组，建立学生生涯规划指导中心，协调各部门工作，制定科学的指导规划和工作方案，把生涯规划教育纳入学校发展规划中。

构建高中生涯规划教育体系。构建面向全体、面向部分和面向个体的三个层次的生涯教育体系。面向全体，举办专题讲座和开展职业体验实践活动；面向部分，开设生涯规划选修课程；面向个体，进行个性化的生涯规划辅导。促进生涯规划教育与德育相结合、与课程相融合、与学业相契合，培养高中学生职业生涯规划意识和能力。

促进生涯规划教育与课程实施的融合。结合高中课程改革，探索如何根据区域与学校实际情况，充分利用校内外教育资源，整合生涯规划教育实施的各类载体，在学校课程实施的框架下形成各年级纵向衔接、各类课程横向贯通的生涯规划教育实施体系。

推进学科教学与生涯规划教育融为一体。将生涯规划教育目标体现于各学科课程标准之中，结合基础型、研究型和拓展型三类课程的不同特点，将生涯规划教育课程纳入课程体系，并注重挖掘蕴藏在各学习领域和学科教材中丰富的生涯规划教育素材。

开设专门的生涯规划课程。将高中生涯规划课程纳入高中教学计划，开设专门的高中生涯规划课程，引导学生学会认识自己、评价自己，认识社会与职业变化特点，掌握了解、收集现代职业等相关信息，帮助他们体验真实的职业生活，探索适合自己的职业方向，为未来的专业知识技能学习和职业生涯发展做好准备。

加强生涯规划教材开发和建设。由省级教育行政部门统一开发生涯规划教材，学校根据自己的实际情况选择使用。也可委托专业机构进行教材研发，以政府购买的方式提供给学校使用，避免学校由于课程开发、师资水平差异较大而导致的生涯规划课程质量良莠不齐的问题。

提升生涯规划指导教师的能力。加强生涯规划指导教师配备、培养和培训工作，积极聘请普通高中学生生涯规划专业人员为教师进行培训指导，提高教师生涯规划指导的专业化水平。要为生涯规划指导教师评优评先、职称晋升提供通道，完善生涯规划教师序列。

（汪　明　撰稿）

四　如何办好职业教育和继续教育

1　如何完善职业教育和培训体系

党的十九大报告指出："完善职业教育和培训体系，深化产教融合、校企合作。"这是国家对职业教育未来发展一个战略性的指导方针。完善职业教育和培训体系就是要求统筹职业教育与培训，并通过深化产教融合、校企合作来实现。完善职业教育和培训体系要抓住以下两个关键点。

首先，需要构建一个能够融合普通教育、职业教育和培训的完整体系，即建立国家资格框架制度。国家资格框架是根据知识、技能和能力的要求，把正规教育（主要指职业学校教育）、非正规教育（主要指职业培训）以及非正式教育（主要指自学、网上学习等）的学习成果通过一定的层次等级连接起来，以使个体通过不同教育路径所获得的资格得以承认和认证，构建成一个连续的、可被认可的资格阶梯。以国家资格框架为基础，通过建立个人账号，学分累计制度以及相关的认证积累与转换制度，可以将个人账号中的学分根据一定规则转换成不同的学分或证书、文凭等学习成果，畅通继续教育、终身教育渠道，搭建终身学习"立交桥"。在国家资格框架制度尚未建立阶段，可以从以下几个方面先行探索：一是培养目标标准化。对应职业岗位要求，对职业教育的培养目标进行标准化界定，并确定清晰的等级标准。二是课程的模块化。按照标准化的培养标准将课程模块化，形成相对独立的教学模块，制定系列课程包，以便分专业、分层次进行教育与培训。三是实行学分制。与课程的模块化相对应，对职业教育和培训进行学分制改革，以便能够通过学分银行、学分互认等制度创新，使职业教育和培训有机地结合起来。

其次，推进职业教育管理体制改革。突破目前职业教育管理中部门分割的状况，组建综合性的国家职业教育管理部门。整合职业教育资源，打破职业教育资源在不同部门、不同行业、不同学校间的壁垒，增强职业教育系统的开放性。构建政府、企业和其他社会力量办学的新格局，促进办学主体的多元化，引导企业积极参与到职业培训当中来，提高校企合作的深度和广度。以参与学校治理、参与师资队伍建设、参与教育教学改革、参与教育培训服务供给、参与生产性实训基地建设、参与协同创新和成果转化、参与在岗员工培训等为切入点，引导行业企业参与人才培养全过程，健全现行体制下行业企业参与办学的新机制。深化产教融合。以专业设置与产业需求、课程内容与职业标准、教学过程与生产过程对接为整合点，促进职业教育与社会经济发展的新融合。政府职能部门更要制定相关政策去引导、推动职业培训市场发育，并以准入制的有效标准去评估、监督、规范培训市场。

（王　蕊　撰稿）

2　如何构建中国特色职业教育模式

2005 年 11 月，第六次全国职业教育工作会议明确提出“大力发展中国特色职业教育”的新命题。深入探索中国特色职业教育模式，对于促进职业教育发展有着积极的意义。习近平总书记在对职业教育工作的重要指示中强调：“要牢牢把握服务发展、促进就业的办学方向，深化体制机制改革，创新各层次各类型职业教育模式，坚持产教融合、校企合作，坚持工学结合、知行合一，引导社会各界特别是行业企业积极支持职业教育，努力建设中国特色职业教育体系。”这为中国特色职业教育模式指明了建设方向，即产教深度融合是我国现代职业教育发展的重要特色。

在办学模式上，就是要坚持职业产教融合、校企合作的办学制度，职业学校要更多地和企业联盟、与行业联合、同园区联结。要强化企业在办学中的主体作用，采取双主体的办学模式，企业可以以独资、合资、合作等方式参与举办职业教育、高等教育。政府可以通过购买服务、委托管理等，支持企业参与公办职业学校办学。有条件的地区将探索推进职业学校股份制、混合所有制改革，允许企业以资本、技术、管理等要素依法参与办学并享有相应权利。

在人才培养模式上，就是要继续以校企合作、工学结合为核心开展教育教学模式改革。在技术性、实践性较强的专业，全面推行现代学徒制和企业新型学徒制。根据企业工作岗位需求开展学徒制合作，联合招收学员，按照工学结合模式，实行校企双主体育人；引导企业深度参与职业学校、高等学校教育教学改革，多种方式参与学校专业规划、教材开发、教学设计、课程设置、实习实训，促进企业需求融入人才培养环节。合作制定人才培养或职工培训方案，实现人员互相兼职，相互为学生实习实训、教师实践、学生就业创业、员工培训、企业技术和产品研发、成果转移转化等提供支持；健全学生到企业实习实训制度。鼓励以引企驻校、引校进企、校企一体等方式，吸引优势企业与学校共建共享生产性实训基地。支持各地依托学校建设行业或区域性实训基地，带动中小微企业参与校企合作。通过探索购买服务、落实税收政策等方式，鼓励企业直接接收学生实习实训。推进实习实训规范化，保障学生享有获得合理报酬等合法权益。

在育人模式上，要以德技并修为核心，把立德树人融入“做中学、学中做”的育人全过程，增强受教育者的社会责任感、创新精神、实践能力和就业创业能力。加强社会主义核心价值观教育，引导学生增强爱国情感、强化国家认同。培育学生追求卓越的工匠精神。要发挥劳模精神和工匠精神的引导作用，培育学生的责任意识、敬业意识。要充分发掘各门课程中的德育内涵，将思想政治理论与课堂教学、实习实践等环节融合到一起，促进学生专业技能与道德素养均衡提升。

（王　蕊　撰稿）

3 深化产教融合、校企合作的难点在哪里

产教融合、校企合作是发达国家培养技术技能人才的普遍方式，也是许多国家职业教育发展的共同追求。产教融合的内涵发展经历了从一种人才培养模式，到一种合作关系，再到一种制度安排三个阶段的演化。自中华人民共和国成立以来，我国就在校企合作方面有过许多的实践探索。2011 年，在教育部、农业部、科技部、财政部、林业部等九部委联合发布的《关于加快发展面向农村的职业教育的意见》中首次提出了“促进产教深度合作”的要求。2017 年底国务院办公厅发布了《关于深化产教融合的若干意见》，2018 年初教育部等六部门印发了《职业学校校企合作促进办法》。产教融合已经成为国家发展高等教育和现代职业教育的战略决策，校企合作是职业院校培养技能人才的有效途径。《关于深化产教融合的若干意见》中提出要创新教育组织形态，促进教育和产业联动发展。充分调动企业参与产教融合的积极性和主动性，构建校企合作长效机制。可以说我国的产教融合、校企合作也正在逐渐由一种人才培养模式向一种制度安排转变。

在深化产教融合、校企合作的过程中，职业教育与产业是两个不同性质的经济部门，不同的性质决定了他们不同的行为方式。职业教育具有非常强的外部性，提供的是公共物品。教育是公益性事业，不以营利为目的。一般产业（企业）从事的是营利性事业，营利是其生存发展的必要条件。因此如何在融合过程中协调不同利益相关者的利益诉求及其利益冲突就成为产教融合的难点所在。

对产教融合的利益诉求和利益冲突的分析可以归纳出产教融合制度的形成主要涉及五个方面核心问题：谁提供、提供什么；谁投入；谁评价、如何评；谁使用、如何用；利益相关者的合作及其方式，即投资制度、供应制度、评价制度、人才应用制度、社会合作制度。投资制度主要涉及钱从哪里来、投资的主体是谁、不同投资主体之间投资比例的分配等制度的规定。供应制度主要涉及职业教育供应体系，哪些机构提供技能培训，主体是谁，技能培训的内容是什么，培训内容是如何确定的，技能培训与普通教育的关系如何等制度的规定。评价制度是对于职业教育的评价有无特有的、不同于普通教育的评价方式，如技能资格认证方式，评价的主体是谁，评价的影响因素是什么等制度的规定。

人才应用制度主要是分析职业教育培养的人才由谁来使用，使用的方式如何，使用中有无体现技能水平的差异等制度的规定。社会合作制度不是与其他四种制度并列的一种制度，而是在其他制度中均会涉及的一种制度，在其他四种制度中都会涉及不同的利益相关者如何合作或博弈，以形成不同的制度。

2017年底发布的《关于深化产教融合的若干意见》（以下简称《意见》）已经对上述几个方面的内容进行了安排，在机制设计上着力于各参与方利益的保障与实现。在办学主体上明确提出了双主体，强化了企业主体地位，突破了产教融合的瓶颈。解决相关方的利益关切，做到合作共赢，这也是《意见》着力的部分。《意见》对于相关方的利益均有针对性设计，破解了校企合作中的一些棘手问题，为相关方以利益为纽带形成长期的合作关系提供了稳固的政策基础。

（王　蕊　撰稿）

4　如何把握新时代继续教育的基本特点

继续教育是面向学校教育之后所有社会成员的教育活动，是构建终身教育体系和学习型社会的重要组成部分，是促进我国经济和社会发展、全面建成小康社会和实现社会主义现代化的关键因素，也是满足广大社会成员对不断提高自身素质迫切需求的根本途径。继续教育是终身学习的重要依托，在我国教育事业发展中具有极为重要的战略地位。把握继续教育的基本特点是办好继续教育的前提和基础。新时代我国继续教育呈现以下主要特点。

第一，继续教育正在成为我国教育发展新的增长点。面对科学技术高速发展和知识更新加快的新形势，继续教育服务经济和社会发展、满足广大社会成员持续学习的需求的独特作用日益突出。继续教育不仅正在为满足广大劳动者和各类专门人才对提升自身综合素质和水平的学习需求发挥着不可替代的作用，继续教育还为由于各种原因没能进入学校接受正规教育的社会成员提供了各类教育机会，提升了他们的知识能力和学历水平。同时，以丰富人们精神文化生活和提高生活质量为重要内容、满足社会成员不同学习需求的各种继续教育活动也蓬勃展开。毋庸置疑，继续教育正在成为我国教育事业发展新的增长点。

第二，我国继续教育规模巨大。我国是全世界人口最多的发展中国家。有

7.69 亿从业人员，有 1 亿左右农村劳动者需要逐年转移到第二、三产业，每年还有数以千万计新增和需再就业的劳动者，此外还有 2.41 亿老龄者。这些接受过不同层次学校教育，进入社会的成员已接近 10 亿人，是现有学校人数的 3 倍。这样一个规模巨大的群体，蕴藏着对继续教育的巨大需求。特别是随着科学技术高速发展和社会进步，知识发展和更新速度进一步加快，我国人民对于通过不断学习，丰富、更新自己知识和提高自身能力、充实精神生活，有着越来越强烈的愿望。例如，根据对部分行业专业人员的抽样调查显示，广大专业人员都有参与继续教育的迫切要求，事业单位科技工作者希望参加专业知识培训的比例高达 91%，党政机关和国有企业的科技工作者期望参加继续教育的比例也达 80%以上。特别是随着我国社会发展、人民生活水平提高，以及城市化、信息化、国际化的推进，我国继续教育规模正在呈现持续增大的趋势。我国面临着大国办超大规模继续教育的挑战和机遇。

第三，继续教育需求呈现多元化格局。就教育层次而言，在当前我国九年义务教育基本普及的情况下，社会成员将更多地希望接受初中后、高中后、大学后的各种类型的继续教育；就教育内容而言则包括：学历教育和非学历教育，正规教育和非正规教育，职业导向的教育（和学习者就业、提高工作水平或转岗密切相关的各种培训和教育）和非职业导向教育（以提升学习者自身全面素质、丰富精神生活为主要内容的教育）。此外，由于我国经济和社会发展存在的不平衡性，不同地区和企业之间科学技术水平存在很大的差距，广大社会成员继续教育需求在层次、类型、模式方面也有很大的差异。我国继续教育需求在类别、形式、内容和培养模式等方面，将会呈现更加多元化的格局。这就使我国继续教育任务尤为复杂和艰巨。

第四，继续教育的供给日趋多样化。由于继续教育发展是涉及我国亿万群众对继续学习的巨大需求和适应不断转型的经济和社会结构的伟大事业，继续教育的供给相应呈现日趋多样化的局面。这主要体现在提供继续教育的办学主体呈现政府和全社会广泛参与的格局，不仅各级政府正在发挥积极作用，而且各部门、行业、企业、社会团体、各类学校及社会机构也成为继续教育的积极参与者，不仅包括为社会成员提供各类学历与非学历网络教育的开放大学等远程教育系统和各类高等学校，也包括行业、企业教育培训系统，遍及城乡由各种社会力量举办的非学历教育培训机构以及社区教育系统等等，形成了多层次、多规格、多类型的继续教育办学网络，呈现出学校办学为主体、企业和社会等

用人单位办学为骨干、社会力量共同支持继续教育发展的新局面。（参见下图）

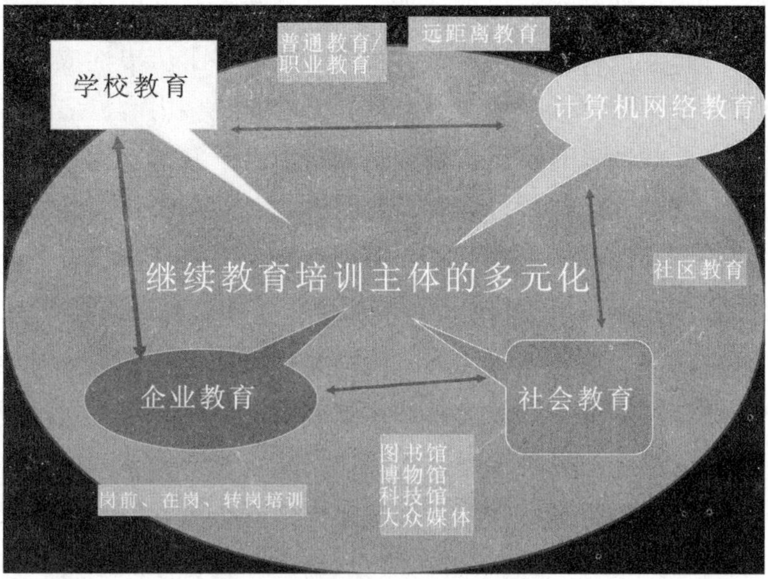

继续教育参与主体的多元化

第五，注重与现代信息技术手段的融合。随着互联网、大数据、人工智能及虚拟现实、区块链等现代信息技术手段日新月异的发展，继续教育正在突破时空限制，优质资源在更低成本、更广范围内为更多的学习者共享，使学习方式的灵活性、便捷性、选择性、开放性和交互性成为了可能。现代信息技术的高速发展为我国在教育资源相对短缺的条件利用后发优势促进继续教育加速发展带来了前所未有的机遇。促进现代信息技术手段与继续教育的深度融合，正在成为推动继续教育创新发展的重要途径。

（卢海弘　撰稿）

5　如何从构建和完善国家制度入手办好继续教育

党的十九大报告在“优先发展教育事业”部分，提出“办好继续教育，加快建设学习型社会，大力提高国民素质”。这种提法既是党的十八大报告关于“积极发展继续教育，完善终身教育体系，建设学习型社会”的延续和推进，又是全面建成小康社会决胜阶段、中国特色社会主义进入新时代，开启全面建设社会主义现代化强国新征程的历史条件下，对继续教育发展方向和战略地位的重申和发展。改革开放以来，我国继续教育事业取得了历史性成就，学历继续教育稳步发展，非学历继续教育蓬勃开展，多层次、多内容、多形式的社区教育活动有序铺开，继续教育体制机制创新取得突破。基于这样的发展基础，构建和完善继续教育的国家制度，不仅具有良好的基础，而且成为新历史起点之上的必然使命。要办好继续教育，必须从构建科学规范、运行有效的国家制度体系入手，不断优化创新顶层制度设计。加快构建和完善继续教育的国家制度，不是制度的小修小补而是整体谋划，是从国家层面构建和优化针对继续教育改革和发展的系列制度安排，目的在于站在国家高度为继续教育发展提供更加有力和有效的管理、服务、投入体制以及法律、政策支持体系，以更好地满足人民个性化、多样化的终身学习需要，夯实加快建设全民学习、终身学习的学习型社会和大力提升国民素质的基础。如何从构建和完善国家制度入手，办好继续教育是我们正在面临的新挑战和新命题，需要着力深化供给侧结构性改革，扩大继续教育国家制度的有效供给。

第一，构建国家继续教育委员会。成立国家继续教育委员会，由国务院领导，教育部统筹，会同其他相关部委和机构联合组建，发挥从国家层面推进继续教育的作用，负责继续教育国家系列制度的设计与实施，协同推进继续教育事业发展。

第二，设立国家继续教育信息平台。设立在线、开放、共享的国家继续教育信息平台，以现代信息技术为杠杆，撬动继续教育国家制度创新。该平台的主要功能为：为继续教育资源的开发、整合、开放和共享提供服务；为匹配继续教育供给和需求提供服务；为学习者建立继续教育个人账户以及记录、积累、认定和转换学习成果提供服务；监测和评估全国继续教育事业发展情况；为继续教育大数据收集、分析与应用提供服务。

第三，出台相关法律和政策支持。我国目前仅有福建、上海、太原、宁波等地通过颁布地方性终身教育促进条例在局部进行探索，需要国家层面颁布相应法律和政策予以支持。要完善继续教育法规和制度建设，明确政府、学校、社会和个人在继续教育方面的权利和责任；建立和完善治理体制，优化政府对继续教育的统筹、协调、指导和质量评估职能；建立健全继续教育经费保障机制，建立政府财政投入与社会各部门、企事业单位和学习者合理分担的经费筹措机制，通过税收等政策支持和激励行业企业加大对继续教育在人力、物力、财力等方面的投入；优化继续教育投入的分配机制和资助制度，加大对中小微企业职工教育与培训的支持；加大对重点人群和处境不利群体参与继续教育的倾斜支持力度，建立学习者参与继续教育的资助制度。

第四，颁布统一标准和指南。在目前地区、局部、小范围实践探索的基础上，颁布统一、规范、可操作的继续教育国家标准体系和指南，为各地区、各企业行业、各组织和各级各类学校参与继续教育提供国家层面的公认参照系；为各类继续教育的学习成果的积累、认定和转换，为职业教育与普通教育、学历教育与非学历教育、职前教育与职后教育沟通衔接奠定基础。

第五，搭建人才成长“立交桥”。以终身学习理念为指导，积极推进制度改革，为学习者搭建多种途径均可成才的灵活、多样、开放的人才成长“立交桥”。进一步促进普通教育和职业教育相互沟通和衔接，扩大学习者选择教育的机会；完善针对通过非正规、无定式学习途径获得的学习成果进行积累、认证和转换的制度，打通学校教育与企业教育、社会教育、自主学习等的界限，促进不同类型教育间的学习成果认证和转换；研究探索和建立知识、技能与能力并重，跨部门、跨行业的国家资格框架，将普通教育、高等教育、继续教育、职业教育与培训等相关学历学位证书、职业与技能资格证书等逐步统一纳入，促进各级各类教育纵向衔接和横向沟通，为构建更加畅通、灵活、开放的人才成长“立交桥”搭建国家制度框架的支撑。

总之，构建和完善国家制度是办好继续教育的重要制度基础，是立足加快建设学习型社会，大力提高国民素质、提升人力资本、社会资本以及国家竞争力的必然需求。我们要从推进供给侧结构性改革的视角，破除思想和体制障碍，着力增加国家制度的红利，纵深推进继续教育事业的健康和可持续发展。

（卢海弘　撰稿）

6 怎样办好网络教育

网络教育是以互联网为基础构建的一种教育新形态。网络教育能够有效地拓展传统教育的时空边界，能够随时随地为学习者提供服务，能够扩大优质教育的覆盖面，促进教育的均衡发展，改变传统教育模式，极大地提升教育的质量。自从20世纪90年代在我国出现以来，网络教育在我国发展迅速，满足了各种各样人群的教育需要。办好网络教育已经成为我国重要的教育战略。

第一，办好网络教育是党中央的要求。习近平总书记深刻指出："以互联网为代表的信息技术日新月异，引领了社会生产新变革，创造了人类生活新空间，拓展了国家治理新领域，极大提高了人类认识世界、改造世界的能力。"在党的十九大报告中，习近平总书记明确指出要办好网络教育，努力让每个孩子都能享有公平而有质量的教育，"网络教育"被写入党的报告，这必将对我国教育发展产生积极而又深远的影响。我国应该努力贯彻党中央的要求，顺应时代发展大潮流，大力发展网络教育。

第二，信息技术的迅猛发展为网络教育的大发展提供了必要的硬件条件。到目前为止，人类历史上一共发生了四次产业革命。第四次产业革命已经影响了许多领域，整个社会越来越智能化、自动化、数字化。而在教育领域，第四次产业革命的影响也日渐凸显，互联网、云计算、大数据和人工智能的迅速发展增强了对教育信息资源的储存、传输和分析能力，增强了服务学习者的能力。这一切为网络教育的大发展提供了必要的渠道。党的十八大以来，我国政府大力推进教育信息化发展，实施了"三通两平台"建设与应用等工程，全国中小学互联网接入率从25%上升至90%、多媒体教室比例从不到40%增加到83%，高校实现网络全接入，这一切为我国网络教育的发展提供了"宽道路"。

第三，实现教育均衡发展要求大规模发展网络教育。经过多年的努力，我国教育均衡发展取得了很大的突破，但是由于不同区域之间、城乡之间和不同收入群体之间的教育水平依然存在着较大的差距，严重影响了教育公平，不利于我国教育水平的整体提高。而大规模发展网络教育则可以很大程度上促进教育均衡的发展，通过网络可以将优质教育资源向落后地区、农村和低收入群体传播，可以很大程度上缩小区域之间、城乡之间和不同收入群体之间的教育差距，实现更高层次的教育公平。

第四，大力发展网络教育能够提高教育质量。网络教育是一种发展中的教育，随着信息技术的迅速发展，网络教育的质量也在不断提高。特别是面对面式的学习和在线学习两种学习模式有机结合的混合式学习方式更能够提高教育质量，甚至比单纯的面对面式学习的教育质量水平更高。在我国地域广大，优质教育资源相对短缺的情况下，大力发展网络教育，特别是混合式学习，对于全国教育质量整体水平的提升将有很大的作用。教育质量的提高要求网络教育迅速发展。

总之，大力发展网络教育是党中央的明确要求，在现实中，信息技术的迅猛发展为网络教育的发展提供了必要的硬件条件，而且也是我国教育均衡发展和提高教育质量的需要。

（鞠光宇　撰稿）

7　如何建设终身学习服务平台

当代终身学习理念产生于20世纪六七十年代，是西方社会从工业经济向知识经济转变过程中，在传统学校教育不能满足需要的情况下，提出的应当建立起能够支持个人终身学习的教育体系。当前，我国社会也处于科技革命日新月异、经济全球化的时代，终身学习必将成为社会中每一个社会成员应对各种变化的新的生活方式。

建设终身学习服务平台是让“人人、时时、处处”可学的终身学习理念落地的重要抓手。在《国家中长期教育改革和发展规划纲要（2010—2020年）》中，在终身教育体制机制建设试点部分就已明确提出“建立终身学习网络和服务平台”。关于如何建设终身学习服务平台，我国不少经济和教育发达的城市如上海、北京、宁波、深圳等已经进行了探索，有一些好的做法，但对于如何建设尚未形成统一定论。下面对如何建设终身学习服务平台提一些看法，以供参考。

一是关于终身学习服务平台的内容。在知识和信息大爆炸的现代社会，学习者缺少的不是学习资料，而是如何从浩如烟海的信息和资源中去伪存真，找到优质、程度合适的学习内容。因此，终身学习服务平台不应当仅仅是一个提供学习资源的资料库，而应当在学习内容分类整理和评价、建立学习资源之间的关联、为学习者提供学习规划建议等方面发挥更大的作用。建议终身学习服务平台至少包含以下内容：

第一，一站式学习服务网络平台。以学习者为中心设计网络信息服务平台，使学习者可以得到关于终身学习政策、学习资源以及其他相关服务的信息。目前，一些城市依托广播电视大学和社区教育中心搭建起终身学习平台，汇集了众多大学学术课程、公开课、讲座等视频资源和电子图书期刊资源。这为广大人民群众在线自主学习提供了很好的机会。接下来在扩展学习资源的同时，应当着重优化学习资源，既要服务于丰富人民群众的精神生活，更要服务于提高成人的职业技能，让他们能够更好地应对劳动力市场上的各种挑战。这对终身教育工作者而言是不小的挑战。可以通过加强与资格证书相关机构的合作，对学习资源分类整理，梳理学习资源与资格或证书的联系，使学习内容更具科学性和系统性，引导学习者通过终身学习获得资格证书。

第二，线上或线下学习咨询服务。向学习者或潜在学习者提供咨询是终身性学习服务的一项重要工作。咨询内容可以包括：学习机会方面的信息、克服学习障碍、学习方向和职业方向的选择、经济资助、如何学会学习、个人和家庭问题、精神和心理支持等。咨询活动也在促进终身学习需求和供给相匹配的过程中发挥着积极作用。

二是关于政府在终身学习服务平台建设中的角色。在信息社会，信息技术的普及一方面缩小了社会成员在信息准入与获得上的差距，但另一方面它又造成信息应用水平、应用质量等方面的分化。高学历人群、高收入人群在使用应用软件、信息平台、网络资源方面的能力更强。为降低因信息获取通道差异造成的进一步教育不公平，政府应当在终身学习服务平台建设中担负起责任，为社会全体成员提供及时准确、清晰易懂、便捷免费的信息服务和咨询服务。在资源建设方面，政府应加大统筹力度，减少学习资源的重复建设，充分发挥信息技术在降低学习成本方面的优势。

（梁　彦　撰稿）

8　高等教育怎样为成人学习提供优质、灵活、多样的学习机会

高等教育在当代技术变革不断加速、全球经济联系紧密的社会，承担着经济发展动力的重要角色，也承载着促进个人全面发展、理解和融入现代社会的使命。党的十九大报告提出要“使绝大多数城乡新增劳动力接受高中阶段教育、更多接受高等教育”。这既是新时代我国提升新增劳动力素质和国家软实力、以“人才红利”代替“人口红利”、促进经济转型升级的重要举措，也是对广大青年接受更多教育之热切期望的回应。

当前，我国高等教育已经处于大众化阶段。根据高等教育领域学者的观点，大众化的内涵，不仅包含了“量”的增长，也包含了“质”的变化。高等教育不可能延续精英化阶段的培养模式，在培养目标上，既要培养追求高深学问的拔尖人才，更多的是要面向国家建设和经济发展，培养各行各业所需的生产、服务、管理等各类人才。高等教育也应当更加开放，满足成人对继续教育和培训的需求。

第一，增加优质普通高等教育的供给。大众化阶段高等教育入学机会增加了，但是，优质高等教育的竞争性丝毫没有减弱，而且，随着新一代父母自身教育水平及其对子女教育期望的提高，竞争程度可能还有所加剧。地方政府应当花大力气提高当地高等教育的质量，一方面是为满足人民群众对优质高等教育的迫切需求，另一方面也可以增强高等教育对当地经济发展的驱动作用。从满足人民群众对更多优质高等教育的需求以及建设良好高等教育生态系统的角度，中央增加对经济欠发达地区公立高等学校的支持非常有必要。在经费支持、科研合作、教师培训等方面给予更多的政策倾斜，帮助有基础但长期没有得到政策支持的普通学校提升到新的高度，成为人民群众认可的地方优质高校。

第二，提供高质量职业继续教育机会。高中阶段教育普及之前，高中文化程度属于中等文化水平。随着未来高中阶段教育普及率的进一步提高，以及低文化程度的上一代逐步退出劳动力市场，普通高中毕业证书在劳动力市场上将没有任何优势；中等职业教育的技能优势也可能因社会技能需求变化而消失，甚至转为劣势。因此，未来高等职业继续教育的需求将是旺盛的。与脱产学习的适龄青年学生相比，成人学习者需要更加灵活的学习途径，以便边工作边学

习；需要更有效的学习咨询，帮助确定合适的学习计划；需要社会认可的学习成果，提高在劳动力市场上的竞争性。高校现有的师资力量可能无法完全满足成人学习的需求，这就需要充分挖掘人力资源，破除各种制度障碍。如聘请已经退休但仍然有工作热情的大学教师、企业技术技能人才等担任教师，提升培训质量；招募在校学生担任教学辅助人员，降低成人学习成本。

第三，面向全民提供文化素质教育。大学是知识、文化和智慧的宝库。让这些智力财富惠及更多渴求知识的人，也是当代大学不可推卸的责任。为满足人民群众对更高层次精神生活的追求，大学应当变得更加“开放”，充分运用现代媒体技术，探索远程教育与面授课程的最佳组合方式，尽可能提供低学费、灵活、内容丰富的学习方案。

（梁　彦　撰稿）

五　如何办好高等教育

1　如何实现高等教育内涵式发展

建设教育强国是中华民族伟大复兴的基础性工程，事关国家发展、民族未来。其中，实现高等教育内涵式发展是建设教育强国的重要任务。习近平总书记在党的十九大报告中明确提出，要实现高等教育内涵式发展。这是新时代建设高等教育强国的必然要求。高等教育只有实现内涵式发展，才能为实现“两个一百年”奋斗目标、实现中华民族伟大复兴的中国梦源源不断培养大批德才兼备的优秀人才，在国家创新体系中更加发挥主力军作用，为经济社会发展做出更大贡献。实现高等教育的内涵式发展，主要体现在以下方面：

一是提高教育教学质量。实现内涵式发展必须始终把提高教育教学质量作为出发点和落脚点，一切工作都要服从和服务于学生的成长成才。实施通识教育基础上的宽口径的专业教育培养模式，将实践能力培养融入人才培养的全过程。切实加强师资队伍建设，建设高层次人才队伍，不断提升教书育人水平。与各类社会主体紧密合作，积极推进产学研合作，鼓励、引导高校突破学科、学校、行业和地区等壁垒，积极创新人才培养模式，努力把更多社会资源转化为教书育人资源，走政产学研用紧密合作的协同育人之路。

二是推进高等教育协调发展。建立科学分层分类、多样多元、协同共生的高等教育体系，逐步形成不同层次、不同类型高校目标定位明确、各司其职、各具特色、各有优势的高等教育发展格局，避免各学校“千校一面”的同质化现象。立足实际、突出特色、调整结构，构建优势学科引领，多学科相互支撑、交叉渗透、协调发展的学科体系。调整优化学科专业结构，积极改造传统学科专业，大力扶持新兴交叉学科专业，努力办好特色学科专业，逐步形成与国家重大发展战略、与地方经济社会发展相适应的学科专业动态调节机制。

三是增强创新发展动力。以量的扩张为主的传统高等教育发展方式已难以为继，新时代必须更新观念，走创新驱动、质量优先、内生增长的道路，做到人才培养与时代变化相适应、与经济社会发展相融合，为高等教育内涵式发展开辟新空间。应积极应对网络信息技术发展带来的以自主学习为主要特点的学习方式变化，探索提供差异化、个性化、多样化的教育服务，使教育教学由以教为中心向以学为中心转变、由以教师为中心向以学生为中心转变。积极应对云计算、大数据、人工智能带来的知识更新加快、周期缩短的新情况，探索加快科研成果转化的方式，及时为学生提供更多前沿知识。

四是提高服务经济社会发展能力。我国高校要充分发挥在人才培养、科学研究、社会服务和文化传承方面的作用，明确自身在服务国家发展中的定位，瞄准国家发展战略问题、科技发展前沿问题、国计民生重大问题、区域经济社会发展关键问题等开展研究，为社会主义现代化强国建设提供高水平的智力支撑和服务。广泛深入开展与企业的合作，把更多科研成果转化为现实生产力。加强新型智库建设，坚持以重大现实问题为导向，开展全局性、战略性、前瞻性研究，为党委和政府决策建言献策，当好参谋助手。

五是围绕办好人民满意的教育下功夫。中国特色社会主义进入新时代，我国社会主要矛盾已经转化为人民日益增长的美好生活需要和不平衡不充分的发展之间的矛盾。办好人民满意的教育，是满足人民日益增长的美好生活需要的题中应有之义。从现有情况看，高校在人才培养上还存在不能满足人民群众期待的地方。比如，一些课程内容陈旧，不能满足培养卓越人才的需要；一些专业脱离社会和市场的实际需要；一些毕业生协作精神和意志品质薄弱，不能满足实际工作岗位的需要。高校作为人才培养的供给端，必须树立科学人才观，坚持因材施教。一方面，面向高端、追求卓越，强化拔尖创新人才的培养，努力培养各领域的领军人物；另一方面，坚持面向大多数，把提升学生就业能力作为重要努力方向，推动跨专业交叉培养，与科研院所和行业企业联合培养，让学生的知识面更宽、技能更强、就业面更广。

（刘承波　撰稿）

2　如何创新高校人才培养模式和机制

创新人才培养模式和机制，就是在一定教育思想和理论指导下，着眼于提高人才培养质量，按照高等学校人才培养规律，不断完善培养方案，优化课程体系，运用相关的教学手段，充分利用好全社会资源，合理安排专业理论学习与实习、实训、实践，构建更加科学的教育教学平台，把科学发展观全面落实到人才培养的各个环节等。

一是转变人才培养观念。借鉴国内外人才培养的先进理念，与时俱进，转变旧有的人才培养观念，树立先进的人才培养观。由强调教师主导向注重学生主体转变；由强调共性要求向注重个性发展转变；由强调知识传承向注重能力训练转变；由强调唯书唯上向注重探究创新转变；由强调就业教育向注重创新创业教育转变。先进人才培养观的核心内容是以人为本。以人为本就是要以学生为中心，以教师为立校之本，这样才能够从根本上解决教学的矛盾问题。以学生为中心要求高校人才培养模式、专业培养方案的设计要充分考虑学生的需求，要将知识传授和能力培养相结合，要注重学生批判精神和创新能力的培养。以教师为立校之本，就是要求高校充分尊重教师的意见、激发教师在教学活动中的积极性，让教师自己要求谋变、改进，完善自我。这样就可以把学校的教学改革从行政推动型变为学生和教师推动型。

二是促进教学方式方法的改革和创新。教学方式方法直接影响了人才培养的质量。长期以来，重课堂教学、轻课外教学，重灌输式教学、轻探究式教学，重书本教学、轻实践教学的现象是我国高校教学方式方法的普遍现象，也是高校教学方式方法的典型特征。改革和创新教学方式方法，就是要注重学思结合，倡导启发式、探究式、讨论式、参与式教学，帮助学生学会学习。教师在教学中既要把原理性知识以案例或朴素易接受的方式传授给学生，又要启发学生的心智，引导他们思考问题、发现问题，让他们带着问题收集文献资料，解决问题，以达到将教师传授的知识转变为学生自己的新观点和处理问题的新方法的目的。课堂教学是传授知识、启发学生思维的过程，知、思与行要统一，高校要开展丰富多彩第二课堂活动和切实可行的实践教学活动，为学生提供培养动手能力、组织能力和发明创造能力的途径和渠道。强化实践教学，建设校内外实践教学基地，包括基本技能训练教学实习基地、科研技能训练基地、校外课程教学实习基地、产学研结合基地等，给学生实践提供有效平台。特别重视建设和发挥校外教学基地的作用，实现其在校内课堂教学中所难以实现的德育功能、智育功能、科研功能等。

三是鼓励大学生从事学术活动。学术活动是知、思与行统一的过程，它是培养学生创新能力的最好手段和方法。在大学教学体系中，虽然有毕业论文或毕业设计环节，但是由于学生最后一年面临找工作的难题，毕业论文或毕业设计的效果往往要打折扣。鼓励学生从事学术活动，要把学生的学术活动纳入学分考评体系中，为学生提供从事学术活动的环境和条件。首先，学生可以通过参与学术团体或教师科研团队的形式从事学术活动，对研究发明的专利技术、发表的学术论文等成果要予以奖励。其次，学生可以带着问题参加学校组织的社会调查活动或实践活动，通过调查获得第一手资料，并撰写调查报告或论文。学校应定期为学生提供社会调查或实践的机会，与社区、企业、政府部门、公益组织等建立学生实践基地，为学生实践提供方便。最后，大学要为学生从事学术活动营造良好的氛围。学校应定期举办学术报告会、学生学术研讨会、学生发明创造设计大赛等活动，教师应鼓励、尊重学生的学术成果，让学生在获得创新学分的同时，实现自我价值。

四是探讨协同育人机制。积极推进产学研合作，鼓励、引导高校突破学科、学校、行业和地区等壁垒，积极创新人才培养模式，努力把更多社会资源转化为教书育人资源，走政产学研用紧密合作的协同育人之路。全面推进系列卓越计划实施，在工程、法学、新闻传播学、农林、医学等学科专业领域，大力推进协同育人机制改革，发挥示范引领辐射作用。着力推进高校与校外资源的融合互动，积极寻求与其他高校、地区、科研院所、企事业单位以及海外高校的合作，实施复合型人才培养，提高人才培养质量。

五是创新教学管理。一方面，建立创新人才评价制度，鼓励学生个性发展。改变考试方法，转变单一以考试成绩定优劣的质量评价观，坚持多样化人才质量观，将学生的实践活动、科研创新活动及其成果作为评价学生综合素质的重要依据。另一方面，改革教学评价体系，鼓励教师开展教学改革活动。鼓励教师创新教学内容、教学方式和方法，打破照本宣科、滔滔不绝满堂灌的教学习惯，提倡案例式、探究式、启发式教学方法，让学生积极参与到课堂教学中来，让学生的思维活跃起来。

（刘承波　撰稿）

3　如何增强个人对高等教育的选择性

21世纪以来，我国高等教育规模稳步发展，毛入学率逐年上升，2016年全国共有各级各类高等学校2 880所，各种形式高等教育在学总规模达3 699万人，高等教育毛入学率达到42.7%，我国高等教育正在由大众化向普及化快速推进。同时，个人学习需求更加多样化，对高等教育选择性提出更高要求。增强个人对高等教育的选择性，需要调整高等教育结构，改革办学体制，改革教育教学方法。

首先，调整高等教育结构。当前，我国高等教育结构性矛盾突出，同质化倾向严重，人才培养结构和质量不能适应经济结构调整和产业升级要求，应用型、复合型、创新型人才短缺，毕业生就业难和就业质量低，亟须调整高等教育结构。一是建立高等学校分类体系。形成各种办学主体、办学层次、办学类型、办学特色相互补充、相互衔接的高等教育结构体系。探索对研究类型高校、应用技术类型高校、高等职业学校等不同类型的高等学校实行分类设置、评价、指导、评估、拨款制度。坚持行业院校的办学特色和传统优势，增强地方高校为区域经济社会发展服务的能力。二是建设现代职业教育体系。高等职业教育规模占高等教育的一半以上，在办好现有专科层次高等职业（专科）学校的基础上，发展应用技术类型高校，培养本科层次职业人才。引导部分地方普通本科高校向应用型转变，通过产教融合校企合作，培养应用型技术技能型人才，形成一批以举办本科职业教育为重点，融职业教育、高等教育和继续教育于一体的新型应用技术大学。三是发展专业学位研究生教育。积极发展以提升职业能力为导向的专业学位研究生教育，提高应用型高层次人才培养能力，不断增加专业硕士、专业博士招生比例。2016 年共招收专业学位硕士研究生 28 万人，占硕士研究生招生人数的 47.4%；招收专业学位博士研究生 2 509 人，占博士研究生招生人数的 3.2%。

其次，深化办学体制改革。一是健全政府主导、社会参与、办学主体多元、办学形式多样、充满生机活力的办学体制，形成以政府办学为主体、全社会积极参与、公办教育和民办教育共同发展的格局，满足人民群众多层次、多样化的教育需求。二是支持民办教育发展。民办教育是教育事业发展的重要增长点和促进教育改革的重要力量。鼓励出资、捐资办学，促进社会力量以独立举办、共同举办等多种形式兴办高等教育。支持民办高校创新体制机制和育人模式，提高质量，办出特色，办好一批高水平民办学校。健全公共财政对民办高等教育的扶持政策，对民办高校按照非营利性和营利性进行分类管理，扩展民办高等教育发展的空间，促进非营利性和营利性两类民办高校健康发展。2016 年全国共有民办高校 742 所，占全国总数的 28.5%；普通本专科在校生 616.2 万人，占全国普通本专科在校生总数的 22.9%。

最后，推进教育教学改革。一是增加选修课程。相比之下，我国高等院校开设的选修课程数量不足、质量不高，不能充分满足学生个性化、多样化学习和成长需要。哈佛、耶鲁、杜克等大学每学期专为本科生开设 2 000 多门课程，本科生还可以选修其他学院的硕士或博士课程。此外，麻省理工学院等高校把所有课程上网，供全世界学习者免费选修。2016 年我国普通高校校均上网课程为 169.9 门，其中本科院校校均上网课程为 274.7 门，高职（专科）院校校均上网课程为 74.5 门。二是教学法改革。学生既是知识的消费者，同时也是知识的创造者。应该采取各种教学手段促进师生之间和学生之间积极互动，督促学生做学习的主人。课堂教学除了传统的讲授法之外，还可以采取合作性教学、活动教学法、案例教学法、问题导向教学法、小组讨论、主题辩论、角色扮演、动手小组教学、实验室体验、课题研究等多种形式。此外，鼓励学生利用暑假社会实践探寻个人兴趣、职业目标和人生方向。设立本科生科研基金，鼓励本科生参与科研，让学生动手试验、查阅资料、实地考察或反复讨论，锻炼并提高学生团队精神、创新意识和动手能力。

（张家勇　撰稿）

4　如何以学习者为中心，开展教学和管理工作

我国高等教育在较短时间内从精英教育迈入大众化阶段，在教学和管理方面面临很多新的挑战。部分大学生学习兴趣不浓、毕业生技能与用人单位期待存在较大差距就是突出的问题。高等教育大众化阶段，大学生在知识储备、学习能力、学习目的和兴趣等方面呈现出多样化的特点。有的大学没能及时调整，教学内容和方法照搬精英教育时代的做法，在课程设计上依据教师的专业特长或研究兴趣，没有充分考虑到学生在很多方面已经发生的重要变化；有些教师在科研压力下对本科教学工作也有所懈怠。这些是导致学生学习效果不够理想的重要因素。

以学习者为中心改革高等教育可能是化解上述问题、提高高等教育质量的一个思路。以学习者为中心就要尊重并满足学习者的学习需求，不断思考教什么、怎么教、怎么评价等关键问题，就是要实现从以“教”为中心向以“学”为中心转变。《国际教育标准分类法》（2011 版）在阐释教育的概念时，强调教育是通过多种形式能够“引发”学习的有意识的活动。也就是说，大学生在与教师的互动过程中，没有在知识和技能水平方面获得大幅度提升，拥有再好的教师和科研条件，也不能称之为好的高等教育。

以学习者为中心也是目前国际高等教育改革和发展的重要趋势。很多国家对如何以学生为中心开展教学进行了积极探索。调优方法（Tuning Method）就是一例。它是欧盟委员会的一个教学改革项目，在欧洲一些国家已经实施了很多年。2012 年，教育部与欧盟委员会共同启动了中欧调优联合研究项目，教育部教育发展研究中心承担了具体的推进工作。该项目倡导以学生为中心、以学习成果为导向，进行教学方案设计、教学评价和管理。下面简要介绍一下调优方法，供相关领域的决策者和研究者参考。

调优方法第一步就是确认大学生在未来社会需要掌握的核心能力。高等教育大众化阶段，大学生必须从象牙塔里走出来，为将来在社会中扮演的角色做好准备。为此，调优方法设计了关于通用能力和学科专业能力的问卷，邀请雇主、毕业生、教师、在校学生参加问卷调查，共同确定高等教育应当培养学生哪些能力、高校对这些能力的培养效果如何。由于知识社会对个人知识和技能要求的变化更为频繁，高校必须不断审视社会对职业能力和学术水平的要求。

第二步是将各方商定好的重要能力转变为培养方案。能力是一个相对的概念。人们通常并不是在绝对意义上，而是在某种程度上掌握或缺乏一项能力。调优方法用“学习成果”（learning outcomes）这个术语，来表达能力达到的水平。学位项目负责人需根据同多方咨询的结果以及学校的规划和资源，明确为获得学位，学习者应获得哪些学习成果。这些学习成果应当是可以测量和评价的，包括理论或实验知识和内容、与学术和学科相关的技能以及通用技能。

第三步是制定具体的教学方案。培养方案确定的各项能力和学习成果需要通过具体的课程或学习模块进一步细化。采用模块化教学系统优先考虑课程的结构而非某个教师单独授课时对教材的选择，模块化也为学习者提供了更多的灵活性，学分转换也相对容易。无论是采用传统的课程还是模块化的方法，都要确保涵盖所有重要的通用能力和学科能力，并分配合理的学分量，选择有效的教学手段和评价方法。

最后，实施、监测和改进。调优项目认为，提高高等教育质量的责任应落在大学及教师身上。外部利益攸关方尽管有可能指出问题所在，但他们无法具体设计和实施教学改革。如果教师和学生没能真诚、勤勉和深入地参与到质量提高过程中，教学改革就只是空谈。教学改革还应当是一个循环过程，不断地改进提高。就调优项目而言，它的基本出发点就是判断学习者是否真正达到了预计目标——获得了相应的学习成果。

（梁　彦　撰稿）

5　“双一流”高校建设怎么做

“双一流”高校建设是党中央和国务院做出的重大战略部署，集中反映中华民族共同的教育强国梦想。“双一流”高校建设，关键在于“撸起袖子加油干”，也就是鼓励地方自主性、专业性和多样性实践。在此过程中，需要更加尊重教育规律，更加强调科学评价，更加重视政策衔接。

更加尊重教育规律。长期以来，我国传统高等教育治理体系与现代高等教育本质属性不能实现完全匹配，有待进一步强化改革与探索。“双一流”高校建设离不开高校自身的行动热情和改革动力，有待进一步提高高校相对独立的权力主体地位。教育人把教育办好就是最大的政治，简单套用政治口号替代教育话语、以辞藻的华丽掩盖思想的贫乏，是教育领域懒政、愚政和庸政的表现。真正管用的教育理论或政策如同粗茶淡饭，不求精致完美但有利于身体健康。很多貌似符合政治逻辑、学术逻辑和政策逻辑的教育改革，并不真正符合教育逻辑、行动逻辑和实践逻辑。如果不尊重教育规律，炫目的改革假动作至多能够升级装备，反而会让教育沿着错误方向以更快速度远离理想。习近平总书记指出："只要路走对了，就不怕遥远。"起点低、进展慢都不要紧，只要方向正确，迟早能够实现中国教育梦。教育规律只可能出自伟大的教育实践。在全面追赶时期，我们需要放眼世界，虚心学习全球经验；在全面超越时期，我们需要大力提倡地方多样性创新和自主性探索。

更加强调科学评价。大学是性质复杂功能多样的混合型组织，全面科学评价大学是世界性难题。《统筹推进世界一流大学和一流学科建设实施办法（暂行）》（以下简称《实施办法》）提出设立专家委员会，综合高校办学条件、学科水平、办学质量、主要贡献、国际影响力等情况，以及高校主管部门意见，论证确定一流大学和一流学科建设高校的认定标准，这是高校评价的机制创新。《实施办法》提出，支持建设一百个左右学科，强化学科建设绩效考核，每五年一个建设周期，打造学科领域高峰。19 世纪大学系科和专业出现以来，我们对学科的思考和认识不断进化，从多学科、跨学科，到交叉学科、后学科、转学科，高校里学科数量和结构不断变化，越来越多的研究课题完全没有学科界限，基于学科边界的评价则变得越来越难以操作，需要我们积极倡导并科学评价多学科、跨学科、交叉学科的科研成果。

更加重视政策衔接。一是教育政策内部的衔接性和延续性。"双一流"建设既要保证与"211 工程""985 工程"以及优势学科创新平台、特色重点学科项目和"2011 计划"等重点建设政策的历史继承性和延续性，也应强调与教育投入体制改革、现代大学制度建设、人才培养模式改革、考试招生制度改革、人事管理制度改革、教育管理体制改革、教育对外开放等教育改革重点任务的衔接性和互补性。此外，"双一流"建设政策应更加突出自身创新性。《实施办法》提出，建设高校实行总量控制、开放竞争、动态调整，将有效避免身份固化、竞争缺失、重复交叉等问题，都是很好的政策创新。"双一流"建设在认定标准、认定程序、评估监管、调整程序等方面可以做出更加大胆的探索。实施范围完全可以突破研究型大学局限，可以拓展到其他教学型、应用型、技术技能型等各类高校，未来甚至可以面向有资质有实力的民办院校。二是教育政策外部的衔接性和延续性。国际经验表明，世界强国在先，世界一流大学在后，至少二者需要同步推进。古希腊、古罗马、英国、德国、美国等世界强国同时也是世界教育中心，他们都曾是或依然是高等教育思想创新的策源地和高层次人才培养模式的输出国。世界上不存在高等教育很强而综合国力很弱的国家，也不存在综合国力很强而高等教育很弱的国家。“双一流”高校建设应该全面融入富强民主文明和谐的社会主义现代化国家建设，成为全面建成小康社会和中华民族伟大复兴重要支撑，为人才人生出彩提供更加优化的经济社会制度环境，与国家发展大布局、大战略全面对接，通过协调推进教育系统内外制度创新，最终实现世界一流国家和“双一流”建设任务共同达成的目标。

（张家勇　撰稿）

6　如何实现应用型本科高校健康发展

2014 年 2 月，国务院正式提出“引导一批普通本科高校向应用技术型高校转型”。应用型本科院校重在培养应用技术型人才，服务地方经济发展，是地方本科院校的转型发展方向，也是社会经济转型升级、高等教育结构优化和地方本科高校加强内涵建设的必然选择。应用型本科高校的发展，更多的是要融入区域经济社会发展，与当地创新要素资源对接，与经济开发区、产业聚集区创新发展对接，与行业企业人才培养和技术创新需求对接。为此，要抓住新产业、新业态和新技术发展机遇，把握社会经济技术重大变革趋势，瞄准当地经济社会发展的新增长点，加强战略谋划和布局，创新发展思路。

一是要建立行业企业合作发展平台，建立学校、地方、行业、企业和社区共同参与的合作办学、合作治理机制。与行业、企业实行共同组建教育集团，校企合作的专业集群实现全覆盖。建立有地方、行业和用人单位参与的校、院理事会（董事会）制度、专业指导委员会制度，支持行业、企业全方位全过程参与学校管理、专业建设、课程设置、人才培养和绩效评价。

二是要建立紧密对接产业链、创新链的专业体系，按需重组人才培养结构和流程，围绕产业链、创新链调整专业设置，形成特色专业集群。通过改造传统专业、设立复合型新专业、建立课程超市等方式，大幅度提高复合型技术技能人才培养比重。建立行业和用人单位专家参与的校内专业设置评议制度，形成根据社会需求、学校能力和行业指导依法设置新专业的机制。改变专业设置盲目追求数量的倾向，集中力量办好地方（行业）急需、优势突出、特色鲜明的专业。

三是要统筹各类实践教学资源，构建功能集约、资源共享、开放充分、运作高效的专业类或跨专业类实验教学平台。引进企业科研、生产基地，建立校企一体、产学研一体的大型实验实训实习中心。采取企业投资或捐赠、政府购买、学校自筹、融资租赁等多种方式加快实验实训实习基地建设。按照工学结合、知行合一的要求，根据生产、服务的真实技术和流程构建知识教育体系、技术技能训练体系和实验实训实习环境。

四是要以社会经济发展和产业技术进步驱动课程改革，整合相关的专业基础课、主干课、核心课、专业技能应用和实验实践课，更加专注培养学习者的技术技能和创新创业能力。认真贯彻落实《国务院办公厅关于深化高等学校创新创业教育改革的实施意见》（国办发〔2015〕36 号），将创新创业教育融入人才培养全过程，将专业教育和创业教育有机结合。把企业技术革新项目作为人才培养的重要载体，把行业企业的一线需要作为毕业设计选题来源，全面推行案例教学、项目教学。将现代信息技术全面融入教学改革，推动信息化教学、虚拟现实技术、数字仿真实验、在线知识支持、在线教学监测等广泛应用，通过校校合作、校企合作联合开发在线开放课程。

五是调整完善教师结构，加快“双师型”教师队伍建设。应用技术型人才培养需要的是与之相适应的双师型教师队伍。教育部《关于地方本科高校转型发展的指导意见》中明确指出，试点高校要改革教师聘任制度和评价办法，双师型教师占专任教师的比例逐步达到50%以上。“双师型”教师队伍建设，直接关系到应用型高校的教育教学质量，是决定应用型高校能否成功转向应用技术型高校的关键因素，可以通过拓宽用人视野、多渠道补充教师、制定吸引政策、建立校企合作的培养机制和“双师型”教师资格认证制度，以及激励制度等途径来实现。要改革教师聘任制度和评价办法，积极引进行业公认专才，聘请企业优秀专业技术人才、管理人才和高技能人才作为专业建设带头人、担任专兼职教师。

六是以解决生产生活的实际问题为导向，广泛开展科技服务和应用性创新活动，努力成为区域和行业的科技服务基地、技术创新基地。通过校企合作、校地合作等协同创新方式加强产业技术技能积累，促进先进技术转移、应用和创新。打通先进技术转移、应用、扩散路径，既与高水平大学和科研院所联动，又与中职、专科层次高职联动，广泛开展面向中小微企业的技术服务。

（刘承波　撰稿）

7　如何完善中国特色现代大学制度

完善中国特色现代大学制度，是推进我国大学治理体系和治理能力现代化的积极探索和实践，是新时代高等教育改革的方向和时代发展的必然要求。其主要内容是处理好大学与政府的关系、大学与社会的关系以及完善大学内部治理结构。要遵循高等教育规律，准确把握现代大学制度本质和内涵，实现“中国特色”和“现代大学制度”的有机统一，在国家教育方针政策指导下，切实落实和正确行使办学自主权，形成学校依法自主管理、自主发展、自我约束、社会监督的机制，以充分调动高等学校办学的积极性、主动性、创造性。

一是要在“放管服”的改革思路下，合理确定职责权能。通过体制机制创新，实现高等教育举办权、管理权和办学权的实际分离。按照《高等教育法》，高校依法享有招生、学科专业设置、教育教学、科学研究与社会服务、国际交流合作、机构设置与人事管理、财产管理与使用等七个方面的办学自主权。在政府层面，要进一步建立部门协调机制，进一步落实和扩大学校办学自主权，依法下放包括招生、专业调整、人员管理、经费使用、学位授予等方面的权力，使得学校能够更好地管理自身事务，更好地履行其办学职责。通过建立委托代理制度，实现举办者与管理者的分离，高校向委托代理机构负责开展办学活动，代理机构代表举办者实现对高校具体办学效果的监督管理，合理分割举办者与办学主体之间权责职能；要依法明确管理部门的管理职能，变直接管理为宏观管理和间接管理，落实高校的法人地位和办学自主权，督促高校在法定的办学自主权范围内，完善法人治理体系。

二是要加快推进高校内部治理体系现代化。以“党委领导、校长负责、教授治学、民主管理”为基本框架，完善党委领导下的校长负责制，正确处理党委领导和校长负责的关系，厘清行政权力和学术权力的边界，释放办学活力，激发办学动力，不断提升治理能力。建立学校民主决策、科学决策机制，加强高校学术委员会参与学术管理的深度和组织运行机制，扩展各级各类学校教代会、学/研代会等广泛联系师生的途径。进一步健全学术委员会、教学委员会、学位评定委员会等学术组织及其运行机制，充分发挥学术组织在学科建设、学术评价、学术发展中的核心作用。积极推动学校管理重心下移，激发学部、院（系）等基层学术组织的创新活力，形成分工科学、运转顺畅高效的校、部、院（系）管理架构。简政放权，将学科建设、师资选聘、考核晋升、内部教学科研机构设置、学科经费与科研经费自主安排、人才培养方案、绩效奖励、研究生招生录取等部分权力下放给院（系），使院（系）成为学科建设和学院治理主体，学校更多承担宏观指导、综合协调、保障服务、考核监督的职能。

三是要不断改革和改善大学与社会的关系。核心是在确立大学作为独立自治法人实体的前提下，丰富办学体制，拓宽投入保障渠道，引进市场竞争机制，促使大学面向社会和市场办学，实现高等教育质量的政府评价向社会评价和市场评价转变。要加强社会参与学校治理，加快形成社会有效参与学校治理、彰显改革探索活力的新局面。探索建立高等学校理事会或董事会制度，健全社会支持和监督学校发展的长效机制，保证社会参与学校管理。

（刘承波　撰稿）

8　如何加强高校基层党组织和党员队伍建设

习近平总书记指出："加强党对高校的领导，加强和改进高校党的建设，是办好中国特色社会主义大学的根本保证。"高校基层党组织建设和党员队伍建设是高校党的建设的基础工程，是高校党的全部工作和战斗力的基本依托，是团结、组织和提升广大师生凝聚力和向心力的重要方面，是集中党员和群众的智慧和力量，贯彻落实党的教育方针、落实立德树人根本任务的组织保证。新形势新时代，站在新的历史方位，加强高校基层党组织和党员队伍建设的战略意义日益凸显，需要以系统思维、创新思维为指导从以下方面综合推进。

确保党在高校工作中的领导权。党的领导是确保高校基层党组织和党员队伍建设正确方向的根本途径。习近平总书记在全国高校思想政治工作会议上指出："办好我国高等教育，必须坚持党的领导，牢牢掌握党对高校工作的领导权，使高校成为坚持党的领导的坚强阵地。"高校党委是实现党的领导的核心所在，党委对学校工作实行全面领导就必须承担管党治党、办学治校主体责任，把方向、管大局、作决策、保落实，要紧紧围绕以下重要环节展开工作：第一，把握高等教育发展方向。习近平总书记强调："我国高等教育发展方向要同我国发展的现实目标和未来方向紧密联系在一起，为人民服务，为中国共产党治国理政服务，为巩固和发展中国特色社会主义制度服务，为改革开放和社会主义现代化建设服务。"只有把党在高校工作中的领导权自觉纳入到"四个服务"之中，才能使当代中国的高等教育真正成为中国共产党领导下的中国特色社会主义的高等教育。第二，把握高校思想政治工作的主导权。高校党委要紧紧抓住思想政治工作的主导权，将思想政治工作贯穿于高校教育教学管理的全过程，用马克思主义理论和中国特色社会主义理论武装广大师生的头脑；要深入贯彻学习习近平新时代中国特色社会主义思想，用党的理论创新成果指导实践、推动高校工作；要大力弘扬传承优秀传统文化、革命文化、社会主义先进文化，夯实坚持党对高校工作的领导的共同思想基础。

加强高校党支部建设。党支部是促进高校基层党组织和党员队伍建设的基础，是服务全校师生党员以及群众的基础。要坚持把党支部建在教研团队上、建在班级课堂上、建在学生社区上、建在学生社团上，确保教育教学科研推进到哪里、党支部建设就跟进到哪里、党支部的战斗堡垒作用就体现在哪里、共产党员的先锋模范作用就体现在哪里。高校基层党组织建设要依靠教师党支部和学生党支部的建设来进行。首先，要加强教师党支部建设。高校教师党支部是教育、管理、监督和服务教师党员的基本单位，是把党的路线方针政策落实到高校基层的战斗堡垒，是党团结和联系广大教师的桥梁纽带，是办好中国特色社会主义大学的重要支撑。要优化教师党支部设置，在按院（系）内设教学科研机构设置教师党支部基础上，积极适应高校组织结构、管理模式、学科设置、办学形式的新变化和新需求，探索依托重大项目组、学科组、课题组、创新团队、科研平台、中外合作办学项目和机构等设置教师党支部。要选优配强教师党支部书记，推进教师党支部书记党务、业务"双肩挑"。在教师党支部工作中，坚持推进政治与业务的结合、融合，促进广大教师党员把践行社会主义核心价值观贯穿教育教学的全过程，处处育人、时时育人，引导学生把握好人生方向；坚持把解决实际问题、增强教师归属感获得感以及促进教师成长发展作为党支部工作的重要落脚点。其次，要加强学生党支部建设。高校学生党支部是发挥广大党员学生先锋模范作用的组织保障，是营造良好学风、班风和校风的重要依托，要优化学生党支部设置，在按年级或院（系）设置学生党支部的基础上，根据实际需要，探索依托重大项目组、课题组和学生公寓、社区、社团组织等建立党组织，探索学生党建工作向最活跃、最具创新能力的组织拓展，扩大党的覆盖面。要选优配强学生党支部书记，注重从优秀辅导员、骨干教师、优秀大学生党员中选拔学生党支部书记。在学生支部工作中，坚持面向广大党员学生和群众解决思想问题与实际问题相结合，注重人文关怀和心理疏导，在引领优良班风、校风、学风，践行社会主义核心价值观和维护学校改革发展稳定大局中发挥战斗堡垒作用；增强学生党支部在党员思想政治教育、管理、服务工作中的针对性和实效性，运用学生互动社区、主题教育网站和“两微一端”等网络新媒体推进广大学生专业学习、志愿服务、社会实践、就业创业等方面的工作。

优化基层党组织建设的长效机制。良好的党建制度事关高校党建工作的稳定性和持续性。高校基层党建工作要主动适应新常态，探索基层党组织建设长效机制。要完善高校党的领导体制，建立并完善以大学章程为核心的普通高校党委领导下的校长负责制，切实发挥党委领导核心作用以及党支部的战斗堡垒作用，推进依法治校和高校各项事业的发展；要推动党组织领导和运行机制到位，坚持民主集中制，健全完善院（系）党组织会议和党政联席会议制度；要推动意识形态工作责任制的落实，在教学科研管理等重大事项中，坚持正确的政治立场、政治方向、政治原则；要推动基层组织制度执行到位，基层组织设置合理，工作机制、党员管理、党员教育、党员培养、党务公开、党纪处分、组织处置等制度执行到位；要创新党建工作机制，随着高等教育改革和发展进入新时代，高校基层党组织要因时而进、因势而新，广泛运用大数据、云计算等互联网技术，构建网络化、智能化、数据化、个性化的党建工作和服务机制，增强高校基层党组织和党员队伍建设科学化、现代化和信息化水平。

总之，高校基层党组织和党员队伍建设是事关高校发展方向的基础性工程，既要发挥高校基层党组织和党员队伍建设的传统优势和宝贵经验，又要根据新变化、新需求进行制度构建以及制度创新。基层党组织和党员队伍建设将永远在路上。

（卢海弘　撰稿）

六　如何加强教师和新技术的保障

1　如何在全社会倡导尊师重教的风气

全面深化新时代教师队伍建设改革，目的是要培养造就党和人民满意的高素质专业化创新型教师队伍。要建设一支综合素质强、专业化水平高和创新能力强的教师队伍，就必须让教师成为让人羡慕的职业，尊师重教蔚然成风，广大教师在岗位上有幸福感、事业上有成就感、社会上有荣誉感，形成优秀人才争相从教、教师人人尽展其才、好老师不断涌现的良好局面。

一是大力表彰先进优秀教师。开展国家级教学名师、国家级教学成果奖评选表彰，重点奖励贡献突出的教学一线教师。做好特级教师评选，发挥引领作用。做好乡村学校从教 30 年教师荣誉证书颁发工作。各地可按照国家有关规定，因地制宜，开展多种形式的教师表彰奖励活动，并落实相关优待政策。表彰可以增强广大教师的光荣感、责任感和使命感，激发和调动广大教师的积极性和创造性。

二是深入宣传全国优秀教师重大典型。大力宣传教师中的“时代楷模”和“最美教师”。依托中央媒体，以每年教师节为契机，集中大规模宣传优秀教师典型事迹，尤其对获选楷模荣誉的优秀教师进行持续深入学习宣传。国家大力表彰和宣传优秀教师典型，不仅为广大教师树立榜样，还可形成比较好的激励机制，引导教师学习典型，努力向榜样靠近。鼓励社会团体、企事业单位、民间组织对教师出资奖励。

三是明确教师的特别重要地位。突显教师职业的公共属性，强化教师承担的国家使命和公共教育服务的职责，确立公办中小学教师作为国家公职人员特殊的法律地位，明确中小学教师的权利和义务，强化保障和管理。各级党委和政府切实负起中小学教师保障责任，提升教师的政治地位、社会地位、职业地位。

四是完善中小学教师待遇保障机制。健全中小学教师工资长效联动机制，核定绩效工资总量时统筹考虑当地公务员实际收入水平，确保中小学教师平均工资收入水平不低于或高于当地公务员平均工资收入水平。落实艰苦边远地区津贴等政策，全面落实集中连片特困地区乡村教师生活补助政策，依据学校艰苦边远程度实行差别化补助，鼓励有条件的地方提高补助标准，努力惠及更多乡村教师。加强乡村教师周转宿舍建设，按规定将符合条件的教师纳入当地住房保障范围，让乡村教师住有所居。维护民办学校教师权益。

五是建设现代学校制度，突出教师主体地位。维护教师职业尊严和合法权益，落实教师知情权、参与权、表达权、监督权。建立健全教职工代表大会制度，保障教师参与学校决策的民主权利。维护教师职业尊严和合法权益，关心教师身心健康，使教师克服职业倦怠，激发工作热情。

只有不断提升教师政治地位、社会地位、职业地位和收入待遇，才能让教师有更多的获得感、幸福感、安全感，教师才会有更多的荣誉感、责任感，才能让教师真正成为让人羡慕的职业。

（安雪慧　撰稿）

2　如何加强师德师风建设

实现高质量发展，关键要靠教师。“一个人遇到好老师是人生的幸运，一个学校拥有好老师是学校的光荣，一个民族源源不断涌现出一批又一批好老师则是民族的希望。”2014 年教师节前夕，习近平总书记在与北京师范大学师生代表座谈会上指出，“今天的学生就是未来实现中华民族伟大复兴中国梦的主力军，广大教师就是打造这支中华民族‘梦之队’的筑梦人”“各级党委和政府要从战略高度来认识教师工作的极端重要性，把加强教师队伍建设作为基础工作来抓”“国家繁荣、民族振兴、教育发展，需要我们大力培养造就一支师德高尚、业务精湛、结构合理、充满活力的高素质专业化教师队伍，需要涌现一大批好老师”。我国教师队伍师德建设总体是健康积极向上的，但个别教师违反师德现象时有发生，虽属极少数，却严重损害了师道尊严，影响了教师形象。为落实师德教育新要求，增强师德教育实效性，必须将学习贯彻习近平总书记对教师的殷切希望和要求作为师德师风建设的首要任务和重点内容，引导广大教师以德立身、以德立学、以德施教、以德育德。

一是要加强师德养成教育，大力提升教师思想政治素质和师德涵养。用“四有好老师”标准、“四个引路人”“四个相统一”和“四个服务”等要求，统领教师成长发展，细化落实到教师教育课程。将师德教育贯穿教师教育全过程，将师德教育作为师范生培养和教师培训课程的必修模块。加强理想信念教育，深入学习领会习近平新时代中国特色社会主义思想，引导教师树立正确的历史观、民族观、国家观和文化观，坚定“四个自信”。创新教师思想政治教育，增强思想政治工作的针对性和实效性。

二是在师范生和在职教师中广泛开展中华优秀传统文化教育，注重通过中华优秀传统文化和革命文化、社会主义先进文化教育涵养师德。通过经典诵读、开设专门课程、组织专题培训等形式，汲取文化精髓，传承中华师道，引导教师带头践行社会主义核心价值观。将教书育人楷模、一线优秀教师校长请进课堂，采取组织公益支教、志愿服务等方式，着力培育师范生的教师职业认同和社会责任感。

三是加强宣传和引导，弘扬高尚师德。借助新闻媒体平台，组织开展师范生“师德第一课”系列活动。每年利用教师节后一周时间开展“师德活动周”活动。发掘师德先进典型，弘扬当代教师风采，大力宣传阳光美丽、爱岗敬业、默默奉献的新时代优秀教师形象。推进全国高校“黄大年式”教师团队创建活动，组织创作一批反映教师队伍新形象新面貌、群众喜闻乐见的影视和文艺作品。发掘师德典型，讲好师德故事，弘扬以“西迁精神”为代表的老一辈知识分子的爱国奋斗精神，提高教师思想政治素质和职业道德水平。开展教师宣传国家重大题材作品立项，推出一批让人喜闻乐见、能够产生广泛影响、展现教师时代风貌的影视作品和文学作品。

四是加强教师党支部和党员队伍建设，用习近平新时代中国特色社会主义思想武装头脑。推进全面从严治党要求落实到每个教师党支部和教师党员，把党的政治建设摆在首位，推进“两学一做”学习教育常态化、制度化，开展“不忘初心、牢记使命”主题教育，引导党员教师增强“四个意识”。加强教师党支部书记和党员发展工作。配齐建强高等学校思想政治工作队伍和党务工作队伍。

五是强化监督考核，推行师德考核负面清单制度。实行师德“一票否决”。严格师德惩处，建立师德失范曝光平台和定期通报制度，营造风清气正教育行风。注重加强对教师思想政治素质、师德师风等的监察监督，着力解决师德失范、学术不端等问题。

（安雪慧　撰稿）

3　党和人民群众满意的教师队伍具备什么样的素质、专业水平和创新能力

全面深化新时代教师队伍建设改革，就是要培养造就党和人民满意的高素质专业化创新型教师队伍。我国社会主要矛盾已经转化为人民日益增长的美好生活需要和不平衡不充分的发展之间的矛盾，人民对公平而有质量的教育的向往更加迫切。面对新方位、新征程、新使命，教师队伍建设还不能完全适应，教师素质能力难以适应新时代人才培养需要，专业化水平和创新能力需要进一步提高。

一是要有理想信念。理念信念是源头活水，是好教师的不竭动力。党和人民满意的教师是满足“四有好老师”标准和“四个引路人”“四个相统一”“四个服务”等来衡量和要求的教师，有理想信念，有正确的历史观、民族观、国家观和文化观，坚定“四个自信”。积极学习中华优秀传统文化和革命文化、社会主义先进文化，传承中华师道，带头践行社会主义核心价值观，用自己的学识、阅历、经验点燃学生对真善美的向往。高校教师更是先进思想文化的传播者、党执政的坚定支持者，更好地担起学生健康成长指导者和引路人的责任。

二是要有道德情操。“学高为师，身正为范。”教师的职业特性决定其必须是道德高尚的人，他们需要在言传身教的过程中，用自己的道德情操去感染学生、引导学生。教师首先应该是道德上的合格者，是教师以德立身、以德立学、以德施教、以德育德的楷模。一个有道德情操的教师，要把敬业爱生作为教育

工作的根本准则，献身教育，心系学生；严以律己，为人师表；严谨治学，诲人不倦；终身学习，追求进步；成就自己，成就学生。一个有道德情操的教师，要在自我修养的不断提升中实现道德追求，在教育教学的实践中严以律己，用个人的行为来体现自己的价值观。一个有道德情操的教师，热爱教育事业，对教师职业有很强的职业认同和社会责任感。

三是要有扎实的专业知识和能力。教师自己的视野有多宽，学生的视野就有多宽；教师的思想有多深，学生能够达到的思想深度就有多深。新时代的教师应该具备扎实的知识功底、过硬的教学能力、勤勉的教学态度、科学的教学方法和较强的综合实践能力。职业院校教师技艺精湛、专兼结合，专业教师的实践教学能力不断提升，企业经营管理者、技术能手与职业院校管理者、骨干教师能够相互兼职。习近平总书记指出："好老师还应该是智慧型的老师，具备学习、处世、生活、育人的智慧，既授人以鱼，又授人以渔，能够在各个方面给学生以帮助和指导。"高校教师的科研水平和教学水平是相辅相成的，良好的科研素质是教学质量的保障，也是高校"四有"教师队伍建设的重中之重。

四是要有一定的创新能力。目前，人工智能的发展，多种智能技术、平台开始深入课堂和学习过程，已经对学校教育教学和课堂产生了深刻影响。有些已经成功成为连接城乡学校和校级之间名师资源共享的桥梁。而且，技术资源不仅可以解决教育资源和机会的不均衡，更为教育如何适应新时代及教育创新提供了新渠道。在教学实践中，人工智能可以协助教育教学，帮助学生和家长更好地判断学业水平、阶段及兴趣，这些个性化的智能评测和个性化服务，能够促进教育教学效果与质量。这就需要教师主动适应信息化、人工智能等新技术变革，积极有效开展教育教学。

五是要有仁爱之心。习近平总书记指出："爱是教育的灵魂，没有爱就没有教育。""好老师要用爱培育爱、激发爱、传播爱，通过真情、真心、真诚拉近同学生的距离，滋润学生的心田。""好老师应该把自己的温暖和情感倾注到每一个学生身上，用欣赏增强学生的信心，用信任树立学生的自尊，让每一个学生都健康成长，让每一个学生都享受成功的喜悦。"随着智慧课程和未来课程的引入，课堂形式会发生重大变革，教师不再是传统的课程讲授者，而是将工作重点放在与学生情感互动、创新互动以及其他综合互动之中，在学习过程中更体现为一位协助者。没有仁爱之心，是很难做到有效协助的。

（安雪慧　撰稿）

4　如何保障幼儿教师的权益和利益

党的十九大报告指出，坚持在发展中保障和改善民生。增进民生福祉是发展的根本目的，必须多谋民生之利、多解民生之忧，在发展中补齐民生短板、促进社会公平正义，在幼有所育、学有所教、劳有所得、病有所医、老有所养、住有所居、弱有所扶上不断取得新进展。要让近一亿 0 至 6 岁的适龄儿童和 400 多万幼儿教师，得到实实在在的“大礼包”。

2017 年，全国共有幼儿园 25.5 万所，在园幼儿 4 600 万人，全国学前三年毛入园率达到 79.6%，提前完成了《国家中长期教育改革和发展规划纲要（2010—2020 年）》提出的目标任务。2016 年用于幼教事业发展的投入是 2 800 多亿元，其中财政性投入 1 300 多亿元。投入总量这几年年均增长 16.9%，财政性资金五年增长了 77%。实施了两个学前教育三年行动计划，2017 年开始实施第三个行动计划。但是，幼儿教育发展方面也面临巨大挑战。由于底子薄、欠账多，学前教育发展不平衡、不充分，仍是教育体系中的薄弱环节。随着国家二孩政策的放开，又将迎来一拨入园高峰，这给原本就资源不足的幼儿园教育又增加了更大的压力。

现在发展学前教育，既要继续解决有没有的问题，更要下大力气解决好不好的问题。家长们希望，自己的孩子能够就近入园，入优质幼儿园，入便宜的幼儿园，即就近、优质、便宜。而我们现有的状况是：在众多的幼儿园里面，普惠性幼儿园不足，这个问题需要破解；财政保障和成本分担机制没有建立起来，这个问题需要解决；保教人员数量不足，水平不高，队伍不稳定，这个问题也需要解决。

目前，我国学前教育未纳入义务教育，公办幼儿园的发展实行双规制，即在编在岗教师财政全额拨款，同时收取学费保障学校发展，公办幼儿园聘用非在编教师（代课教师）。截至 2017 年，我国现有幼儿教职工 419 万人，专任教师 243 万人，其中代课教师（公办幼儿园聘用非在编教师）、民办校及培训机构专任教师近 185 万人，占幼儿专任教师比重为 76%。民办教师和代课教师是我们幼师队伍的主力军。保障教师的权益，稳定教师队伍，是发展学前教育的必要条件。

首先，建立财政部门以生均财政拨款、专项补助等政府购买服务的长效机制，支持解决好公办园非在编教师工资待遇问题，并逐步实现同工同酬。

其次，创新教师编制配备。适应加快推进教育现代化的紧迫需求和城乡教育一体化发展改革的新形势，充分考虑新型城镇化、全面二孩政策带来的新情况，根据幼儿教育发展需要，在现有编制总量内，统筹考虑、合理核定教职工编制，盘活事业编制存量，优化编制结构，有条件的地方出台公办幼儿园人员配备规范教职工编制标准。创新编制管理，加大幼儿园教职工编制统筹配置和跨区域调整力度，省级统筹、市域调剂、以县为主，动态调配。

最后，根据《劳动法》，应签订劳务合同，依据《社会保险法》《住房公积金管理条例》等规定，用人单位和职工要依法参加养老保险、医疗保险、失业保险、工伤保险、生育保险等五项社会保险，并缴纳住房公积金，保障非在编教师（代课教师）和民办教师的合法权益和利益，逐步实现同工同酬，使幼儿园更具活力，越办越好。同时依法保障和落实代课教师在业务培训、职务聘任、教龄和工龄计算、表彰奖励、科研立项等方面享有与公办学校教师同等权利。关键点在于维护教师职业尊严和合法权益，稳定幼教师资队伍。

（玉　丽　撰稿）

5　深入推进教育信息化有哪些有效途径

中国特色社会主义进入新时代，信息技术的飞速发展及其与教育教学的深度融合，展开了教育发展的新图景，是破解新时代教育矛盾，办成人民满意教育的重要途径。把“办好网络教育”写入党的十九大报告，标志着我国的教育信息化全面进入了“新时代”。如何深入推进教育信息化，进一步提高教育质量、提升教育管理、促进教育公平和推进教育现代化，是当前需要解决的命题。刚刚出台的《教育信息化 2.0 行动计划》，为推进新时代教育信息化新发展提出新目标、新思路、新举措。

《教育信息化 2.0 行动计划》提出，到 2022 年基本实现“三全两高一大”的发展目标，即教学应用覆盖全体教师、学习应用覆盖全体适龄学生、数字校园建设覆盖全体学校，信息化应用水平和师生信息素养普遍提高，建成“互联网＋教育”大平台，推动从教育专用资源向教育大资源转变、从提升师生信息技术应用能力向全面提升其信息素养转变、从融合应用向创新发展转变，努力构建“互联网＋”条件下的人才培养新模式、发展基于互联网的教育服务新模式、探索信息时代教育治理新模式。

具体来讲，深入推进教育信息化，需要引入新思路：一是进一步从建设走向应用，以应用为驱动有效提升教育信息化的建设水平；二是进一步从单点到全局，从教育改革的重要内容和手段，转向推动我国教育发展，实现教育现代化全局战略的使命；三是进一步从条线到融合，在原先建设的基础上，加强系统、平台、资源的互联融合，加强建设、管理的统筹，实现教育信息化协调、有序发展。

《国家教育事业发展“十三五”规划》明确提出，推进“教育信息化教育”发展，需要继续推进“三通两平台”建设与应用，推进数字教育资源普遍开放共享。面向教育发展落后地区和特殊人群，提供公益性数字教育资源服务。加快教育大数据建设与开放共享。发展现代远程教育和在线教育，实施“互联网＋教育培训”行动，支持“互联网＋教育”教学新模式，发展“互联网＋教育”服务新业态。在此基础上，《教育信息化 2.0 行动计划》提出在“十三五”期间，明确教育信息化要在以下三个方面具体发力：一是继续深入推进“三通两平台”，实现三个方面普及应用。“宽带网络校校通”实现提速增智，所有学校全部接入互联网，带宽满足信息化教学需求，无线校园和智能设备应用逐步普及。“优质资源班班通”和“网络学习空间人人通”实现提质增效，在“课堂用、经常用、普遍用”的基础上，形成“校校用平台、班班用资源、人人用空间”。教育资源公共服务平台和教育管理公共服务平台实现融合发展。实现信息化教与学应用覆盖全体教师和全体适龄学生，数字校园建设覆盖各级各类学校。二是持续推动信息技术与教育深度融合，促进两个方面水平提高。促进教育信息化从融合应用向创新发展的高阶演进，信息技术和智能技术深度融入教育全过程，推动改进教学、优化管理、提升绩效。全面提升师生信息素养，推动从技术应用向能力素质拓展，使之具备良好的信息思维，适应信息社会发展的要求，应用信息技术解决教学、学习、生活中问题的能力成为必备的基本素质。加强教育信息化从研究到应用的系统部署、纵深推进，形成研究一代、示范一代、应用一代、普及一代的创新引领、压茬推进的可持续发展态势。三是构建一体化的“互联网＋教育”大平台。引入“平台＋教育”服务模式，整合各级各类教育资源公共服务平台和支持系统，逐步实现资源平台、管理平台的互通、衔接与开放，建成国家数字教育资源公共服务体系。充分发挥市场在资源配置中的作用，融合众筹众创，实现数字资源、优秀师资、教育数据、信息红利的有效共享，助力教育服务供给模式升级和教育治理水平提升。

（许海霞　撰稿）

6 如何通过“互联网+教育”进一步提升我国教育质量

2017年颁布的《国家教育事业发展“十三五”规划》（以下简称《规划》）首次对“互联网＋教育”的内涵外延、建设路径进行了系统阐释，明确将教育置于互联网的大背景、大格局中，以“互联网＋教育”的方式整体推动我国教育发展，提升我国教育质量。具体来讲，可以从理念和资源两个维度，阐释“互联网＋教育”对教育质量的提升作用。

第一，“互联网＋教育”全力推动信息技术与教育教学深度融合。坚持信息技术与教育教学深度融合，是“互联网＋教育”的核心理念。持续推动信息技术与教育深度融合，促进两个方面水平提高。促进教育信息化从融合应用向创新发展的高阶演进，信息技术和智能技术深度融入教育全过程，推动改进教学、优化管理、提升绩效。全面提升师生信息素养，推动从技术应用向能力素质拓展，使之具备良好的信息思维，适应信息社会发展的要求，应用信息技术解决教学、学习、生活中问题的能力成为必备的基本素质。加强教育信息化从研究到应用的系统部署、纵深推进，形成研究一代、示范一代、应用一代、普及一代的创新引领、压茬推进的可持续发展态势。

具体来讲，建设课程教学与应用服务有机结合的优质在线开放课程和资源库，全面推进“优质资源班班通”，鼓励教师利用信息技术提升教学水平、创新教学模式，利用翻转课堂、混合式教学等多种方式用好优质数字资源。深入推进“网络学习空间人人通”，形成线上线下有机结合的网络化泛在学习新模式。引导学校与教师依托网络学习空间记录学生学习过程，进行教学综合分析，创新教学管理方式。鼓励学校利用大数据技术开展对教育教学活动和学生行为数据的收集、分析和反馈，为推动个性化学习和针对性教学提供支持。支持各级各类学校建设智慧校园，综合利用互联网、大数据、人工智能和虚拟现实技术探索未来教育教学新模式。鼓励高等学校基于互联网开展学历与非学历继续教育。

第二，“互联网＋教育”推进优质教育资源共建共享。以“互联网＋教育”大平台为载体，推动从教育专用资源向教育大资源转变，整合各级各类教育资源公共服务平台和支持系统，逐步实现资源平台、管理平台的互通、衔接与开放，建成国家数字教育资源公共服务体系。充分发挥市场在资源配置中的作用，融合众筹众创，实现数字资源、优秀师资、教育数据、信息红利的有效共享，助力教育服务供给模式升级和教育治理水平提升。

具体来讲，着力加强“名师课堂”“名校网络课堂”“专递课堂”“在线开放课程”等信息化教育教学和教师教研新模式的探索与推广，加快优质教育资源向农村、边远、贫困、民族地区覆盖；积极鼓励高等学校和职业学校依托优势学科专业开发具有竞争力的在线开放课程，制定在线开放课程教学质量评价标准和学分认定管理办法，将在线课程纳入培养方案和教学计划。鼓励学校或地方通过与具备资质的企业合作、采用线上线下结合等方式，推动在线开放资源平台建设和移动教育应用软件研发。整合各类优质教育资源，推进资源普遍开放共享，鼓励师生共建共享优质资源，加快推动教育服务模式和学习方式的变革。

（许海霞　撰稿）

7　大数据技术在教育领域的重大应用有哪些

党的十八大以来，党中央、国务院对信息技术的重视程度前所未有，《促进大数据发展行动纲要》《新一代人工智能发展规划》等有关政策密集出台。其中，《促进大数据发展行动纲要》中明确提出建设“教育文化大数据”，教育大数据已成为国家战略，教育大数据建设迎来重大历史发展机遇。习近平总书记在致首届国际教育信息化大会的贺信中指出“积极推动信息技术与教育融合创新发展”，这种融合就是利用现代信息技术催生教育现代化变革的进程。

如今，数据作为战略资源如能源一样被各国重视，有人将数据比作“新石油”。中国在人工智能领域多项技术处于先进行列，与美国一起引领发展。麦肯锡董事长鲍达民认为中国在人工智能方面蕴藏着巨大的潜力，一个最根本的原因是拥有海量的数据。我国教育数据异常丰富，是国家重要战略资源。2016 年，全国共有学校 51.2 万所，各级各类学生近 3.2 亿人，专任教师共计 1 578 万人。高等教育在学总规模 3 699 万人，占世界高等教育总规模的比例达到 20%。庞大的基数产生了庞大的教育基础数据以及伴生数据，这是国家的核心数据之一，应为使其在推进教育现代化进程中发挥优势给予充分利用。

大数据在推进教育现代化变革中基础性作用的具体体现在：能支持适应性教学，使因材施教成为可能。基于学习者的个体特征和学习状况的数据，大数据技术为追踪和整合这些数据，对学生进行个性化支持提供了可能。在商业化的在线学习平台中，适应性学习已经较为成熟。能发现教育新规律，大数据技术突破了小样本和个案研究的局限。在教育大数据技术的驱动下，研究者可以量化学习过程和学习状态，更快速准确地找到影响因素和干预策略，发现曾经被遮蔽的教育新规律，大大拓展探索教育规律的广度。能促进教育领域人工智能应用的开发。人工智能已经影响到社会生活的方方面面，教育领域也不例外，已经在教学和科研中体现价值，教育大数据建设对促进教育领域人工智能应用的开发具有关键作用。能服务于精准管理与决策。大数据对于教育部门的精准管理和科学决策，可以起到重要的支持作用，有效避免教育管理中粗放和由直觉驱动的问题。中央现在提出精准扶贫，底气正是来自大数据技术的支撑。另外，教育大数据还能及时准确把握教育舆情并回应社会关切，能全方位全过程进行个人评价、促进高考招生录取改革，能使多种教育评估更简单快捷等等。总之，大数据技术在实现教育现代化的进程中具有基础性作用。

教育界对教育大数据的认识还没有上升到国家战略的高度，教育大数据建设存在一些短板。教育数据分散，教育信息孤岛现象较为严重，没有实现共享；教育数据的收集和分析手段需要改进。目前，“报送式收集”仍主导教育数据收集方式，“伴随式收集”没有真正实现。国家应尽快建立统一的教育大数据管理中心，补齐教育大数据建设的短板，为实现教育现代化打下坚实基础。

（张　伟　撰稿）

8　人工智能将如何影响教育变革

现代信息技术在教育领域的运用，产生了大量宝贵数据。“互联网+教育”实现了互联网与教育的深度融合，海量的教学与学习资源汇聚到云端，推动教育的升级或转型，建立新的教育形态。通过互联网、物联网以及各类学习终端设备与教育的结合，产生出宝贵的教育大数据，数据是人工智能的基础，激发了教育人工智能的兴起。人工智能影响到教育的方方面面，正悄然引发新一场教育变革。

首先，在培养人的能力认识上发生了改变。自工业革命以来，先进技术一直在取代人类的一些蓝领工作岗位，人工智能的发展不仅仅波及体力工作，可能改变专业工作的形态。法律科技已被证明擅长整理和分析法律文件，其速度远远快于初级律师。例常的会计工作正让位于人工智能，造成更多初级员工失业。牛津大学最近的一项研究估计，美国近一半工作岗位在未来 20 年面临被自动化和电脑取代的风险。这种变化的速度将远远超过教育体系，教育不能把重点继续放在显性知识的传授上，要构建培养人工智能无法效仿的能力，包括：创造力、创新、处理冲突、模棱两可和不确定性等问题。对此，教育还没有做好准备。

其次，人工智能已经在教育各环节得到广泛应用。人工智能在教育领域的应用技术主要包括图像识别、语音识别、人机交互等。人工智能与互联网技术的结合，能构建符合主场景的环境，师生可以进行跨时空的互动，人机交互技术可以协助教师为学生在线答疑解惑。通过图像识别技术，人工智能将老师从繁重的批改作业和阅卷工作中解放出来，提高教师的工作效率。语音识别和语义分析技术可以辅助教师进行英语口试测评，改进学生的英语发音。记录整合教育教学行为。随着教育教学信息数字化，对数据进行处理以更好地聚合、分发，给师生提供越来越个性化的服务。提供更科学的教育评价。人工智能下的教育平台，能打通分散的数据中心，把数据的作用充分发挥出来，有能力把每个人的教育全程记录，进行横行纵向和不同角度分析，教育评价的科学性将实现质的突破。对于学校招生录取，学生专业选择，职业规划的作用不可限量。促进了相关学科发展。自 2003 年北京大学提请建立智能科学系，并于 2004 年招收首批本科生后，至今十多年的时间里，随着人工智能的崛起，越来越多的高校开设此专业，人工智能是一个多学科交叉的领域，带动了相关科学的研究转型升级。

虽然目前人工智能技术在教育中的应用尚处于起步阶段，但随着人工智能技术的进步，未来其在教育领域的应用程度或将加深，应用空间或许会更大。在人工智能时代，教育技术不再是教育里锦上添花的辅助性事业，它的作用越来越核心化。

（张　伟　撰稿）

七　如何理解并统筹推动教育开放

1　教育如何增强文化自信

文化是一个国家、一个民族的灵魂。文化兴国运兴，文化强民族强。没有高度的文化自信，没有文化的繁荣兴盛，就没有中华民族伟大复兴。在坚持中国特色社会主义道路自信、理论自信、制度自信、文化自信中，最根本的是文化自信。文化自信是更基础、更广泛、更深厚的自信，是一个国家、一个民族发展中更基本、更深沉、更持久的力量。中国特色社会主义文化自信是发自内心的对中国特色社会主义文化的价值、能力和前途的坚信。这种自信离不开教育的培养。

文化是教育的灵魂，并通过教育传承、创新。博大精深的中华优秀传统文化是中华民族的基因，是涵养社会主义核心价值观的重要源泉，是我们在世界文化激荡中站稳脚跟的根基。增强文化自信必须扎根中国大地办教育，必须坚持立德树人的根本任务，用中华民族五千多年文明历史所孕育的中华优秀传统文化，党领导人民在革命、建设、改革中创造的革命文化和社会主义先进文化为广大青少年强基固本。

增强文化自信，要以德润心。“国无德不兴，人无德不立。”中华优秀传统文化是中华民族语言习惯、文化传统、思想观念、情感认同的集中体现，凝聚着中华民族普遍认同和广泛接受的道德规范、思想品格和价值取向。社会主义核心价值观，既是个人的德，也是国家的德、社会的德，是中华民族优秀传统文化、社会主义革命文化和先进文化的高度概括。“养大德者方可成大业。”面对世界范围思想文化交流交融交锋形势下价值观较量的新态势，面对改革开放和发展社会主义市场经济条件下思想意识多元多样多变的新特点，培育和践行社会主义核心价值观是增强文化自信的基础工程。只有坚持课堂教育与实践教育相结合，学校教育、家庭教育、社会教育相结合，将社会主义核心价值观由抽象的概念转化为校园里、课堂上、生活中常态化的具体生动示范和实践，才能让社会主义核心价值观真正走进孩子们的心里，去润泽心灵、陶冶情操、升华人格，感受民族文化的深厚力量，增强对民族文化的认同。

增强文化自信，要以文化人。把中华优秀传统文化教育系统融入课程和教材体系，并加强教学的针对性、实效性。在教学中要讲清楚每个国家和民族的历史传统、文化积淀、基本国情不同，其发展道路必然有着自己的特色；讲清楚中华文化积淀着中华民族最深沉的精神追求，是中华民族生生不息、发展壮大的丰厚滋养；讲清楚中华优秀传统文化是中华民族的突出优势，是我们最深厚的文化软实力；讲清楚中国特色社会主义植根于中华文化沃土、反映中国人民意愿、适应中国和时代发展进步要求，有着深厚历史渊源和广泛现实基础。

以文化人要分学段有序推进。小学低年级，以培育学生对中华优秀传统文化的亲切感为重点，开展启蒙教育，培养学生热爱中华优秀传统文化的感情。小学高年级以提高学生对中华优秀传统文化的感受力为重点，开展认知教育，让学生了解中华优秀传统文化的丰富多彩。初中阶段，以增强学生对中华优秀传统文化的理解力为重点，提高对中华优秀传统文化的认同度，引导学生认识我国统一多民族国家的文化传统和基本国情。高中阶段，以增强学生对中华优秀传统文化的理性认识为重点，引导学生感悟中华优秀传统文化的精神内涵，增强学生对中华优秀传统文化的自信心。大学阶段，以提高学生对中华优秀传统文化的自主学习和探究能力为重点，培养学生的文化创新意识，增强学生传承弘扬中华优秀传统文化的责任感和使命感。

只有通过教育不断增强文化自信，才能让由广大青少年组成的中华民族伟大复兴中国梦的“梦之队”用青春和坚毅去点燃梦想、实践梦想，而不是成为由“空心的人”“缺钙的人”“精致的利己主义者”“历史虚无主义者”“文化虚无主义者”构成的“一盘散沙”，才能在全面建成中国特色社会主义现代化强国的新征程中，更好地构筑中国精神、中国价值、中国力量。

（涂端午　撰稿）

2　如何全面理解教育对外开放战略

2012 年《国家教育事业发展“十二五”规划纲要》提出实施教育对外开放战略，坚持以开放促改革、促发展，提高我国教育的国际化水平。2016 年中共中央办公厅、国务院办公厅印发《关于做好新时期教育对外开放工作的若干意见》，指出要以服务党和国家工作大局为宗旨，统筹国内国际两个大局，坚持扩大开放，做强中国教育，推进人文交流，不断提升我国教育质量、国家软实力和国际影响力，为实现“两个一百年”奋斗目标和中华民族伟大复兴的中国梦提供有力支撑。这为我们做好新时代教育对外开放工作提供了基本遵循。

党的十九大报告强调指出，中国坚持对外开放的基本国策。教育对外开放是我国对外开放事业的重要组成部分，不仅在国家经济社会发展中发挥着基础性、全局性、先导性作用，而且因其在全球教育治理中具有凝神聚力、善于借力、绵绵蓄力、持续发力的独特作用，是塑造全球教育治理格局乃至影响世界政治、经济格局的深层力量。在中国特色社会主义新时代，教育对外开放承载着教育强国建设、助推“一带一路”建设和参与构建人类命运共同体三大历史使命。

党的十九大报告指出，建设教育强国是中华民族伟大复兴的基础工程。改革开放是强国之路，教育对外开放是建设教育强国的必由之路。教育对外开放要为教育强国建设凝心聚力、立柱架梁。坚持社会主义核心价值体系这一基本方略，在教育对外开放中加强社会主义核心价值观、理想信念和中华优秀传统文化教育，牢固树立“四个自信”，既不妄自菲薄，也不妄自尊大，坚持借鉴与弘扬并重，不忘本来、吸收外来、面向未来，不断增强教育的凝聚力。通过扩大教育对外开放助推教育“四梁八柱”改革不断深化，以支撑创新驱动发展战略、服务经济社会为导向，推动一批高水平大学和学科进入世界一流行列或前列，培养一流人才，产出一流成果，不断增强教育的核心竞争力。在积极参与全球教育治理中，吸引更多的海外栋梁之才、知华、友华人士投身到“双一流建设”和教育强国建设中来，投身到中华民族伟大复兴的大业中来。

“一带一路”建设是当前和今后一段时期我国改革开放最鲜明的特征。教育对外开放要以“一带一路”建设为重点，以《推进共建“一带一路”教育行动》为抓手，不断促进沿线各国教育与人文互联互通，建设好“一带一路”教育共同体，共育急需人才，这是“一带一路”建设的基础工程。

“战争起源于人之思想，故务需于人之思想中筑起保卫和平之屏障”（联合国教科文组织）。教育对外开放是增进各国人民友谊的桥梁、推动人类社会进步的动力、维护世界和平的纽带，在增强各国人民人类命运共同体意识，凝聚全球治理共识，促成全球协调一致应对共同挑战方面具有不可替代的作用。通过教育对外开放积极参与全球教育治理，共商共建共享“持久和平、普遍安全、共同繁荣、开放包容、清洁美丽”的新世界是一个人口大国、发展中大国和教育大国的应有担当，也是建设世界教育强国的客观要求。

（涂端午　撰稿）

3　发达国家有哪些重要的教育国际化战略和政策

教育的国际化是对经济全球化挑战的回应，是一个影响社会和教育发展方向的重要现象。越能培养、引进和留住优秀人才的国家，越具有国际竞争优势，进而越能将教育推向国际竞争的前沿。在此背景下，近年来，各发达国家纷纷出台教育国家化战略和政策，积极促进学生、教师、课程和项目的流动，增强本国教育的国际影响力，把握国际教育主动权。

美国的“国际教育发展战略”。2012 年 11 月，美国联邦教育部颁布了为期 5 年的国际教育政策文本《美国教育部 2012—2016 国际战略》。该文件将美国国际教育上升至国家战略层面，以“通过国际教育与合作在全球中取得成功”为题，系统阐释了美国国际教育的价值取向、目标体系和具体的推进策略。该战略提出加强高校的区域问题和国际问题研究、外语教育与国际商业教育；进一步实现大中小学的教、学国际化；促进国际研究，以应对外交决策、国防安全挑战，解决全球问题和国际实业的需要；加强高等学校的国际交流与合作；以及增加美国学生出国留学与实习的比例。

加拿大的《国际教育是加拿大未来繁荣的关键动力》。加拿大联邦政府于2012年8月出台《国际教育是加拿大未来繁荣的关键动力》的战略规划书。作为加拿大高等教育第一份由国家层面出台的政策，该战略从质量、政策与各方合作等方面对今后十年的高等教育国际化路径进行了细致的规划，成为加拿大各高校践行国际化的发展指南。该战略从鼓励学生流动、从政策上保障本国高等教育的世界竞争力、提升国际化教育质量及品牌管理战略、承诺对国际学生学者的教育经费投入、完善相应的行政支持（签证等）等五个方面，对加拿大未来十年的国际化教育进行了系统规划。

欧盟委员会的《欧洲高等教育的世界战略》和“伊拉斯谟计划（2014—2020年)”。欧盟委员会在2013年发布了《欧洲高等教育的世界战略》，以推动实现“欧洲2020战略”目标。这一战略聚焦欧盟国家学生及教职人员的国际流动、课程和在线教学的国际化及质量提升和战略型合作伙伴关系的建立以及自身能力建设。同时，欧盟继续实施促进高等教育国际交流的“伊拉斯谟计划(2014—2020年)”，大幅提升用于跨国学习的教育和培训经费，鼓励高等教育的人员流动。

俄罗斯的“‘全球教育’发展规划”。2011年，俄罗斯政府出台“全球教育”项目计划，培养和招募具有国际背景的本国人才。该计划还配套专项经费，每年资助2 000名俄罗斯大学生到国外学习，并为已经在海外一流高等教育机构特定专业就读的俄罗斯学生提供学费，毕业以后这些学生将被引进到俄罗斯重要经济领域工作。

日本的《全球化人才培养战略》。2012年6月，日本发表题为《全球化人才培养战略》的审议报告，就日本应对“全球化时代”的人才培养战略做出全面部署。这一战略聚焦学生流动，不仅要扩大来日外国留学生和海外日本留学生的规模，同时还要改善机关与企业的用人机制，为具有海外留学和生活经历的年轻人创造更多的机会。

韩国一系列的“留学韩国计划”。韩国将提升留学生作为高等教育国际化的重中之重，分别于2004年出台《2005—2012留学韩国计划》、2011年出台《外国留学生招生及管理水平认证制度》、2012年底出台《留学韩国2020计划》，大幅提高外国留学生来韩留学规模，加强对接收留学生院校的管理，提升外国留学生的质量，并建立“国际亲韩知韩人才库”。

除了国家层面的综合战略，各国还纷纷出台具体政策，激烈抢占留学生市场。比如，美国放宽签证条件，允许符合条件的科学、技术、工程和数学（STEM）特定学位项目的外国留学生毕业后继续在美工作实习；加拿大发布留学生满意度报告，改善留学环境；俄罗斯扩大外国留学生招生名额，并简化录取留学生的相关程序等。

（许海霞　撰稿）

4　如何理解“支持留学、鼓励回国、来去自由、发挥作用”方针

2013 年 10 月，习近平在欧美同学会成立 100 周年庆祝大会上做重要讲话时强调，党和国家将按照“支持留学、鼓励回国、来去自由、发挥作用”的方针，把做好留学人员工作作为实施科教兴国战略和人才强国战略的重要任务。习近平总书记这一强调“发挥作用”的十六字方针，具有丰富的思想内涵，是做好新时代出国留学工作的指导方针和中国特色的出国留学思想的核心内容。

出国留学事业历来与国家和民族命运紧密相连，既是对外开放的先声，也是对外开放基本国策的重要内容。中华人民共和国成立近 70 年特别是改革开放 40 年来，党和国家高度重视出国留学事业，把出国留学工作放到关系国家现代化建设、社会主义命运的高度，提出一系列重大方针政策。1978 年，邓小平率先做出扩大派遣留学生的重要指示，将派遣留学人员作为对外开放，加快教育、科技和现代化急需人才培养的有效手段。当时，我国出国留学主要以公派为主，所确定的具体政策是“突出重点、统筹兼顾、保证质量、力争多派”。1986 年，政策调整为“按需派遣、保证质量、学用一致”。此后，党和国家把出国留学的派出与回国统筹兼顾、并重推进，1992 年 8 月确定“支持留学、鼓励回国、来去自由”，党的十四大和十五大也都强调“鼓励留学人员回国工作或以适当方式为祖国服务”。党的十八大以来，以习近平同志为核心的党中央对出国留学工作做出一系列重要部署，高度重视做好留学人员工作，将“支持留学、鼓励回国、来去自由”的十二字方针拓展为以“发挥作用”为核心的十六字方针，强调要

以更大力度推进“千人计划”“万人计划”，千方百计创造条件，使留学人员回到祖国有用武之地，留在国外有报国之门。正是在上述方针政策指引下，我国出国留学事业不断向前发展，助力国家教育、科技事业和经济社会实现跨越式发展。梳理出国留学40年相关数据，不难发现，留学回国人数稳步提升，高层次人才回流趋势明显。其间各类出国留学人员中，有共计313.2万名留学生在完成学业后选择回国发展，占已完成学业留学生人数的83.73%。特别是党的十八大以来，随着留学回国人数的不断攀升，已有231.36万人学成归国，占改革开放以来回国总人数的73.87%。从确立教育优先发展战略，到把实施科教兴国作为基本国策，再到人才强国战略，教育对外开放为我国现代化发展奠定了坚实的基础，一批批海外留学归来的学子投身其中，发挥着不可替代的作用。“发挥作用”正在从政策转化为现实。

改革开放30多年来形成的中国特色的出国留学思想，是做好出国留学工作、推进留学事业发展的根本遵循。其中，坚持党的领导是根本保证；解放思想与时俱进是前提条件；服务国家发展战略和需求是目标导向；建设以人为本的管理体系是制度保障；十六字方针则是核心内容。一方面，出国留学工作是培养高层次人才、服务国家战略的重要途径，也是提升国家软实力的重要战略选项，必须根据时代发展变化、国家发展战略做好出国留学工作的顶层设计，使广大留学人员能学有专攻、学以致用。伴随着我国高等教育迈向普及化阶段，在我国人才培养已形成“面上铺开”格局和自费留学成为主体的背景下，要进一步加强顶层设计，国家公派留学要始终立足国家战略全局最紧迫的需求进行谋划，强化公派留学引领作用，强化高端引领并在若干关键领域形成人才高地。同时，要进一步重视引导出国留学的多数人群，关心爱护支持他们，鼓励他们学习国家发展建设急需的学科专业，借鉴世界教育科技强国发展经验，注意从他们中发现和培养具有国际视野和竞争能力的优秀人才。另一方面，出国留学工作说到底就是做人的工作，必须坚持以人为本，协同推进改革，优化资源配置方式，为广大留学人员创造更好的留学和施展才干的环境。做好“以人为本”“发挥作用”的出国留学工作，是提升中国教育国际化水平、做好新时期教育对外开放工作、努力办好人民满意的优质而又公平的社会主义现代化教育的重要组成部分，对建设教育强国和社会主义现代化强国具有重大的战略意义。

（熊建辉　撰稿）

5　如何看待中外合作办学这类“不出国门的留学”

中外合作办学是实现学生不出国留学的重要手段，也是我国借鉴世界经验、引进优质资源的试验田。作为国际教育合作与交流的重要形式，中外合作办学对推进我国教育体制机制改革，合理引进、有效利用国外优质教育资源，促进学科建设，培养高素质的国际化人才，服务国家和地方经济社会发展，促进教育高水平对外开放，发挥了重要的积极作用，同时也在一定程度上满足了人民群众多样化的教育需求。

党的十八大以来，中外合作办学发展情况总体较好，保持了高水平、示范性中外合作办学快速发展的势头，社会关注度、信誉度、品牌度有所提升，社会影响力扩大，对促进教育改革发展、推动教育对外开放的作用进一步凸现。截至 2017 年 4 月，我国共有各类中外合作办学机构和项目 2 543 个，合作覆盖 36 个国家和地区，本科以上二级机构和项目 1 212 个，涉及理工、农医、人文社科等 12 大学科门类 200 多个专业，已培养毕业生 55 万，极大丰富了我国优质教育资源供给。近 5 年批准设立的本科以上中外合作办学机构中，中方合作院校中的 84%为“985 工程”“211 工程”或省部共建高水平高校，外方合作院校中 61%为全球 QS 排名前 200 高校。通过与世界一流大学合作，上海纽约、昆山杜克、广东以色列理工、北理莫斯科等一批高水平中外合作办学法人机构和中山大学中法核工程与技术学院、中国科学院大学中丹学院、天津朱利安音乐学院等一批高起点、示范性中外合作二级学院相继成立，让学生不出国门就能接受到国外优质教育资源。

当前，中外合作办学进入以提质增效为基本特征的新阶段。经审批机关批准设立或举办的中外合作办学机构和项目已达到 2 590 个。其中，本科以下层次中外合作办学机构和项目数 1 303 个；本科及以上层次中外合作办学机构和项目数 1 287 个，独立法人大学 9 所，非独立法人资质的二级学院 82 个。据相关统计资料表明，各级各类中外合作办学在校生总数约 55 万人，其中高等教育阶段的在校生约 45 万人，占全日制普通高等学校在校生规模的 1.4%；高等教育阶段中外合作办学毕业生总数已超过 150 万人。中外合作办学已经由中国教育事业的补充部分转变为重要组成部分，发展成为我国教育特别是高等教育的重要增长极、建设世界教育强国的重要力量。高水平示范性中外合作办学机构和项目引进了国际优质教育资源，既满足了人民群众对教育多样化、优质化的要求，又发挥了辐射作用，为我国教育体制机制改革、现代大学制度建设、课程教学建设提供了可资观察、研究和借鉴的模板。

下一步，要进一步简政放权，完善中外合作办学体制机制。落实和扩大高校办学自主权，鼓励引进境外优质教育资源，提升中外合作办学服务地方经济建设的效率和水平。在审批相关中外合作办学机构和项目时，要求地方政府或者教育行政主管部门将拟申报项目纳入当地教育事业整体发展规划。同时，教育部积极推动与有关省市建立本科及以上层次中外合作办学项目部省（市）联合审批机制，对本科及以上层次中外合作办学项目，以本地为主，按照区域统筹、总量控制的原则，通过部省（市）共同组织评审专家，联合审议。推动高职高专层次中外合作办学向形式性备案转变，鼓励借鉴发达国家和地区先进职业教育办学理念与模式，提升高职高专层次合作办学总体水平。与此同时，加强事中事后监管，提升中外合作办学教学质量和内涵建设。在开展中外合作办学机构和项目评议评估工作时，坚持以引进优质教育资源为导向，以提高教育竞争力为核心，以培养高素质国际化人才为宗旨。要引导在办机构和项目实现从规模发展向内涵建设转变，从模仿复制到合作创新转变，从学生流动向能力提升、聚焦优质转变。

（熊建辉　撰稿）

6　如何推动“一带一路”教育合作

《国家教育事业发展“十三五”规划》提出“优化教育对外开放布局”，首次提出“实施共建‘一带一路’教育行动”。党的十九大报告进一步提出“推动形成全面开放新格局”，并指出，“中国开放的大门不会关闭，只会越开越大。要以‘一带一路’建设为重点，坚持引进来和走出去并重，遵循共商共建共享原则，加强创新能力开放合作，形成陆海内外联动、东西双向互济的开放格局”。这一论断标志着推动教育领域的“一带一路”建设，事关新时代我国教育对外开放的新局面。

关于如何在教育领域落实“一带一路”建设，教育部专门印发《推进共建

“一带一路”教育行动》，聚力构建“一带一路”教育共同体，“为推动区域教育大开放、大交流、大融合提供了大契机”。该教育行动明确了“教育行动五通”，即加强教育政策沟通、助力教育合作渠道畅通、促进沿线国家语言互通、推进沿线国家民心相通、推动学历学位认证标准联通作为五大基础性举措，开展教育互联互通合作。

具体来讲，切实推动“一带一路”的教育合作，需要从以下几个方面着力合作：

首先，开展教育互联互通合作。一是加强学历学位互认，推动人才通畅流动。截至 2017 年 4 月，教育部已与 46 个国家和地区签订了学历学位互认协议，其中包括 24 个“一带一路”国家。二是促进沿线国家语言互通。党的十八大以来共派出外语非通用语种人才 3 454 人，仅 2016 年就派出 1 036 人，涉及 42 个非通用语种、62 个国家，其中 32 个为“一带一路”沿线国家。三是组织开展国别和区域研究，全面加强对沿线国家的理解，为推进民心相通提供智力支撑。党的十八大以来共派出 1 207 人，共涉及 60 个国家，其中 35 个为“一带一路”沿线国家。

其次，加强人才培养培训合作。一是加大向沿线国家派出力度。2016 年，我国共派出 3 291 人，同上年比增长 24%。二是培育“留学中国”品牌。党的十八大以来，“一带一路”沿线国家学生数量增长明显。2016 年，沿线 64 国在华留学生共 207 746 人，同比增幅达 13.6%，高于各国平均增速；“一带一路”沿线国家奖学金生占比 61%，比 2012 年提高了 8.4 个百分点。在“一带一路”建设推进过程中，更加注重来华留学高端人才培养，设立卓越奖学金项目，培养发展中国家青年精英和未来领导者；我国不断加大中国政府奖学金投入，专门设立“丝绸之路”中国政府奖学金项目，每年向沿线国家额外提供总数不少于 3 000个奖学金新生名额；优化来华留学政策法规环境，构建完整的来华留学政策链条，将政府奖学金学历生比例提升至 90%；加强来华留学质量建设、建立质量标准体制和质量保障机制，推动品牌专业和品牌课程建设不断升级。三是稳妥推进境外办学。截至 2016 年，我国高校已在境外举办了 4 个机构和 98 个办学项目，分布在 14 个国家和地区，大部分分布在“一带一路”沿线地区。

最后，加强国内体制机制支撑，形成省部推进“一带一路”教育行动网络。教育部已与 14 省（区）签约，基本实现了与主要节点省（区）签约的全覆盖，基本形成省（区）推进“一带一路”教育行动网络。各省（区）立足区位优势和地方特色，有序与沿线国家建立合作机制。宁夏重点加强与阿拉伯国家及“丝绸之路”沿线国家建立一批中阿联合研究机构和智库；贵州依托“中国—东盟教育交流周”，广泛开展与东盟等“一带一路”沿线国家的教育交流与合作；海南将重点加强与“丝绸之路”国家及中东欧国家、中亚国家在人文交流、双向合作办学、双向留学等方面的教育合作与交流；新疆将与俄罗斯和哈萨克斯坦、吉尔吉斯斯坦、塔吉克斯坦等中亚国家在教育对外开放，尤其是汉语国际教育与推广方面，开展合作与交流。

（许海霞　撰稿）

7　如何加强和改进中外人文交流

中外人文交流是党和国家对外工作的重要组成部分，是夯实中外关系社会民意基础、提高我国对外开放水平的重要途径。党和政府一贯高度重视中外人文交流工作，特别是党的十八大以来，以习近平同志为核心的党中央高度重视人文交流工作，中外人文交流事业蓬勃发展，谱写了新的宏伟篇章，为我国对外开放事业的推进做出了重要贡献，有力推动了全球范围内的人文交流与文明互鉴。2017 年 7 月，习近平总书记主持中央全面深化改革领导小组会议，审议通过了《关于加强和改进中外人文交流工作的若干意见》。之后，中共中央办公厅、国务院办公厅印发了文件并发出通知，要求各地区各部门结合实际认真贯彻落实。党的十九大报告和 2018 年政府工作报告，也都对加强人文交流做了重要部署，要求我们加强中外人文交流，以我为主，兼收并蓄，推进我国国际传播能力建设，讲好中国故事，展现真实、立体、全面的中国，提高国家文化软实力。

当前，加强和改进中外人文交流，各地区各部门要结合深入学习贯彻党的十九大精神和习近平新时代中国特色社会主义思想，加强党对中外人文交流工作的领导，坚持正确政治方向，立足党和国家工作大局，加强统筹部署，确保中外人文交流工作稳中求进。各级领导干部要高度重视、主动参与人文交流工作，切实把党的领导贯穿于人文交流工作全过程。重点要按照《关于加强和改进中外人文交流工作的若干意见》的部署，做好以下八个方面的工作：

一要以服务国家改革发展和对外战略为根本，以促进中外民心相通和文明互鉴为宗旨，创新高级别人文交流机制，改革各领域人文交流内容、形式、工作机制，将人文交流与合作理念融入对外交往各个领域。二要坚持以人为本、平等互鉴、开放包容、机制示范、多方参与、以我为主、改革创新等原则，着力推动人文交流理念更加深入人心，各地区各部门以及全社会开展人文交流与合作的能力进一步增强，各负其责、协同联动的工作机制基本形成；着力推动中外人文交流渠道更加畅通，平台更加多元，形式内容更加丰富，形成一批具有中国特色、国际影响的人文交流品牌；着力推动我国吸收借鉴国外先进文明成果取得更大进展。三要创新高级别人文交流机制，充分发挥元首外交和首脑外交的引领作用，充分发挥高级别人文交流机制的示范带动作用，巩固深化我国同有关国家的人文合作。通过集成整合和改革创新，进一步汇聚资源、丰富内容，重心下沉、贴近民众，探索新的交流形式和合作领域。依托高级别人文交流机制推动区域人文交流，扩大参与国家范围，进一步发挥机制在区域人文交流中的辐射和带动作用。四要丰富和拓展人文交流的内涵和领域，打造人文交流国际知名品牌。坚持走出去和引进来双向发力，重点支持汉语、中医药、武术、美食、节日民俗以及其他非物质文化遗产等代表性项目走出去，深化中外留学与合作办学，高校和科研机构国际协同创新，文物、美术和音乐展演，大型体育赛事举办和重点体育项目发展等方面的合作。在人文交流各领域形成一批有国际影响力的品牌项目，进一步丰富中外人文交流年度主题。五要健全全社会广泛参与的体制机制，充分调动中央与地方、政府与社会的积极性，进一步挖掘各地方、各部门、各类组织和群体在中外人文交流中的潜力和资源。加强人文交流相关知识和理念的教育、传播、实践，引导海外华侨华人、留学人员、志愿者以及在海外投资的中资企业积极参与人文交流，将人文交流寓于中外民众日常交往中。鼓励专业化、国际化的社会组织和民间力量参与人文交流具体项目运作。六要构建语言互通工作机制，推动我国与世界各国语言互通，开辟多种层次语言文化交流渠道。着力加大汉语国际推广力度，支持更多国家将汉语教学纳入国民教育体系，努力将孔子学院打造成国际一流的语言推广机构。健全国内高校外语学科体系，加快培养非通用语人才，不断提升广大民众的语言交流能力。七要加强中外人文交流综合传播能力建设，推动中外广播影视、出版机构、新闻媒体开展联合制作、联合采访、合作出版，促进中外影视节目互播交流，实施图书、影视、文艺演出等领域的专项交流项目和计划，丰富人文交流的文学艺术内容和载体；做大做强“互联网＋人文交流”，实现实体与虚拟交流平台的相互补充和良性互动。通过丰富媒体交流形式、打造具有国际影响力的全媒体和文化传播机构等举措，讲好中国故事，传播中国声音，阐释中国道路，增强中国文化形象的亲近感。八要深化与有关国际组织和机构的交流合作，积极参与人文领域全球治理，积极向国际社会提供人文公共产品，分享我国在扶贫、教育、卫生等领域的经验做法，加大对广大发展中国家的援助；不断创新和丰富多边人文平台的内容形式，深入推进不同国家、不同地区、不同文明之间的交流互鉴。

（熊建辉　撰稿）

8　教育如何为构建人类命运共同体做贡献

构建人类命运共同体重要战略思想，是习近平总书记着眼于人类发展和世界前途提出的中国理念、中国方案，受到国际社会的高度评价和热烈响应，已被多次写入联合国文件，产生日益广泛而深远的国际影响，已成为中国引领时代潮流和人类文明进步方向的鲜明旗帜。促进人类进步、构建人类命运共同体，是中国教育应该担当的责任与使命。中国教育应以世界情怀和全球担当，开阔眼界、拓宽思路，努力成为构建人类命运共同体的实践者、贡献者和先行者。

党的十八大以来，以习近平同志为核心的党中央，多次强调要统筹国际国内两个大局、开展人文交流、承担国际责任。2013 年 4 月 21 日，习近平主席在致清华大学苏世民学者项目启动的贺信中，站在人类社会发展的高度指出，今天的世界是各国共同组成的命运共同体。战胜人类发展面临的各种挑战，需要各国人民同舟共济、携手努力。教育应该顺此大势，通过更加密切的互动交流，促进对人类各种知识和文化的认知，对各民族现实奋斗和未来愿景的体认，以促进各国学生增进相互了解、树立世界眼光、激发创新灵感，确立为人类和平与发展贡献智慧和力量的远大志向。这是国家最高领导人第一次站在建设人类命运共同体的高度对教育使命和青年成长提出的希望和要求。

一方面，要在积极发展全球教育伙伴关系中构建人类命运共同体。一是做好双边多边教育合作交流工作，在现有与 46 个国家签署学历学位互认协议基础上，加大与各国尤其是教育发达国家签约力度，不断扩大提升世界对我国教育认可度。二是要不断拓展人文交流的深度和广度，推动我国逐步形成高层支持、官民并举、多方参与的中外人文交流格局，发挥教育交流在人文交流中的引领作用。三是打造留学中国品牌，发挥来华留学在培养知华友华杰出人才、深化人文交流、提升国家软实力、促进文明交流互鉴中的特殊重要作用。四是加强孔子学院建设，着力提高办学质量和水平，进一步拓展孔子学院综合文化传播功能，推动更多国家和地区将汉语教学纳入国民教育体系，更多国家开设汉语课程专业，使汉语成为全球最受欢迎、最有魅力的语言。五是通过“一带一路”促进世界共同繁荣、构建人类命运共同体这一重要平台，积极发挥各级教育部门、各类学校的开放主体作用，服务推进共建“一带一路”教育行动，加快非通用语种人才培养，实现所有建交国家官方语言全覆盖，实现“一带一路”国别和区域研究全覆盖。此外，大学肩负文化传承与创新、国际交流与合作的使命，在统筹推进世界一流大学和一流学科建设中，我国高校要在培养优秀人才、提供智库支撑、促进人类进步中积极为构建人类命运共同体做出贡献。海内外留学人员和留学归国人员，同样也要牢记使命，坚定“四个自信”，发挥国内外人脉广、跨文化交际能力强的特点和优势，积极参与中外人文交流工作，当好党和政府的智囊参谋，争做构建人类命运共同体的先行者。

另一方面，要在积极参与全球教育治理中构建人类命运共同体。在全球治理时代，伴随着中国正逐步走向世界舞台的正中央，我国也开始积极参与全球教育治理，推动中国教育逐步走向世界教育舞台的中央，为促进人类文明交流互鉴、积极构建人类命运共同体做贡献。习近平主席作为国家元首首次访问联合国教科文组织，彭丽媛应邀担任联合国教科文组织女童与妇女教育特使，体现了我国积极参与全球教育治理、促进文明交流互鉴的大国担当。章新胜继担任联合国教科文组织执行局主席后连续两次当选世界环境保护联盟主席、郝平首次作为中国代表担任联合国教科文组织大会主席、唐虔担任联合国教科文组织教育助理总干事、曲星当选新一届联合国教科文组织副总干事等，则彰显我国在重要国际组织重要岗位上的突破和参与全球治理特别是教育治理能力的显著增强。我们要以负责任大国的态度，积极参加联合国教科文组织、世界银行等国际和区域性国际组织的相关教育活动，参与和推动国际组织教育政策、规则和标准的研究制定工作。推动我国教育人士进入国际组织担任要职，积极参与国际组织重大教育行动，在国际教育规则、标准、评价体系等方面主动发起或设置议题，不断深化与国际组织的教育交流与合作，推动教育共同体和人类命运共同体建设。对外教育援助已成为我国承担国际责任和义务的重要体现，也是助力构建人类命运共同体的重要途径。我们要在原有双边合作援助的基础上，进一步打造多边教育合作与对外援助品牌，深化中国－联合国教科文组织援非信托基金、中国－东盟教育交流周、中国—阿拉伯国家大学校长论坛、中国—非洲高校“20＋20”合作计划、中国—拉美教育交流平台等机制平台在促进民心相通、服务人类进步中的作用，让越来越多的发展中国家和“一带一路”沿线国家成为我国对外教育援助的受益国，越来越多的学生和教育工作者成为我国对外教育援助的受益人。

（熊建辉　撰稿）

八　如何加强体制机制改革

1　教育决策怎么回应百姓要求

进入 21 世纪，经过一系列教育改革与发展，中国的教育发展已经达到了一个新的历史阶段。党的十七大报告改变了以往将教育问题纳入文化建设和科技发展范畴的做法，首次将教育纳入以民生为重点的社会建设范畴，把教育列为社会事业和民生要素之首，并在党的教育方针中明确提出要“办好人民满意的教育”。在教育决策中如何办人民满意的教育，如何回应百姓需求成为重要的任务。教育决策如何回应百姓需求可以从以下三个方面入手。

首先，多渠道了解百姓需求。第一，媒体、“两会”代表议案、开展调查研究是了解百姓需求的主要渠道。媒体不仅承担着向公众及时、准确报道的责任，更要通过各种报道传达公众需要、服务公众，起着上传下达的作用。目前教育行政部门对教育舆情颇为重视，通过分析教育舆情来了解百姓关注的问题、了解百姓需要，同时教育舆情研究也与教育政策研究密切结合起来。随着新媒体时代的到来，网络也成为老百姓发声的最便捷最直接媒介，公众通过网络舆论表达能将某一事件或诉求变成为广泛的政策议论的一部分。习近平总书记在网络安全和信息化工作座谈会上指出，必须贯彻以人民为中心的发展思想，各级党政机关和领导干部要学会通过网络走群众路线，经常上网看看，了解群众所思所愿，收集好想法好建议，积极回应网民关切、解疑释惑。第二，汇集百姓意见建议的“两会”提案议案，可通过代表和委员直达决策核心，是人大代表和政协委员的神圣职责。第三，开展深入的调查研究也是了解百姓需要的重要途径。在2017年召开的中共中央政治局民主生活会上，习近平总书记指出要在全党大兴调查研究之风，让惠及百姓的各项工作实起来，推动党中央大政方针和决策部署在基层落地生根。教育部陈宝生部长提出，判断教育发展形势要向下看，主要看人民群众对人民满意的教育提出了什么新期待。办人民满意的教育，首先就是要深入实际调查研究，全面地分析不同群体的新期待、新需求。以人民为中心，满足人民群众日益增长的教育需求，既是教育工作的出发点，也是教育工作最根本的目标。2018年是教育系统的调查研究年。陈宝生部长指出，针对制约教育改革发展的突出问题和人民群众关心的热点难点问题，重点到困难较多、情况复杂、矛盾尖锐的地方去调研，把准“实事”，努力“求是”。

其次，将“人民满意”作为决策的核心标准。随着办人民满意教育的提出，让人民满意已经从一个通俗易懂而被广为接受的教育目标逐渐演变为现阶段中国教育发展与教育政策目标的上位标准。各项教育决策的核心主要围绕公平和质量两大主题推进。2012年习近平总书记指出：“人民对美好生活的向往，就是我们的奋斗目标。”前教育部部长袁贵仁在2014年全国教育工作会议上说，教育改革要从人民群众和广大师生最期盼的事项改起，从制约教育公平、质量最突出的问题改起，从各个部门、社会各界、师生员工拥有共识的环节改起，让教育成果更多更公平惠及全体人民。陈宝生部长在2018年“两会”期间接受记者采访说过：“教育系统的工作者们要围绕解决人民群众最关心、最直接、最现实的教育关切努力奋斗。百姓的期盼就是新时代教育发展的目标，我们努力的方向。”

最后，把决策执行和监督交给社会。近些年通过“管、办、评”分离、教育治理现代化的改革，政府逐渐把评价权和监督权更多地交给了社会。首先，注重决策的事前评估，重要改革方案、重大政策措施、重点工程项目在决策前公开征求意见，并以适当方式公布意见和采纳情况。在《国家中长期教育改革和发展规划纲要（2010—2020年）》制定过程中，分两次公开向全社会征求意见，当时共收到电子邮件、信件14 000多封，网民通过教育部门户网站发帖11 000多条；各界人士在社会网站、高校校园网上发帖210多万条，收到反馈意见110万余条。这些反映了人民群众的意见，收到了较好的效果。其次，在教育决策过程中，委托专门第三方机构开展监测评价和满意度测评。近些年，青岛、成都等地都将公共服务满意度测评作为政府考核的一项内容，促使地方政府的公共服务质量和水平不断提高。最后，还注重对教育决策的效果进行评估。探索引进第三方参与教育评估的机制，监测结果向社会公开。

（王　蕊　撰稿）

2　如何深化考试招生制度改革

考试招生制度对学校办学和学生成长具有重要导向作用，改革社会成本高，涉及社会利益格局调整，复杂敏感，需要审慎操作。考试招生制度改革要改革考试评价制度，也要改革招生录取制度，还应改革考试招生监管制度。

首先，推动考试机构在竞争中转型升级。一是政府外包考试评价服务。建议政府通过市场机制和法律手段向全国乃至全球招标，将考试评价服务外包给专业考试机构，甚至可以将不同性质、不同科目的考试评价服务外包给不同的考试机构，推动考试机构在竞争中转型升级。政府代表公共利益提出考试评价目标、内容、形式、范围和标准等要求，与承包商协调考试设计、试题研发、考试实施、阅卷评价、测量分析、结果报告等方面工作。二是强化考试机构基础能力建设。赋予考试机构独立非营利性法人地位，强化各级考试机构的专业性和社会性。支持考试机构打造世界一流考试评价专家团队，围绕命题组卷、题库建设、结果报告、信度和效度校验等重点任务集中攻关。优化内外部专家协同命题机制，提高命题准确性和科学性，提供多样选择、多次考试、综合评价服务。加强标准化考点、计算机考试平台建设与管理，提高考试信息化服务水平。

其次，建立多元化招生录取制度。一是让学校成为招生真正主体。赋予学校更多招生自主权，取消分批次录取制度，让它们能够自主制定录取标准、招生程序、招生计划、招生周期，自主选择招生方式并决定录取结果，承担招生公平公正的最终责任。同时，完善学校内部招生录取制度，消除招生权力过于集中的弊端。打造公共网络招生信息服务平台，建立政府主导、社会组织和专业机构参与的外部监督机制，让招生人员不能腐、不敢腐、不想腐。二是录取标准和招生方式多元化。鼓励不同类型学校根据培养目标和办学特色提出适宜的录取标准，以最能反映录取标准要求的相应考试评价信息作为选拔依据，其他方面以满足国家教育目标合格要求为入学门槛。鼓励不同类型、不同水平，甚至同一学校根据实际需要自主选择常规招生、推荐入学、保送入学、定向招生、破格录取、注册入学、抽签录取、先来先得等多种招生方式。三是以公开透明保障入学机会公平。学校招生录取实施方案、综合素质等级认定标准和结果、审核确定的推荐保送学生、最终录取结果等都要进行公示。招生学校应该提前向社会发布招生手册，招生手册应公开招生计划、招生程序、招生方式、录取标准、招生周期、申诉渠道、监督电话等重要信息，并保证利益相关者能够以便捷方式获取。考试机构建立诚信档案，记录、保留作弊考生的相关信息。

最后，构建考试招生安全保障体系。无论是集中在中央还是分散到高校或地方，不受约束的权力都会发生严重腐败，必须筑牢安全保障屏障。一是完善权力监督制衡机制。明确相关责任主体的权利和义务，制定考试招生基本规范以及违规违法行为的处罚措施。鼓励不同利益群体成立不同层级的代言机构、民主选举代言人，维护公共利益。完善信息公开制度，整合社会监督、自我监督、司法监督、舆论监督、群众监督和党政监督等多方力量。二是设置独立的申诉救济渠道。健全考试招生申诉体制机制，明确政府、学校和考试机构的申诉受理机构。申诉受理机构既应同教育行政部门保持必要联系，又不能受到教育行政部门的直接干预。指定专门机构为有申诉需求的考生及家长提供免费法律援助服务和指导。

（张家勇　撰稿）

3　如何健全教育评价制度

历史和现实证明，教育评价对于人才培养模式的改革和教育体系的建设具有独特的、不可替代的作用，对于教育发展和改革具有多方面的推进性功能。我国教育评价正处在发展和转型时期，正在从以往比较单一的政府督导和政府主导的评价，发展为更加专业化、多样化的评价。新时代下，充分发挥教育评价对科学育人的导向作用，把促进人的全面发展、人才可适应经济社会发展等以人为本的原则作为评价教育质量的根本标准。可从学校、教师、学生和民间专业评价机构四个方面健全教育评价制度。

第一，增强对学校整体性进步的评价。当前我国对学校的评价仅局限于考试分数和升学率等硬性指标，缺乏一个比较完整的指标体系。未来在对学校进行评价时，要把学校的投入和产出作为一个整体来进行评价，即把学生进入学校时的成绩、家庭背景、教师水平等各种因素都作为投入因素，经过一段时间的学校教育后，综合学生在校的各种表现，对学生的学习成绩做出有针对性的分析。这样的评价方法将侧重评价学生接受学校教育后的进步程度，激励学校和学生尽最大努力，做出自身可达的最好结果。

第二，改进教师绩效评价方法。当前我国对教师的评价主要集中在教师工作量、所教授的学生的成绩、工作态度及教科研、论文发表等方面，也缺乏一个比较完整的指标体系。对中小学教师来讲，发表论文可以作为评价教师的一个参考标准，但并不应成为必备依据，中小学教师的主要任务应该放在不断提高教学水平与教学质量上。同时最为重要的是，应该把教师评价和教师的专业发展，如教师的师德、职业责任等联系在一起。

第三，完善对学生的综合素质评价。学生评价是教育评价的主要部分，对学校和教师的评价也包含对学生的评价。当前我国正进行新一轮的教育改革，教育评价制度改革作为重要任务，主要是在核心素养的基础上制定基础教育质量标准和课程标准，再来全面评价学生的发展水平，注重考查学生适应社会发展和终身发展的能力，防止单纯以升学率考核学校和教师、单纯以分数评价学生。面向未来，将实施基于核心素养的教学评价，促进学生全面发展和可持续发展。同时，构建教育质量综合评价指标体系，把学生的品德、学业、身心发展水平和兴趣特长养成等作为评价学校教育质量的主要内容。建立学业负担监测机制以及校外培训监督机制，切实减轻中小学校内外的课业负担。

第四，探索实行利益攸关方共同参与的开放式评价。当前我国教育评价的组织机构主要是政府设置的评价机构，未来我们应在重视政府评价机构作用的同时，鼓励民间专业评价机构的发展。健全第三方评价机制，要增强评价的专业性、独立性和客观性，鼓励委托第三方开展教育质量、教育满意度、办学绩效、学生就业、政府教育治理、政府重大政策和工程项目等方面的评价。

（孟久儿 撰稿）

4 如何落实民办教育的分类管理

分类管理是我国民办教育新政的重要思路，围绕着民办教育分类管理，我国架构起了一系列的管理制度，主要可以分为准入和许可制度、产权制度、法人治理制度、扶持制度、质量保障制度和监管制度等六类制度。落实民办教育的分类管理，关键是落实好这六类管理制度。

一是要落实民办学校的准入和许可制度。民办学校准入和许可制度是指国家准许民办学校举办者进行办学、从事办学活动的条件和程序规则的总称。在这次民办教育新政中，我国对民办学校的准入和许可制度进行了许多重大的变革，使得我国民办学校准入和许可制度有了许多重大突破，其中最重要的突破是给予民办学校举办者自主选择举办营利性民办学校和非营利性民办学校的办学自由，使得期望举办非营利性民办学校的举办者可以自由举办非营利性民办学校，使得期望举办营利性民办学校的举办者可以自由举办营利性民办学校，这是我国民办学校准入和许可制度的最大变化和最大进步。落实民办教育的分类管理，首先要落实两类不同民办学校的准入和许可制度。

二是要落实民办学校的产权制度。民办学校产权制度是指对民办学校财产划分、确定、保护和行使权利的一系列规则。在产权制度的基本内容方面，我国民办教育新政充分借鉴了世界上其他国家的做法，对营利性民办学校和非营利性民办学校的产权制度进行了划分，从而为我国民办教育新政立下了一个重要的基石。落实民办教育的分类管理，必须要落实民办学校的产权制度。

三是要落实民办学校的法人治理制度。民办学校的法人治理制度是指在民办学校法人、举办者、管理者、监督者、教职工和学生等相关利益主体之间建立的关于学校运营与权利配置的一种组织机制。完善的法人治理结构是民办学校实现法人治理的重要保证和重要前提之一，也是我国民办学校分类管理的重要内容。新修订的《民办教育促进法》将民办学校分为营利性与非营利性两类，并对民办学校的治理结构做了一定的修改，使得民办学校的治理结构规定进一步完善。《国务院关于鼓励社会力量兴办教育促进民办教育健康发展的若干意见》《民办学校分类登记实施细则》等进一步细化了民办学校的治理结构的规定。落实民办教育的分类管理，要落实民办学校的法人治理制度。

四是要落实民办学校的扶持制度。民办学校扶持是指政府对民办学校所采取的一系列激励政策。无论是营利性民办学校，还是非营利性民办学校，都是我国教育事业的重要组成部分，都在为国家和社会培养人才，因而对民办学校进行扶持是非常必要的。通过民办教育新法新政的规定来看，我国对民办学校的扶持措施力度和数量都大大增加。落实民办教育的分类管理，要落实民办学校的扶持制度。

五是要落实民办学校的质量保障制度。民办学校的质量保障制度是指政府为使社会确信民办学校的服务能满足质量要求而在质量管理体系中实施并根据需要进行证实的全部有计划和有系统的活动的制度。新修订的《民办教育促进法》及其配套文件设定的民办学校的质量保障制度则在多方面进行了突破，对民办学校的质量保障制度规定条文增多，力度增大，这对我国民办学校的健康可持续发展有着重要意义。落实民办教育的分类管理，要落实民办学校的质量保障制度。

六是要落实民办学校的监管制度。民办学校的监管制度是指政府为了保证民办学校有序办学，维护家长、学生和社会利益而建立的一系列规范。民办学校的监管主要针对民办学校的违法行为，违法行为是民办学校监管的重点。这次民办教育新法新政对民办学校监管制度进行了多方面和多维度的创新，以前从未有过的监管内容体现在这次的民办教育新法新政之中，民办教育监管内容和举措也大大增多，并且制定了专门的针对营利性民办学校进行监管的细则。落实民办教育的分类管理，要落实民办学校的监管制度。

（鞠光宇　撰稿）

5　如何对民办学校进行监管

监管制度是民办教育健康发展的重要保障，也是此次民办教育新政的重要内容。民办教育新政对民办学校的监管制度进行了重大创新，民办学校监管制度的内容增多，相关内容也进行了创新，对民办学校监管的力度增大。对民办学校进行监管，需落实民办教育新政中对民办学校的监管制度。

一是落实《民办教育促进法》规定的民办学校的八项违法行为及其处罚措施。这八项违法行为都是民办学校办学过程中常见的违法行为，严重影响了民办教育的办学秩序，如果不加以制止和严惩，民办教育必将失序，严重危害国家、社会、学生和家长的利益，所以政府对这八种行为进行了规定。有效实现对民办学校的监管，必须落实对这八项违法行为的相关规定。

二是落实《民办教育促进法》规定的擅自举办民办学校的惩罚措施。当前，我国存在着许多没有按照法律规定擅自举办的民办学校，这对我国民办教育的办学秩序形成了严重的冲击，所以很有必要对民办学校的办学秩序进行整顿，对那些违反国家有关规定擅自举办民办学校的办学者进行相应的处理。有效实现对民办学校的监管，必须落实好擅自举办民办学校的惩罚措施。

三是落实《民办教育促进法实施条例（修订草案）》（送审稿）规定的民办学校举办者及其实际控制人的八项违法行为及其惩罚措施。由于民办学校的举办者及其实际控制人掌握着或者在很大程度上影响着学校的办学行为，所以很有必要专门针对民办学校的举办者及其实际控制人的可能存在的危害民办学校办学和民办学校办学秩序的行为制定专门的处罚举措，落实好这些举措是保障民办学校办学秩序的重要保障。

四是落实民办学校管理混乱规定的相应监管措施。《民办教育促进法实施条例（修订草案）》（送审稿）规定了民办学校管理混乱的十二项违法行为及其惩罚措施。这部分内容是民办教育新政中新出现的内容，对于规范民办学校的内部管理具有重要的意义，落实好这些举措有利于规范民办学校的内部管理。有效实现对民办学校的监管，必须落实好民办学校管理混乱的相关监管措施。

五是落实民办学校进行监管的联席会议制度。《民办教育促进法实施条例（修订草案）》（送审稿）要求地方各级人民政府建立民办教育工作联席会议制度。对民办学校的监管只靠教育部门一家很难完成，所以建立跨政府部门的监管机制很有必要，联席会议制度正是这样一种机制，这种新的监管机制必将有利于完成对民办学校跨部门的监管任务。有效实现对民办学校的监管，必须落实好民办学校监管的联席会议制度。

六是落实对民办学校进行监管的信用制度。《民办教育促进法实施条例（修订草案）》（征求意见稿）规定了民办学校信用档案以及举办者和校长执业信用制度。民办学校的诚信是民办学校办学质量的重要保障，对失信者进行惩罚是保障民办学校办学质量的重要举措，民办学校信用档案制度的建立必将对民办学校的质量保障起到重要作用。有效实现对民办学校的监管，必须落实好民办学校信用档案和校长执业信用制度。

（鞠光宇　撰稿）

6　如何建立教育财政投入持续稳定增长的长效机制

教育财政投入是支撑国家长远发展的基础性、战略性投资，是发展教育事业的重要物质基础，是公共财政保障的重点。党中央、国务院始终把教育事业放在优先位置，高度重视增加财政投入，2012 年国家财政性教育经费占 GDP 的比例达到了 4%，2012—2017 年五年间始终保持在这一水平。教育财政投入的增长与保证，为教育改革发展提供了有力支持，教育经费严重短缺的局面得到根本改观，生均经费、办学条件得到明显改善。在我国进入中国特色社会主义新时代的历史背景下，面对人民对更好教育的期待和需求，要持续加大教育财政投入。

第一，继续保证国家财政性教育经费支出占国内生产总值比例不低于 4%，确保一般公共预算教育支出逐年只增不减，确保按在校学生人数平均的一般公共预算教育支出逐年只增不减。各级人民政府教育财政拨款的增长应当高于财政经常性收入的增长，并使按在校学生人数平均的教育费用逐步增长，保证教师工资和学生人均公用经费逐步增长。

第二，制定各级各类教育办学标准，在此基础上制定各级各类教育生均经费支出标准和生均财政拨款标准。标准包括国家标准和分省标准、目标年标准和分年标准。标准既要考虑教育发展的需求，也要考虑财政供给的可能性。教育作为成本递增行业，标准应是动态和逐步提高的。

第三，在深化分税制改革背景下，建立事权事责与财政能力、支出责任相适应的教育财政投入制度。调整中央和地方公共教育经费分担责任，加大中央、省级政府对义务教育投入责任，完善中央对跨省流动人口、省级政府对省内流动人口等跨区域教育服务投入机制，加大中央、省级政府对边远、贫困、农村和民族地区教育扶持力度，加大省级政府对失业者、残疾人等弱势人群技能培训的支持力度。

第四，建立更加透明的基于常住人口、教育经费标准和地方财力缺口的教育转移支付制度。一般性转移支付的目标是均衡地方财力，推进公共服务均等化，不宜规定其中教育所占比例。对于指定特定用途的专项转移支付可通过加大中央和省对基础教育支出责任加以解决。对基础教育尤其义务教育的支出责任，可采取“按项目分比例”办法确定中央和省的支出责任，避免“一刀切”。

项目指教育预算中的基本支出，以维持教育运转和发展，包括人员经费、公用经费和基建经费。不同的省按其经济和财政发展水平，确定中央和省的分担比例，省以下市县由各省自定。

第五，探索通过教育券、培训券等方式对接受职业教育和继续教育者进行补贴，以及通过政府购买等方式鼓励民办机构提供职业教育、继续教育机会和资源等制度。

（孟久儿　撰稿）

7　如何建立多渠道教育经费筹措机制

虽然中国教育财政投入实现了“4%目标”，但是制约教育财政投入的体制格局并未发生实质性的转变。更为严峻的是，经济发展“新常态”下，政府财政收入增幅下降，人口结构转换导致其他方面公共支出挤占对教育的支出，以及淡化支出挂钩等宏观财政体制改革，都将对传统体制下教育财政投入的持续增加形成挑战。因此，新时代下，需要考虑通过多种渠道筹措教育经费，利用债券、基金、信托等多种金融手段以及政府和社会资本合作（PPP）等多种模式吸引民间资本进入教育领域。

第一，探索地方政府教育专项债券。财政部门和教育部门审定某地区财力支持本地教育发展乏力时，可以通过政府信用担保的方式发行地方政府教育专项债券。民间资本通过购买地方政府教育专项债券进入教育领域，主要支持本地的公立学校和非营利的民办学校发展。地方政府教育专项债券以未来的地方财政收入作为还本付息的保障，一般以5～10年的长期债券为主。地方政府教育专项债券基于政府信用和财政收入保障，可以较为容易地吸引民间资本，盘活本地公立教育和非营利性民办教育资源。

第二，创新以基金融资的方式吸引社会资本进入教育领域，试行建立国家教育产业基金。通过政府层面主导设立，着眼于国家教育事业的长期发展，体现公益性。由资产管理公司作为基金的牵头管理人，以财政资金为杠杆吸收社会资本，设立教育产业母基金，通过基金运作的方式产生资金放大效应，助力义务教育阶段学校的改扩建、信息化设备的配置以及某些中西部支援项目的运行。

第三，探索建立公益性教育信托机制，依托现有信托机构开展教育公益信托业务，利用社会资金、资产运营收益兴办非营利性学校，资助非营利性教育事业。设立教育投资公司，以政府财政投入为杠杆吸收社会资本，利用投资收益支持教育发展，通过投资营利性教育规范教育服务市场。支持保险机构面向学校提供成套保险服务，参与学校安全管理，为学校安全筑起专业化的防护网。

第四，推广政府和社会资本合作（PPP）模式，鼓励社会资本参与教育基础设施建设和运营管理、提供专业化服务。积极鼓励公办学校与民办学校相互购买管理服务、教学资源、科研成果。探索举办混合所有制职业院校，允许以资本、知识、技术、管理等要素参与办学并享有相应权利。鼓励营利性民办学校建立股权激励机制。继续通过税收优惠、土地优惠和信贷优惠政策，鼓励社会力量出资、捐资办学，鼓励社会力量对非营利性民办学校给予捐赠。

第五，通过立法或其他措施进一步建立和完善非义务教育阶段学校长期低息贷款制度以及公开发行债券制度，以非义务教育阶段学校的学费、住宿费等固定收入作为还本付息的保障。

（孟久儿　撰稿）

8　如何健全学生资助制度

学生资助是一项重要的保民生、暖民心工程，事关脱贫攻坚，事关社会公平。经过多年来的不懈努力，我国已经建立起覆盖从学前教育到研究生教育的国家资助政策体系，实现了“不让一个学生因家庭经济困难而失学”的庄严承诺。学生资助工作是一项系统性强、复杂程度高的工作，涉及政策头绪多，地区之间、学校之间、院系之间、班级之间情况各异，学生家庭经济状况更是千差万别。要实现精准资助和资助育人的目标，未来就必须在加强法治化建设、加强精准化规范管理、健全和完善资助育人机制等方面，全面提升学生资助制度的科学化水平。

第一，全面提高学生资助法治化建设，进一步提高资助队伍的执行力。贯彻依法治国基本方略，依据法治建设的基本原则与要求，逐步建立和完善教育资助法律法规体系，使学生资助拥有一套科学公正、系统完备、操作性强的制度与程序，形成政府依法履职、部门依法管理、学校依法资助、学生依法受助的权利和义务对等统一的健康发展格局。各地各校确保在机构设置、人员配备方面适应和满足学生资助工作需要。同时不断加强对资助工作人员政策理论、业务技能培训，提高资助工作人员的政策理论水平和执行力。

第二，进一步提升学生资助精准化水平，不断创新资助工作方式方法。根据各地经济社会发展，家庭经济困难学生的数量、分布、结构以及资助需求等因素都在不断变化，这就要求我们在对象认定、资金分配、资助标准等方面建立动态调整机制，根据不同个体的受助需求，实行差异化资助，进行精准帮扶。优化资助资金分配方式，重点向贫困地区倾斜；充分利用信息技术，改革和完善资助资金发放机制；重视学生资助宣传工作，上下联动、整体推进，努力做到资助政策家喻户晓；加强资助理论研究，推动理论创新，用先进理论指导工作实践。

第三，着力健全和完善资助育人机制，进一步加大学生资助工作监管力度。紧紧围绕立德树人根本任务，强化资助文化建设，深入推进资助育人。构建资助育人机制，明确资助育人工作的途径载体、职责分工、经费保障等，实现资助育人工作的常态化、制度化、规范化。打造资助育人平台，针对不同群体、不同需求，为受助学生创造提供多样化、个性化的资助育人模式。通过加强监管，确保把各项政策精准地落在实处，确保不出现任何形式的跑、冒、滴、漏，确保把学生资助这项民生工程做成民心工程。建立定期专项检查制度和专项审计制度，推进学生资助工作公开透明，接受群众和师生监督，坚决防止和严肃查处任何违纪违规行为。可探索建立第三方监管制度，加强对国家资助资金的监管。

（孟久儿　撰稿）